教育部人文社会科学研究"十五"规划课题成果

20世纪西方与中国的图书馆学

——基于德尔斐法测评的理论史纲

范并思　邱五芳　潘　卫　郑晓乐　编著

國家圖書舘出版社
National Library of China Publishing House

图书在版编目(CIP)数据

20世纪西方与中国的图书馆学:基于德尔斐法测评的理论史纲/范并思等编著. --2版. --北京:国家图书馆出版社,2016.9
ISBN 978-7-5013-5930-1

Ⅰ.①2… Ⅱ.①范… Ⅲ.①图书馆学史—世界—20世纪 Ⅳ.①G250.91

中国版本图书馆CIP数据核字(2016)第204095号

书　　名	20世纪西方与中国的图书馆学——基于德尔斐法测评的理论史纲
著　　者	范并思等　编著
责任编辑	金丽萍

出　　版	国家图书馆出版社(100034　北京市西城区文津街7号) (原书目文献出版社　北京图书馆出版社)
发　　行	010-66114536　66126153　66151313　66175620 66121706(传真)　66126156(门市部)
E-mail	nlcpress@nlc.cn(邮购)
Website	www.nlcpress.com ——→投稿中心
经　　销	新华书店
印　　装	北京玥实印刷有限公司
版　　次	2016年9月第2版　2016年9月第1次印刷

开　　本	880毫米×1230毫米　1/32
印　　张	12.375
字　　数	260千字

书　　号	ISBN 978-7-5013-5930-1
定　　价	60.00元

前言

现代意义上的图书馆学是一门年轻的学科，对于这样一门年轻的学科，20 世纪的理论史即使不是它的全部历史，至少也是它的主要历史。若以 19 世纪 70 年代为西方现代图书馆学创立的年代，20 世纪的西方图书馆学虽然继承了 19 世纪中后期形成的人文精神和实用性技术传统，但其理论体系与主要内容是在 20 世纪形成的。尤其是 20 世纪的数次重大理论变革，终于使 19 世纪创建的带有浓厚经验科学与职业培训色彩的经验图书馆学发展成为能够引领图书馆现代化变革的现代图书馆学；而对于中国图书馆学，从 20 世纪初图书馆学萌芽，到 20 世纪末现代图书馆学建成，20 世纪的图书馆学史就是它的全部历史。

20 世纪的图书馆学给我们留下了极为丰富的理论遗产，继承这笔理论遗产，对于我们弘扬科学的图书馆学精神，推进新世纪图书馆学的发展、变革或创新，有着极为重要的意义。同时，系统地研究与清理 20 世纪的图书馆学史，也是我们对 20 世纪的图书馆学家们的理论贡献表示尊敬的一种基本方式。

东西方图书馆事业历史悠久，图书馆史方面的著作也很多。相比较而言，论述图书馆学理论史的著作却不多。数年前，当人们感觉到 20 世纪即将过去，新的世纪即将来临的时候，许多图书馆学家都试图解读 20 世纪的图书馆学史，发掘 20 世纪图书馆学的精神财富。而当 20 世纪已经成为了历史的今天，我们却有些不安地发现，对 20 世纪的图书馆学理论遗产的研究逐渐也成为了历史。从国内外图书馆学主要学术刊物与会议中的主题看,人们对20世纪的图书馆学理论精神已没有太多的兴趣。但是,理论界对20世纪图书馆学的研究却并不是令人满意的,例如,20世纪的图书馆学究竟发现或发明了什么,又继承或发展了什么?现有的论著不能给出答案,我们甚至缺少一张清晰的"清单"。

本书是教育部人文社会科学研究"十五"规划课题《20世纪的图书馆学》(批准号01JA870005)的研究成果。这一成果的直接研究时间只有两年多,但它的起源可以追溯到20多年前。从进入图书馆学领域的那一刻起,我一直感到缺少一部清晰的图书馆学理论史著作对研究工作的不便。1985年跟随宓浩先生学习图书馆学后,历史专业出身的宓浩先生对科学研究中"史、论、方法一体"情有独钟,使我深受影响。在相继发表了《新时期十年的图书馆学:观念与思潮》《从经验图书馆学到新型图书馆学》等理论史评价文章并受到好评后,我逐渐将眼光从当代中国图书馆学史转向范围更大的图书馆学史。1992年,刘迅教授与我就当时图书馆学的现状与问题进行通信讨论,《图书馆》杂志发表这组信函时,刘迅为它们加了一个标题《世纪之交的思考》。从那时起,研究"20世纪的图书馆学"就成为我心中的一个打不开的结。2001年年底,我有幸作为负责人获得了上述课题,整整两年多的时间里,我与我的同事们系统地筛选着20世纪图书馆学理论史上的重要文献、人物与事件,考察它们在理论史上的地位及对图书馆学的影响,并以我们对图书馆学的理解对它们进行评价。本书就是这一研究的成果。

本书是一部从图书馆学基础理论的角度研究西方与中国的图书馆学理论史的著作。与通常的纯图书馆学基础理论研究相比,本书的主要特点是:

第一,尊重图书馆学的技术情结,注重从应用图书馆学领域发掘对图书馆学产生了重大影响的文献、人物与事件，将其纳入图书馆学基础理论史的范畴。以往的图书馆学基础研究者对于理论观念的演变较为关注，而对于应用图书馆学的影响却重视不够。实际上，20 世纪图书馆学的发展，很大程度上得益于图书馆技术与应用的发展。应用图书馆学从以下几个方面影响了图书馆学基础理论的发展：①图书馆学理论中许多重要思想、理念的形成，完全得益于应用图书馆学的发展。例如，公共图书馆运动的进一步发展催生了社会信息公平的理念，而社会信息公平的理念正是 20 世纪图书馆学基础理论的最重要的理论成果。②许多重要的图书馆学理论家，都是首先在应用领域做出重要贡献后，再形成自己对基础理论的认识的。例如杜威和阮冈纳赞在应用领域中的工作深深地影响了他们的图书馆学理念，了解他们在应用领域的成果，有助于研究他们的基础理论思想。③图书馆学是一门应用学科，不应该有脱离完全应用领域的"基础理论"。许多西方图书馆家认为，正是由于以"芝加哥学派"为代表的理论图书馆学家抛弃了杜威图书馆学的应用传统，才导致了美国图书馆学的分裂。

第二，采用信息分析的方法，力求通过系统的、公正客观的方法，全方位地考察 20 世纪图书馆学的主要理论创新之处。图书馆学是一门年轻的学科，它的大部分理论都出现在过去一百多年时间里。20 世纪的图书馆学发展与变化十分迅速。理论观念不断变革，学术规范不断变革，学科的体系与内容也在不断变革。面对如此丰富的理论遗产，如果缺少一种客观的、系统的研究方法，就难以从众多复杂的理论成果中筛选出最能反映 20 世纪图书馆学精神和传统的文献、人物、事件来。本课题首先通过内容分析与引文分析方法处理了大量信息源，并通过统计分析初步得出一份重要文献、人物与事件的清单，接着通过德尔斐法对这些文献、人物与事件进行测评。我们希望通过这种方法，达到系统化地研究20世纪图书馆学史的目的。

第三,不拘泥于信息分析结果。由于我国关于图书馆学理论的资料工作的薄弱,基于现有文献的信息分析得出的结论,完全可能遗漏某些重要的文献、人物与事件,也可能高估某些不太重要的文献、人物与事件。定量分析的结果,只能提供一个研究的框架。不论是对西方图书馆学还是对中国图书馆学,我国现有论著或工具书中所能提供的内容都不能说是完整的或无误的。因此,在研究理论史时,我们在基本尊重信息分析结果的前提下,坚持对理论史上的文献、人物与事件做出自己独立的判断。对信息分析方法得到的及德尔斐法测评入选的文献、人物与事件逐一进行甄别,力求通过多方查证,搞清其历史真实,尽可能准确地表现重要的文献、人物与事件。我们不敢说本书中的历史描述就全都是历史真实,但至少我们纠正了以往理论描述中的许多偏差,同时也补充了大量现有理论史描述中很少见到的新资料。例如,徐家麟在1945年就讨论了图书馆学科学化的理念、科学的研究方法、研究的科学精神这三个理论图书馆学的重大问题,但却没有能够进入德尔斐测评清单,本书理所当然地要高度评价他。

本书分为三个相对独立的部分:

第一部分(第一章到第五章)为20世纪西方图书馆学史。我们以年代为线索,以德尔斐测评得出的重要文献、人物与事件为中心,对20世纪西方图书馆学进行了纲要式的介绍与点评。书中对于国内有详细介绍,且介绍、评价基本客观的重要文献、人物与事件,主要依国内文献进行介绍;而对国内介绍与我们的考证有出入的内容,则主要依国外资料进行介绍。书中的点评,则是试图站到现时代的高度,从图书馆学基础理论的角度所做的点评。

第二部分(第六章到第十章)为20世纪中国图书馆学史。20世纪中国图书馆学发展起伏较大,理论史研究基础薄弱,使我们无法完全按照第一部分的风格撰写本部分。我们在基本遵从测评结果的基础上,对理论素材进行了一定程度的舍弃与补充,尽量完整地反映20世纪中国图书馆学的概貌。

第三部分:课题说明。本课题的特点之一是将信息分析方法用于图书馆学基础理论史的研究,研究过程中我们进行了工作量极大的统计分析工作。为使读者系统地了解我们的测评结果,也便于读者完整地考察与评价这一课题,我们在这部分内容中公布了研究的思路、过程、操作方法及部分研究结论。

本课题涉及数百起文献、人物、事件的评价问题,同时,对于一些优秀理论家或理论发现,本课题"没有评价"实际也代表了我们的一种评价。对于我们可能有失偏颇的种种评价,相信在名目繁多的学术评价大肆流行的今天,学者们对此已有相当的"免疫力"了。但我们仍愿意在做几点说明:第一,本课题主要着眼点是图书馆学基础,一些相关领域如情报学、目录学的重大成果,如没有对图书馆学产生直接影响,则不在研究范围。应用图书馆学领域的重大成果,如果没有对图书馆学基础理论发展产生明显影响,也不在本研究范围之内。第二,本课题评价文献、人物、事件的标准是其理论的创新性或对理论创新的影响,并兼顾其对图书馆学发展史的影响。出于这一考虑,有些文章或论点在历史上虽然比较轰动,引起过一些著名的讨论,也可能被我们忽略。最后,我们声明,如果有读者认为对某些理论家或理论发现的评价有失公允,则可能是由于方法的缺陷、资料的遗漏以及我们学识的局限。我们非常欢迎学者们对本书中做出的种种评价进行批评或讨论。但本课题是一项严肃的研究,我们对任何理论家或理论发现的评价或忽略,都是在尊重信息分析结果,尊重理论研究结论的基础上做出的,没有任何非学术因素被带入评价中。

本课题研究过程中,潘卫、胡小菁、王巍巍、陈兰青、周文君和本人参加了课题前期的内容分析与引文分析，潘卫承担了数据处理与分析工作，汪波承担了测评网页设计，本人承担了德尔斐测评的数据处理工作，邱五芳、潘卫、郑晓乐和本人承担了课题后期的资料收集、理论研究和书稿撰写工作。全书由本人统稿完成。共有20多名专家参加了德尔斐测评，按测评约定我们不能公开他们的身份，谨借此书出版机会对专家们的支持再一次表示感谢！

巴特勒出版《图书馆学导论》时，曾希望他的书能够尽早过时，借以表现他对理论进步的热切期待。宓浩出版《图书馆学原理》、徐引篪和霍国庆出版《现代图书馆学理论》时，也有过类似的表示。然而，时值本书出版之际，我却有相反的期待。本书是一部理论史著作，具有资料性与工具性的特点，尽管在史料的选择、评论时有我们自己的观点，但它毕竟不同于《图书馆学导论》一类以"论"见长的著作，由于这一特点，我有理由期待它的生命力更顽强一些。我希望本书的内容、方法与风格能为读者所认同，希望它能有助于理解20世纪图书馆学的理论精神。当然我最大的愿望，是期待我们提交的这样一份较为完整的展示西方与中国图书馆学理论史的"清单"，能够有助于中国图书馆学更加自信地面对21世纪图书馆事业变革的挑战。

范并思

2004年3月

目次

第一部分 20世纪西方的图书馆学

图书馆社会影响的加大,促使图书馆社会学的发展。一批重要文献问世了……

在图书馆与社会关系更为紧密的背景下,应用图书馆学日益走向宏观研究……

情报学产生了,图书馆学发生了裂变……

以计算机技术为核心的信息技术,真正应用到了图书馆领域,它给图书馆学带来许多积极的影响。一批影响深远的发明出现了……

图书馆学教育领域再起波澜,一喜一忧两件大事均发生在这一期间。而发生原因仍与信息技术有关……

“图书馆未来”讨论成为热点。讨论中,即使是悲观的论点,对图书馆学理论研究仍产生了非常积极的影响……

这一时期是图书馆事业的低谷,也是图书馆理论变革的前夜。理论的亮点出现了……

世界信息技术的迅猛发展使图书馆事业发生深刻变革。信息时代成为现实。信息技术的大量应用,使得沉寂多年的“图书馆的未来”的讨论重新活跃。一批有影响的专著出版了……

数字图书馆的概念产生于20世纪90年代,可以毫不夸张地说,数字图书馆已经成为20世纪对图书馆与图书馆学研究具有革命性影响的概念……

文献资源共享领域产生新的思想与方法,以适应新的信息环境。它们构成大变革年代图书馆学理论与方法的重要组成部分……

第二部分　20世纪中国的图书馆学

20世纪初,在中国文明史上最耻辱日子里,中国近代图书馆从古代藏书楼嬗变中诞生。三所“图书馆”功不可没……

古越藏书楼和文华公书林都是个人的产物,一批公共图书馆的建成,标志着我国近代图书馆翻开了崭新的一页……

辛亥革命后,我国图书馆发展方向开始发生转变……

近代图书馆事业的发展,催生了近代图书馆学理论的萌芽……

能够持续推动理论进步的动力,来自一种由科学组织、人才培养、学术成果发表组成的图书馆研究体制。这种体制创建于新图书馆运动时期……

一批职业图书馆学家出现了。他们的出现不仅直接促成了这一时期的理论高潮,对20世纪前半叶中国的图书馆学也产生了决定性的影响,有些人的影响甚至延续到20世纪末……

中国特点的图书馆学理论,色彩缤纷,气象万千……

1937—1949年间,战争年代图书馆事业的低迷使图书馆学失去了研究的基础。战争也直接打击了图书馆学研究:1937年,几乎所有图书馆学刊物停刊,文华图专西迁,几乎所有图书馆学家都加入逃难者行列……

新中国成立后,图书馆学理论开始了艰难的重建之路……

十年“文革”,图书馆学基础理论的研究基本处于停顿状态。直到“文革”后期,理论才有启动的迹象……

“文革”结束,新时期图书馆学研究起步了……

20世纪80年代,中国图书馆学经历了一系列令人难忘的理论变革……

理论变革中产生了与经验图书馆学相对立的新图书馆学……

20世纪90年代的中国图书馆事业……

20世纪90年代的理论图书馆学……

20世纪90年代西方文献资源共享新理念和数字图书馆研发高潮,很快影响到我国图书馆界。1997年起,研究数字图书馆的文献从一般性介绍逐步深入,文献资源共建共享理论与实践也形成一个研究高潮……

第三部分　课题说明

第一部分

20世纪西方的图书馆学

第一章　继承与突破(1900—1927)

这一阶段的图书馆学延续着19世纪后期的辉煌，许多19世纪后期重要的人物与事件，继续影响着20世纪的图书馆学：

20世纪初，美国钢铁大王卡内基继续热心捐建图书馆。在国家力量大规模介入图书馆建设之前，卡内基对图书馆事业而言，是名副其实的“图书馆恩主”。

19世纪后期最伟大的图书馆学家，美国人杜威，进入20世纪以后几乎没有新的贡献了。1906年，年仅55岁的杜威辞去其所有职务退休，在普拉西德湖，这位精力过人的图书馆学家再没有复出，直到去世。

19世纪另一位最伟大的图书馆学家——美国人克特，1903年去世了，但是，1904年，他的《字典式编目规则》重写版第4版出版，这个版本影响了20世纪的编目理论进程。

20世纪前期图书馆学会/协会大量成立，包括IFLA成立。而更值得关注的是专业性学会/协会的成立。SLA、Aslib的成立标志着图书馆事业发展重心转向了专门图书馆。

20世纪前期，图书馆学处于杜威经验图书馆的绝对统治下，理论相对平静。但是，变革的前奏出现了：

1901年,英国人克拉克出版了《图书馆的管理》,开创了新的图书馆研究方法,《不列颠百科全书》称之为早期图书馆学的“最好的著作”。

1905年,奥特勒和拉封丹出版了UDC,并以FID为舞台开展“文献研究”,全方位地突破了杜威图书馆学的束缚。

英国图书馆学家布朗凭借他的《图书馆管理手册》《主题分类法》及其他图书分类著作,无可争议地成为20世纪初最重要的图书馆学理论家。

19世纪最后一年,ALA推荐的普特南出任国会图书馆馆长。ALA终于成功地影响了美国国会图书馆馆长的任命。这一事件改变了美国文献资源共享的进程:

1901年,美国国会图书馆推出了馆际互借的服务项目。

1905年以后,馆际互借正式进入美国图书馆协会的规章制度。

1917年,美国图书馆协会正式推出《美国图书馆互借实施规则》。这是世界上第一个正式的馆际互借法规,也是第一个正式的关于文献资源共享的法规。

19 世纪中后期,世界图书馆事业与图书馆学理论出现了一系列重大进展。以 1850 年英国公共图书馆立法及 1852 年曼彻斯特公共图书馆建立为标志,以立法支持为基础、以公共资金为支持的、对市民完全免费的现代公共图书馆出现了。从此,图书馆事业发展的理论支撑从古代社会的“保存人类文献文化遗产”,上升为“保障公民的信息获取权利”;以美国哥伦比亚大学图书馆管理学校的建立为标志,建立在现代大学内的正式的图书馆学教育制度出现了。从此,图书馆活动开始了从一种社会“职业”向一种科学“专业”过渡的进程;美国《图书馆杂志》和美国图书馆学会的创立,宣告图书馆学专业期刊与图书馆学会的诞生,它们与图书馆学校一起,构成了现代图书馆学的研究体制,形成了现代图书馆学的主要研究阵地;杜威《十进分类法》的发明标志着现代图书分类法的出现,现代图书分类法无可争议地成为现代图书馆高效率运行的重要基石。正是这一系列重大发现与发明,使 20 世纪的图书馆活动站到了一个非常高的基础之上。

理论界普遍认为,进入 20 世纪的前 20 多年,即著名的“芝加哥学派”开始向杜威图书馆学发起强烈冲击之前,世界图书馆学的理论观念处于一种基本停滞的状况。的确,世界图书馆活动缺少了爱德华兹、克特、杜威这样的领军人物,图书馆学理论家和图书馆事业活动家们缺少了 19 世纪中后期公共图书馆运动领袖们的激情,图书馆学领域缺乏像《十进分类法》、卡片目录、开架借阅那样重要的发明,图书馆学理论似乎处于变革前的漫长的黑夜。尽管如此,我们认为这一历史时期对图书馆学的影响是不可忽视的。一些 19 世纪的重要人物、事件延续到 20 世纪初,它们继续影响着图书馆事业与图书馆学的发展。最能代表这种影响的事件与人物,就是卡内基捐助图书馆与杜威的图书馆活动历程。同时,在欧洲,克拉克的《图书的管理》代表着全新的现代图书馆学方法的出现，以奥特勒和拉封丹、布朗为代表的欧洲“文献学家”尝试突破杜威十进分类法的理论束缚；在美国，由美国图书馆学会上书推举的国会图书馆新馆长正领导着一场以国会图书馆为活动中心的文献资源建设与共享的革命。

总之，这是一个任何一位研究 20 世纪西方图书馆学史的理论家无法忽略的年代。

第一节 延续 19 世纪的重要事件与人物

19 世纪后期，世界图书馆运动的重心从英国转向了美国，导致这一转向的社会、经济、文化因素是多种多样的，这些因素也是决定性的。美国社会经济的迅速发展、美国发达的民主政治与相对薄弱的文化基础，都促使美国成为世界上公共图书馆事业发展最快的国家。尽管如此，某些特殊人物与事件的影响也是不能忽略的。这些人物与事件，有些一直延续到 20 世纪初，对 20 世纪初的图书馆学继续发生重大影响。其中最有名的，就是美国“钢铁大王”卡内基对图书馆的捐赠及杜威的图书馆活动。

一、卡内基捐助图书馆

图书馆事业的发展，有一个图书馆的数量逐步增加直到形成一定规模的过程。只有当图书馆数量达到一定规模，其活动对社会公众可产生较大影响后，图书馆学的理论才可能从个体的、零星的状态发展为一个专业或学科应有的状态。在图书馆数量增加的过程中，一些具有一定偶然性的事件往往对其产生极大的影响。

从19世纪末到20世纪初,美国的卡内基财团以前所未有的规模介入了图书馆事业。这一跨世纪的捐款活动,对美国图书馆事业的发展起到了决定性的作用,使图书馆事业真正成为一种社会公众所关注的事业。

卡内基(A. Carnegie,1835—1919)1835年出生于苏格兰一个纺织工家庭,1846年随家迁居美国。后建成卡内基钢铁公司。当他计划无私地将自己90%的财富用于他称之为“改善人类”的事业时,他将这笔财富的一部分用到了图书馆事业。卡内基将办图书馆作为他捐款的首选对象,很重要的原因是他贫苦的少年时代曾得益于图书馆,这使他对图书馆的社会价值有不同于许多富人的认识。在1876—1923年间,卡内基以卡内基公司的名义共捐款5616万多美元,在世界各地修建了2509所图书馆,其中绝大部分是美国的公共图书馆。获得卡内基修建公共图书馆赠金的程序说起来十分简单。申请新建图书馆的团体提供一份当地市政府同意在当地建设公共图书馆的供地的证明,同时市政府同意将当地地方税收的至少10%的份额用于该图书馆,凭此证明向卡内基财团申请,卡内基公司一般就会考虑捐款。

在卡内基公司的捐助支持下,美国的公共图书馆从1876年时的188所发展到1923年时的3873所。随着一幢幢新馆的建成,美国图书馆事业形成规模。

美国图书馆事业的发展,特别是公共图书馆的大量出现,使得图书馆员在馆舍建设、图书分类、编目、文献资源共享、读者工作等图书馆活动领域产生了强烈的对图书馆学理论的需求。如果没有理论的支持,当时的公共图书馆根本无法在有限的经费条件下很好地满足公众对图书馆服务的要求。因此可以说,现代图书馆学源于欧洲而最终产生于美国与美国公共图书馆的规模性发展有着密不可分的关系。而卡内基财团对图书馆的大规模捐赠,正是美国公共图书馆规模性发展的重要因素,因此又可以说,卡内基财团的捐赠间接导致了美国图书馆学理论的大发展。

1913 年,卡内基把他的图书馆捐赠事业委任给了卡内基财团。1914 年,该财团请亚当博士就卡内基捐赠和公共图书馆现状写一个报告,这就是 1915 年出版的“亚当报告”。亚当报告指出了卡内基捐赠图书馆的措施所存在的某些问题,主要是对图书馆建筑的捐赠兴趣太大,在没有完备的图书馆法的地区,这种捐赠有时难以达到预想的效果。该报告对卡内基财团日后的捐赠方针产生了巨大的影响。

卡内基捐款新建图书馆是世界图书馆事业史上规模最大、历时最长的一项捐款。这一捐款的影响也是巨大的,卡内基被人尊称为“图书馆恩主”。[1] 事隔一个世纪以后,我们已很难判断这一改变了图书馆历史的事件的真正成因:究竟是一位大富翁的个人喜好导致的单纯偶然事件,还是它的背后存在着美国公共图书馆运动的强大内在推动,是必然趋势下的偶然。但卡内基捐款图书馆这一事件的意义无疑是巨大的。在 19 世纪末 20 世纪初图书馆事业发展的初期,许多社会团体有了组建公共图书馆的迫切要求,但图书馆建设前期的馆舍建设资金需求较大。没有新建图书馆所需的大量资金,就建不成新馆舍;而没有馆舍,图书馆活动后续的购书及运作资金也就不会有着落。卡内基的捐款给资金困难的早期图书馆事业以重要支持,使美国的图书馆事业获得了超常规迅速发展的机会,并通过公共图书馆的发展,一举超过了以往文化基础远远领先于美国的欧洲国家。更重要的是,卡内基基金并非简单地建好图书馆了事,而是要求地方政府以立法方式建立对图书馆的持续支持为捐款前提。因此,卡内基的捐款模式客观上促进了具有美国特色的图书馆立法,使美国形成了以地方立法为基础的政府对公共图书馆事业的支持体系。

二、杜威的图书馆理论活动

19 世纪后期,公共图书馆运动的重心从英国转向美国。当时的美国图书馆中文献迅速增长,读者服务规模扩大,图书馆事业的发展迫切需要新的理论。以麦维尔·杜威为代表的美国图书馆学家顺应了这一趋势,他们创立了现代经验图书馆学,使图书馆活动从一种"职业"变成了一种"专业"。

杜威生于 1851 年,21 岁在 Amherst 学院图书馆当学生助理。在那里,杜威创立了《杜威十进分类法》(DDC)。DDC 是杜威 1873 年创立的,1876 年正式出版,现已出版了 22 版。DDC 创立的标记符号制度以简明的方式改变了图书馆的目录排列和图书排架的制度,使图书馆的知识组织现代化,有效地提高了图书馆的工作效率。由于 DDC 的简明性与科学性,该分类法成为世界上最多图书馆使用的分类法,已被 135 个国家的图书馆使用,被翻译为法、德、意、阿拉伯、中文等 30 多种语言。在美国,有超过 95% 的公共图书馆、超过 25% 的高校图书馆、超过 20% 的专业图书馆在使用它。[2]

从 1873 年起,杜威几乎是单枪匹马地在图书馆领域闯出了一番成就。他于 1876 年发起了费城的首届图书馆员大会,它即是世界上第一个图书馆协会——美国图书馆协会(ALA)的前身。杜威于 1876—1890 年任 ALA 秘书,1890/1891 和 1892/1893 期间任 ALA 会长。杜威担任过美国第一个现代大学图书馆——美国哥伦比亚大学图书馆馆长,以及美国第一流的州立公共图书馆——纽约图书馆的馆长。他作为创办者之一创办了第一份图书馆学刊物——《美国图书馆杂志》以及《图书馆札记》,并担任主编直到 1881 年。他创办了世界上第一个正规的图书馆学教育机构——哥伦比亚大学图书馆管理学校。图书馆的学会、学术刊物和大学教育奠定了图书馆学作为一门现代学科的基础。因此,杜威享有“现代图书馆事业之父”的头衔。他的工作被认为创造了图书馆科学的革命,开创了图书馆事业的新时代。

杜威的图书馆学思想成就集中体现在以下几个方面:①图书馆是最好的教育场所,是“人民的大学”;②图书馆工作是一种专门职业,必须对图书馆工作人员进行培训;③读者需要高于一切,图书馆员不仅要为读者提供借阅服务、也要为读者提供情报,回答读者五花八门的问题,乃至于为读者演唱歌曲和讲故事;④图书馆的目标是“以最低的成本、最好的图书,为最多的读者服务”;⑤倡导图书馆管理的科学化、标准化和规范化,为此,杜威亲自缩写了简便易用的十进制图书分类法,提出了“在版编目”的创议,推动了图书馆设备、用品、目录卡片等的标准化进程,进行了缩写字规范化的工作;⑥图书馆藏书应包括图画、幻灯片和其他媒体资料;等等。

在理论价值取向方面,杜威倡导的图书馆学十分注重理论的实用性。在他为数不多的文献中,杜威清楚表达了他的经验图书馆学思想。杜威认为,“在图书馆学研究领域内,无论在任何问题上,哲学上的理论正确性,都要让位于实际的效用”。他声称“不追求什么理论上的完整体系,而只是从实用角度出发,来设法解决实际问题”。他设计的图书馆分类法中就很好地体现了这种实用主义图书馆学思想。杜威为哥伦比亚大学图书馆管理学校设计的图书馆学教学体系也是体现实用思想的职业培训式的。总括起来,杜威的图书馆学思想可用他自己的一句话来概括:不追求理论上的完整体系,只从实用的观点出发来设法解决实际的问题。杜威是一个实践家,他做过图书馆馆长、图书馆管理学校校长、图书馆用品公司经理等多种职务,丰富的实践经历既造就了他的非凡业绩,也培养了他的思维方式——习惯于从具体的工作和技术角度入手思考图书馆学的理论问题。

杜威的图书馆学思想因其巨大的声望而长时间地主宰着美国乃至世界上许多国家的图书馆学领域,杜威的图书馆思想中确有许多积极的东西,例如,他对理论的“实际效应”关注,是建立在通过理论提高图书馆工作效率这一出发点上,而对效率的研究正是现代社会科学最关注的问题。杜威图书馆思想的广泛传播,从好的方面考虑,它鼓励图书馆工作人员着眼于实际工作,多做有益于读者的事情,从而推动了图书馆学实践的发展;从消极的方面考虑,它禁锢了人们的思维,延缓了图书馆学的科学化进程。

杜威的思想与贡献主要是19世纪产生的。进入20世纪后,杜威在各种矛盾中越陷越深,事业逐渐走下坡路。1899年,杜威在纽约州立图书馆编订完《杜威十进分类法》第6版后,约有十多年没有从事任何理论与社会工作。1906年,年仅55岁的杜威被迫辞去纽约图书馆馆长、国内教育部和图书馆学校的职务,退居普拉西德湖。当时很多人相信精力过人的杜威还会有东山再起的日子,但实际他再没有离开过普拉西德湖,直到1931年去世。

在各种杜威传记中可以看到杜威的书目,发表于20世纪的,只有两篇文章:1920年所写《十进分类法的起源》[3]及1927年为纪念DDC问世半世纪而写的《十进分类法和相关索引:图书馆和个人用于参考书、小册子、剪报、照片、手稿笔记和其他资料的排序》[4]。杜威的图书馆学思想很大程度上是体现在他为DDC所作的《序言》中。杜威生前DDC的最后一个版本是1927年出版的12版,该版DDC的版权属于平湖俱乐部教育基金会,但该版《序言》有较大修改。尽管主要思想仍继承了DDC第一版的思想,但也吸收了一些新的东西。从该版《序言》努力为DDC辩护的口气看,它应该是杜威本人的作品。由此可见,尽管杜威在20世纪也有一些理论工作，但他的贡献基本是属于19世纪的。

三、克特的编目研究

克特(Charles A. Cutter,1837—1903)是19世纪后期美国图书馆界的领导人之一，世界著名编目与分类学家。克特1837年生于美国波士顿，1855年毕业于哈佛大学，1856年再入哈佛神学院。在1857—1859年间，他在学院图书馆兼学生馆员，受图书馆编目员艾博特影响很大。毕业后，他留在图书馆做艾博特助手，开始图书馆学生涯。克特在图书分类领域编制过著名的《克特展开式分类法》，这一分类法虽直到他去世仍未完成，但它作为国会图书馆分类法的基本模式，产生了重要影响。克特1880年发明的“著者号码表”，被世界大多数图书馆沿用至今。而在编目领域，克特则是最负盛名的理论家。克特的编目思想与杜威的图书分类思想一起影响至今，成为近代图书馆早期最有生命力的理论成果。

根据汉森(Eugene R. Hanson)和戴利(Jay E. Daily)对亚述巴尼拔出土目录、艾德富(Edfu)遗迹中的目录、亚历山大图书馆目录的详细分析，古代目录的功用是作为图书馆的一种财产清册。他们认为古代图书馆将目录当作“一个图书馆所藏的完整图书清册”；[5]1598年，英国外交家汤姆森计划捐给牛津大学Bodley图书馆一批图书，为了避免购置复本，他要求图书馆提供藏书目录，但是当时图书馆目录无法辨识不同的版本或版次，以致无法满足其需求。汤姆森对图书馆目录的需求，改变了牛津大学图书馆目录的编制方向，也改变了人们对图书馆目录功能的认识，开始认为图书馆目录应具有“指示图书馆内某一特定图书的功能”。

直到18世纪，目录的功能才从纯粹的馆藏清单演变到增加了提供读者找寻资料的功能。1723 年,美国哈佛大学图书馆出版了第一本美国的图书馆目录,使图书馆目录的角色有了明显的改变。目录被视为图书馆内所有知识的索引,不再只是图书馆内某些作品的财产账簿。1841 年大英博物馆出版了由帕尼兹(Antonio Panizzi)所主编的第一册目录。他提出了一些重要的目录观点,他的观点反映在 1841 年大英博物馆出版的图书馆目录,以及《目录编辑规则》(即“91 条规则”)中。

1876 年,克特出版了著名的《字典式印刷目录规则》,奠定了他在编目领域的领袖地位。该规则 1891 年第三版修订版更名为《字典式目录规则》。进入 20 世纪,克特仍不忘将他对编目理论的新的研究收入该规则。克特去世后,1904 年《字典式目录规则》的第四版重写版出版。该版篇幅从第一版的 89 页扩展到 173 页,内容上则系统表达了克特的编目主张。这一版本成为以后的图书馆学家了解克特编目思想的基本版本。

在《字典式目录规则》中,克特提出图书馆目录的主要目的有 3 个:

(1)读者可以通过下列途径去找到一本书:a. 作者;b. 书名;c. 主题。

(2)目录显示图书馆:a. 某位作者的书有哪些;b. 某一主题的书有哪些;c. 某一体裁的书有哪些。

(3)目录协助选择一本书:a. 从版本(书目性);b. 从其他特性(体裁或主题)。

克特在 20 世纪初期提出的这些目录的目的,反映了图书馆职能从收藏到应用的转变过程中,图书馆学家对目录功能认识的转变。经过将近一个世纪之后,它仍然是图书馆编目工作理论的基础。因此,尽管克特在 20 世纪生活的时间不长,其主要成果也是 19 世纪的作品,但由于《字典式目录规则》第四版的影响力,人们在研究 20 世纪的图书馆学史时,仍需要介绍克特及其理论。

四、学会/协会的发展

在将图书馆活动从一种职业发展为一种专业的过程中，学会/协会发挥了重要的作用。学会/协会是图书馆事业形成一定规模的标志，它的出现标志着图书馆事业走过了最初的自发性发展阶段，进入了一个需要由图书馆界有意识地对其发展进行宏观管理的新阶段。

学会/协会出现于19世纪。1876年，美国成立了世界上第一个图书馆协会——美国图书馆协会（ALA），1895年，奥特勒与拉封丹发起创立了非官方的国际组织——国际书目协会（IIB，后改名国际文献联合会）。而学会/协会的大量成立则是发生在20世纪初，1900—1927年间，成立了许多可以载入图书馆学史的图书馆学会/协会。如：1910年在法国召开了国际图书馆员会议；1919年在英国伦敦成立了国际联盟图书馆；1927年，有中国代表参加的国际图书馆协会联合会（IFLA）宣告成立。

20世纪初成立的学会/协会中，专业性学会/协会的成立特别令人关注。此类学会的成立是图书馆事业发展重心从公共图书馆转向专门图书馆与学校图书馆的标志，并直接导致图书馆学理论的变革。

1. 达纳和专门图书馆协会

19世纪末，随着政府部门的规模和管辖权的扩大，以及许多专业学会/协会的成立，最先出现了行政、立法方面的专门图书馆。接着，随着美国工商业的大发展，商业、财政机构的专门图书馆又迅速发展起来。这些图书馆的管理与学校图书馆和公共图书馆有着很大的差异。为此，人们意识到只有将专门图书馆的专业人员组织起来，研究专门图书馆的管理与服务，才能有效提高专门图书馆的管理水平。1909 年,美国出现了世界第一个专门图书馆协会——专门图书馆协会(the Special Library Association,简称 SLA)。

专门图书馆协会的创始人是美国著名图书馆学家达纳(John Cotton Dana,1958—1929)。达纳曾在美国多所重要图书馆任馆长职务,撰写过一系列图书馆员培训的文章,后编成《图书馆入门》一书。达纳还担任过美国图书馆协会会长(1895—1896)等重要职务。1909 年,他在美国图书馆协会年会上发表了一篇名为《市政图书馆、立法参考图书馆、商业图书馆、技术图书馆和公共图书馆》的论文,并邀请对此主题有兴趣的同行会后留下来,商定筹建专门图书馆协会。1909 年秋天专门图书馆协会成立,达纳担任该会会长两年。

专门图书馆协会现在已是一个国际性专门图书馆组织,它在世界 70 多个国家中有自己的成员。专门图书馆协会的主要目标是促进专业图书馆的合作,以实现图书馆间文献信息资源的共享。二战后各国科研机构迅速增加,大批科技专门图书馆出现。科技专门图书馆成为专门图书馆协会的主要组成部分。专门图书馆协会及其在各地的分会或学科组的早期活动是致力于各种图书馆资源共享活动,最常见的形式是交换资料和编制专业图书馆指南、专业期刊联合目录等。如在专门图书馆协会成立后不到 6 个月,就出版了一部《专业图书馆指南》。1920 年波士顿的专业图书馆员还首创了区域性专业图书馆指南。

2. Aslib

另一个令人关注的协会是 1924 年成立的英国专门图书馆和情报机构协会(the Association of Special Library and Information Bureau,简称 Aslib)。该协会于 1949 年与英国国际书目协会合并,1983 年增加副名,即 Aslib 为英国情报组织协会(the Association for Information Management),但英文简称仍保留了

1924年使用的Aslib。

Aslib的基本宗旨是促进所有学科科学知识与情报源的协调与利用。在过去数十年中，Aslib一直是一个引人注目的世界性的图书馆学情报学专业协会组织。它在世界70多个国家有超过2000名会员，有大量图书情报方面的出版物，如《Aslib会刊》《Aslib信息》《文献工作杂志》等。包括我国图书馆学家在内的大量图书馆学家从Aslib的信息产品中获益颇多。

但在当前的信息服务变革大潮中，Aslib也在逐步地调整自己的服务。该协会1985年取消了研究职能，后来又从科学领域的信息服务完全转向了一般性领域的信息服务。现在，在Aslib的主页上只有"英国情报组织协会"的称谓，它声称："从1924年起，我们的使命就一直是开发产品与提供服务，为改变世界的管理信息的问题提供实际的解决方案。"[6] 在这个主页上，"专业图书馆"的字样已难以寻找。

第二节　变革的前奏

20世纪初，以杜威为代表的美国经验图书馆学的理论与方法在世界图书馆学中占据绝对上风，对世界图书馆学产生了巨大的影响。但是，在20世纪初的图书馆学界，特别是欧洲的图书馆学界，出现了许多积极的、值得关注的研究。这些研究之所以值得关注，是因为它们在突破杜威经验图书馆学的局限性方面做出了有益的尝试，可以说是代表了20世纪图书馆学的发展方向的研究。

杜威图书馆学的理论与方法，一个重要的特征是它以经验描述式的研究方法代替科学的研究方法。这种方法的真正受到质疑，是1928年芝加哥学派出现以后。但是，在20世纪的最初的年代里,仍有克拉克的研究表现出现代社会科学研究的理性的光辉。此外,奥特勒与拉封丹的"文献"研究和布朗的图书分类研究则使图书馆学研究的载体单元从书本单元向书本内的内容单元发展,从而启动了图书馆学朝着图书馆学情报学发展的序幕。克拉克、奥特勒与拉封丹、布朗都是欧洲人,这并非偶然。相对于美国,欧洲有更好的科学传统,欧洲图书馆界受杜威经验图书馆学的影响也小一些,因此对杜威图书馆学的突破最先出现在欧洲,也是很正常的。

一、克拉克和《图书的管理》

19 世纪中叶现代图书馆出现后,随即出现了图书馆学的研究。早期研究较为重视具体的图书馆工作,如分类编目工作。代表性的研究就是杜威与克特对图书分类与编目的研究。进入 20 世纪,这一情况发生了变化。20 世纪的第一部重要学术著作,是 1901 年 J. W. 克拉克(John Willis Clark,1833—1910)发表的《图书的管理》(原名 *The Care of Books*,一说为 1900 年出版)。克拉克是英国剑桥大学一位研究剑桥建筑史的专家,他的《图书的管理》是一部关于图书馆建筑与设备历史的专著。克拉克在研究这一问题时,不是简单地对图书馆建筑、设备及图书保护活动进行简单描述,而是以严谨的科学方法对图书馆活动进行深入的分析。《大不列颠百科全书》15 版"图书馆"词条评价克拉克的研究时写道:

> 图书馆工作方面的研究虽然已经得到重视,但对于图书馆现状的更深入的研究却很少。可能是为时太早或涉及的问题太复杂,因此尽管客观地重新评估是非常重要的,而图书馆专家还是不可能对他的专业进行深入的研究。论述图书馆实际工作问题的文献很多也很好,但是,看来大部分图书馆员太忙于每日的活动

和管理上的日常工作，而不大可能用较多的时间去进行他们的专业研究。关于图书馆历史的著作，一般倾向于描述，而缺乏深入的研究——其实在这方面有大量的原始资料可供研究。在图书馆的早期有过最好的著作，例如约翰·威利斯·克拉克的《图书的管理》……[7]

尽管有《大不列颠百科全书》的高度评价，但我国以往的图书馆学评论对英国图书馆学家克拉克的研究没有足够的重视。不但20世纪80年代出版的那一批教材没有涉及，20世纪90年代以后出版的一批资料更为丰富的教材，更注重介绍西方图书馆学的教材也未能涉及。那么，《图书的管理》是一部什么著作呢？该书的主题是研究欧洲丰富的图书馆建筑与设备。据英国Fitzwilliam博物馆主页中的介绍，《图书的管理》研究我们现在所称的图书馆物质文化(material culture)的内容，它的研究最早追踪到在亚述、希腊和罗马收藏文献的场所，而重点则是研究欧洲中世纪的文献保护遗产。图书的管理既包括通过物理方式(physical ordering)，也包括如何通过规则进行管理。克拉克在这一研究中，吸收了档案、建筑和考古的研究方法。[8]

克拉克和他的《图书的管理》近年来之所以引人关注，还在于Fitzwilliam博物馆发现了克拉克当时为研究图书馆史、写作《图书的管理》而精心收集的25幅老照片，这些照片大部分是反映19世纪后期英国的大学图书馆的馆舍、书库与藏书的照片，也有一些是反映中世纪藏书的珍品照片。特别是几张中世纪教会图书馆的照片，照片中可以清晰地看到书架上所有图书上都拴着沉重的铁链，通过那些照片，现代人可以很容易地设想出当时读者在图书馆阅读的情景，感受中世纪图书馆的沉重。这些照片已是图书馆学基础教学中不可缺少的资料。收集这些照片，表现出克拉克对图书馆活动的观察具有很独特的眼光。

克拉克的研究对图书馆学的理论意义是,克拉克在对图书馆史的研究中,以对大量图书馆活动的原始资料的收集与调研为研究起点,对看似平常的图书馆日常工作或管理工作进行深入的研究。克拉克以原始资料作为科研基础的实证式研究方法,开创了一种符合社会科学研究规范的现代图书馆研究方式。因而我们可以说,克拉克的《图书的管理》是图书馆学研究从"简单描述"朝"深入的研究"转变的一个重要标志。对于图书馆学研究而言,克拉克的研究方法是完全用于图书馆研究的科学方法,它比后来的芝加哥学派那种稍稍有些脱离图书馆活动谈方法的做法,也许更加具有图书馆学科学方法论意义。只是缺少了人多势众的芝加哥 GLS(图书馆学院)师生的哄抬,克拉克的影响远远小于"芝加哥学派"。

二、奥特勒和拉封丹的文献研究

奥特勒(Paul Otlet 1868—1944)与拉封丹(Henri La Fontaine 1854—1943)都是比利时人,律师,1891 年两人结识,此后一直在一起,从事书目和文献工作。1895 年,两人创立了非官方的国际组织——国际书目协会(International Institute of Bibliography,简称 IIB),总部设在布鲁塞尔。这个组织 1931 年更名为国际文献协会(International Institute for Documentation,简称 IID),1937 年更名为国际文献联合会(International Federation for Documentation,简称 FID),FID 是国际图书馆学情报学领域最有影响的组织之一。1988 年,这个组织再一次更名为国际情报与文献联合会(International Federation for Information and Documentation,简称仍保留 FID)。

1893 年,奥特勒与拉封丹加入了国际社会学书目协会后,打算改编一部社会科学文献的大型书目。这时,奥特勒看到了《杜威十进分类法》,他原想将《杜威十进分类法》翻译为法文,并用它来作为编制书目的分类法。奥特勒给杜威写了封信探讨此事,但未获成功。由于杜威的十进分类法对奥特勒与拉封丹影响很深,同时奥特勒与拉封丹还对杜威的 5×3 英寸规格的卡片很有认同,于是奥特勒与拉封丹决定发起成立一个新的国际性书目组织,以便编制一部按照十进方式进行知识组织并以卡片目录为形式的国际性大型书目。奥特勒与拉封丹于 1895 年成立了国际书目协会,由国际书目办公室(International Office of Bibliography,简称 OIB)代理比利时政府对其实行管理。

国际书目协会的任务是研究图书分类法问题,以及研究国际书目的组织问题。它在 1895—1910 年以及 1915 年出版过协会会报,会报的主要研究领域有十进分类法,以及奥特勒称之为"文献学"的理论。协会于 1897、1900、1908 和 1910 年召开过年会。

国际书目协会成立后,杜威同意由该协会翻译并扩充杜威十进分类法,用以作为排列《世界书目》的分类法。同时,杜威担任了该协会的副会长。1905 年,奥特勒与拉封丹用法文出版了他们的分类法,当时名为《世界书目仓库》。后来,这一分类法改名为《国际十进分类法》(Universal Decimal Classification,简称 UDC),成为世界上最有影响的图书分类法之一。

UDC 是奥特勒与拉封丹仿制 DDC 的产品,是一部应付 DDC 在语种、类目体系方面对欧洲文献的某种不适应而编制的分类法。但是,UDC 在图书分类史上却开创了一个时代。它不但开创了图书情报学界在图书分类领域开展大型国际合作的先例,更重要的是,在技术上,它第一次有限使用了分面分类技术,从而使图书情报学界找到了一种改造等级列举式分类法以适应主题检索要求的简便方式。

奥特勒与拉封丹对图书馆学的最大贡献,是引入了"文献"研究,即今天所说的情报学研究。尽管美国情报学界一般观点是认为情报学产生于 1945 年,但从奥特勒与拉封丹 20 世纪初的文献研究看,真正的情报服务与情报学研究在那时即已开始了。奥特勒与拉封丹在 1895—1905 年期间大量编制书目卡片,形成了具有 1100 万款目的《世界书目仓库》(Universal Bibliographic Repertory),这实际上就是现在所说的一个大型书目数据库。1906—1907 年间,他们将数据库的内容从图书扩大到图片、档案、小册子、报纸文章等多种文献。他们通过这些数据库,以邮寄方式对外开展国际检索服务,同时还对检索策略与定价问题进行了某些分析,这也是最早的有规模的商业性情报服务。仅在 1912 年一年,就有超过 1500 项情报检索。

总之,奥特勒与拉封丹的工作在两个方面突破了杜威的图书馆学:第一,在理论建设方面,他们创立了文献服务及其理论,从而开创了摆脱图书馆实体束缚的情报服务理论与方法;第二,在图书分类方面,他们突破了等级体系分类法的理论,创立了体系与分面分类相结合的新的分类法。在 20 世纪初杜威的经验图书馆学统治着图书馆学界的时候,他们的这种突破有着非常重要的意义。

此外,奥特勒与拉封丹创立的国际文献联合会在整个 20 世纪发挥着作用,推动了图书馆学的发展与变革。国际书目协会成立之初,很难说它是一个真正的国际性书目研究或管理组织。奥特勒成立国际书目协会的目的,更像是给美国人杜威提供一个副会长职位,以换取杜威对使用 DDC 的授权。而这并不是一件值得炫耀的事。但国际书目协会客观上为奥特勒与拉封丹提供了一个舞台,使他们在不懈研究图书分类理论、努力进行书目情报服务实践的基础上,发展了图书馆学理论。奥特勒和他同时代的一批对技术问题感兴趣的图书馆学家被后人称为 20 世纪早期的欧洲"文献学家",他们对各种情报服务技术的不懈探索适应了从图书馆服务向情报服务发展的大趋势,并导致了现代情报科学的诞生。

三、布朗的工作

20 世纪初最重要的图书馆学家之一，是英国图书馆学家 J. D. 布朗。布朗 1862 年生于英国，16 岁起在米切尔图书馆工作。米切尔图书馆是私人捐款修建的大型公共图书馆，其馆藏原版书堪与纽约公共图书馆媲美。布朗在米切尔图书馆工作了十年，该馆良好的书目整理规范与高质量的参考咨询工作，使布朗受到很好的图书馆训练。在米切尔图书馆，布朗掌握了图书馆工作与图书馆学的基础知识。1888 年布朗任克勒肯威尔图书馆馆长，受美国图书馆开架式服务的影响，他于 1894 年在克勒肯威尔图书馆实行开架式服务，使该馆成为英国第一个实行开架服务的公共图书馆。英国图书馆界当时对图书馆开架问题很有争议，布朗与克勒肯威尔图书馆成为当时图书馆界争议的焦点。英国图书馆界关于开架服务的争议直到 20 世纪 20 年代才基本平息，由此可见布朗开架改革的超前性。

1903 年，布朗的《图书馆管理手册》出版。《图书馆管理手册》是一部图书馆工作的基础教科书，被认为是一部标准的教科书。在相当长一个时间里，在英国图书馆，特别是公共图书馆，这部教材非常流行。《图书馆管理手册》的成功不是偶然的。布朗 16 岁进入图书馆工作，有长达十年的图书馆基层工作经历；而后担任过两个城市的图书馆馆长，并使他的图书馆成为公共图书馆的典范，这些经历使他能够全面地了解图书馆的运作。在学术上，他创立了“主题分类法”，是麦卡利斯特《图书馆》杂志的主要撰稿人，1898 年他创办了《图书馆世界》杂志，在该杂志中发表了大量论文。由于布朗在图书馆实践与理论两方面都具有坚实的基础，他的《图书馆管理手册》得以长时间地在英国公共图书馆界产生影响。

布朗在我国图书馆学界的名气很大程度上得益于他在图书分类方面的成就，1906 年，布朗出版了他的《主题分类法》。在图书分类方面他还有《图书馆分类与排架手册》(1898)、《图书馆分类与目录》(1906)等重要文献。

《主题分类法》被公认为是 20 世纪初 4 种最重要的分类法之一，尽管它的流行范围仅限于英国公共图书馆界。布朗的《主题分类法》提出了这样一些基本思想：①应当按照具体的或经常的主题而不是按照一般的或偶然的观点进行分类；②一个主题一个位置；③应用跟随理论；④科学的进化顺序；⑤顺序制的标记制度。从图书分类的理论角度看，《主题分类法》的思想中的确有许多新的理论与方法，或者说布朗看到了杜威十进分类法的不足，并尝试进行改进。布朗提出的主题和范畴的思想成为后来主题分析与分面标记制度的先驱。

对于图书馆学基础理论而言，布朗《主题分类法》的意义在于它向当时占统治地位的杜威图书馆学思想提出了挑战。

DDC 产生后不久，美国图书馆学家克特曾创建了一部新的分类法：《展开式分类法》，这部图书分类法曾与杜威的十进分类法进行激烈的竞争。伴随分类法体系竞争的，还有两种图书馆学思想体系的激烈交锋。克特主张以科学的知识分类体系为分类法的基础，强调分类法类目体系之间应该具有逻辑上的和哲学上的理论依据，他认为杜威分类法的知识体系是不科学的，类目设置也不合理。克特挑起的图书分类法理论的“科学性”与“实用性”之争，几乎一直延续到 20 世纪后期。

而布朗则是从另一个角度向杜威的图书分类理论提出了挑战。布朗所提出的问题，主要是涉及分类法技术层面的问题，这些问题与图书分类法的检索效率问题相关。杜威主张图书分类法的实用性，前提是以实用性原则指导下编制的分类法有更高的效率。杜威的分类体系关注的仅仅是排架的效率问题。而对于图书馆图书分类法，还有更为重要的馆员与读者借助图书分类法检索特定知识的效率问题。20世纪图书馆学的最大转型，是二战后发生的图书馆学朝着图书馆学情报学新范畴发展。这一转型的重要的理论标志是图书馆学的研究重心从文献转向文献内的知识，外在表现则是图书馆活动中增加了情报检索的内容。布朗的工作就是试图使图书分类法介入知识的检索，成为有效检索特定知识的工具。所以，我们可以认为布朗的理论尝试启动了图书馆学向图书馆学情报学转型的过程。尽管在当时，布朗本人没有找到更好的提高图书分类法检索效率的方法，而当时也的确不存在更多的对特定知识检索的需求。但在书写20世纪图书馆学基础理论史的时候，布朗的工作是值得关注的。

第三节　美国国会图书馆建设与馆际合作

一、普特南的贡献

1901年，美国国会图书馆开创了两项新业务：向其他图书馆出售印刷目录卡片，开展图书馆馆际互借服务。以这两项新业务为标志，世界文献资源建设活动进入了一个崭新的阶段。美国国会图书馆在文献资源共享领域的成就，与美国图书馆学家的理论工作是密切相关的。

美国国会图书馆最初只是一个为国会服务的图书馆，在1896年以前，国会图书馆几乎在美国图书馆协会之外独立地活动，因而也不可能承担起美国文献资源共享的领导职能。在美国图书馆协会的不懈努力下，美国国会图书馆的方针终于有了较大调整。在1899年普特南(Herbert Putnam，1861—1955)担任第八任国会图书馆馆长后,普特南将图书馆学专业人员的理念带入国会图书馆管理,使国会图书馆开始承担国家中心图书馆的职能,在国家宏观文献资源建设活动中发挥应有作用。图书馆学专业人员的理想,直到这时才在美国国会图书馆成为现实。

1896 年 11 月 6 日到 12 月 7 日,在美国国会图书馆即将迁入新大厦前夕,国会图书馆联合委员会召开了一个关于国会图书馆现状及其组织机构的听证会,美国图书馆协会派了纽约州立图书馆馆长杜威、波士顿公共图书馆馆长普特南等 6 名图书馆馆长参加。杜威等人虽然没有直接批评当时国会图书馆独立于美国图书馆运动之外的做法,但他们对国会图书馆应该行使的职能的认识,却与当时年迈的国会图书馆馆长斯波福特完全不同。普特南在会议上引述杜威的话,表达了他对国家图书馆的应有职能的论述:“国家图书馆应当成为‘全国各种类型图书馆都能从中受到鼓舞,得到指导和实际帮助的中心’。在其服务项目中还应包括集中编目、馆际互借和全国联合目录。”[9]

1896 年的听证会使美国国会图书馆与图书馆协会的关系出现历史性转折。1899 年国会图书馆杨格馆长去世后,美国图书馆协会做了许多具体细致的工作,设法让一位图书馆专业人员担任国会图书馆馆长。美国图书馆协会主席、哈佛大学图书馆馆长莱恩在《图书馆杂志》上发表了给麦金利总统的公开信,极力主张由一位有丰富经验的图书馆学专家出任国会图书馆馆长。美国图书馆协会终于说服了总统。1899 年 3 月,麦金利总统任命了美国图书馆协会提名的候选人普特南为国会图书馆馆长。在这一岗位上,普特南做了四十年。

普特南生于纽约,1883 年毕业于哈佛大学,后进入哥伦比亚大学学法律,1884 年受朋友劝说到明尼苏达州明尼阿波利斯市一所图书馆任馆长,三年后成为阿波利斯市公共图书馆馆长。

1891 年普特南辞职从事法律工作，两年后再度任一所大学图书馆馆长，1895 年出任著名的波士顿公共图书馆馆长，并以其出色的管理赢得图书馆界的信任，成为美国图书馆协会提名的国会图书馆馆长候选人。

由于普特南不仅是国会图书馆馆长，同时也是图书馆协会的代言人，因而他上任后，美国国会图书馆加快了推进全国文献资料共享活动的步伐。在国会图书馆推出的多种为全国图书馆服务的活动中，包括了 1901 年推出的馆际互借和集中编目——对外出售与发行国会图书馆的印刷目录卡片。普特南在宣布集中编目计划时骄傲地说："编目加工集中化和书目机构相应的集中化是四分之一世纪以来，美国图书馆界各位馆长一直梦寐以求的夙愿。"[10]

在普特南任职期间，国会图书馆着手编制全国联合目录，与美国图书馆协会及纽约州立图书馆合作出版了"供大众图书馆使用的美国图书馆协会八千种图书"，在美国图书馆协会的通力协作下出版了美国版的《英美编目条例》。这些活动，都直接或间接地推动了美国全国的文献资源共享。

在普特南任职的前 20 年，国会图书馆极大地支持了图书馆界和美国图书馆协会的工作，推动了文献资源建设活动。但在任职后期，普特南对全国性图书馆事业的兴趣下降，"他以前对图书馆间的合作以及有关技术问题的关心已被馆藏资料的整理利用所取代"。[11]这引起美国图书馆学界的不满。尽管如此，普特南在图书馆界仍有极高的威望。人们称他为"20 世纪的帕尼兹，图书馆事业的两个伟大造型人之一"。[12]

二、馆际互借的突破

文献资源共建共享的理念的源头，可以追溯到 19 世纪末。而馆际互借的思想，甚至追溯到更早的年代。馆际互借是图书馆之间通过协议方式，向其他图书馆的读者开放本馆藏书的方式，是采用最早、最有效的文献资源共享方式之一。据西方图书馆学家介绍[13]，早在8世纪的时候，馆际互借的概念就已经被提出了，并且在整个历史过程中不断发展。17世纪一个法国图书馆员曾试图在巴黎的皇家图书馆和罗马的Vatican and Barberini图书馆建立一个国际的借书体系。除了这些早期的实践尝试外，理论方面的探索也在进行，Gabe Naude在他1627年出版的名为*Avis Pour Dresser une Bibliotheque*的书中写到馆际互借的原则，他认为图书馆应该建立一个数据库以帮助读者找到该馆没有的图书。馆际互借的思想就是这样形成了。[14]

现代图书馆事业出现后，馆际互借得到迅速发展。1886年，杜威在倡导"现代图书馆运动"时就认为应加强图书馆间的合作。普特南担任国会图书馆馆长后，在国会图书馆大力推行馆际互借。他首先提出了国会图书馆作为"国家的图书馆的最后保障"的观点。[15]1901年，美国国会图书馆推出了馆际互借的服务项目（美国国会图书馆馆际互借主页称从1902年起推出）。尽管这只是以一个文献资源大馆为核心的馆际互借，但它毕竟是一个正式的项目，而且是由一个具有全国性影响的大馆为核心展开的，因而这一项目影响极大。

1905年以后，馆际互借正式进入美国图书馆协会的规章制度。

现代文献资源共建共享体系下的馆际互借，决不仅仅是资源大馆对资源小馆间的一种"恩惠"。馆际互借是文献资源共建共享体系的一个重要组成部分，没有它，合作藏书就没有了实际意义，而馆与馆之间有组织地提高文献资源建设质量也就成了一句空话。而要做到这一点，就必须要图书馆协会或其他有一定权威的组织进行干预。

美国图书馆协会在馆际互借中正是扮演了这一角色，它在馆际互借的规章制度化方面起着主导作用。在馆际互借开展十多年后,1917年,美国图书馆协会总结以往馆际互借的经验,正式推出《美国图书馆互借实施规则》。这是世界上第一个正式的馆际互借法规,也是第一个正式的关于文献资源共享的法规,它制定了全国性的馆际互借准则,规范了借进馆与借出馆之间的关系。这部法规在1940年、1952年、1968年、1980年和1993年数次修改,其基本原则与思想至今仍在图书馆事业中发挥着作用。《美国图书馆互借实施规则》的出现,标志着以馆际互借为主要内容的文献资源共享已经形成了规模,并进入了需要宏观调控的新阶段。至此,馆际互借成为促进全国文献资源建设的保障措施之一。美国图书馆协会的《美国图书馆互借实施规则》也为其他国家的图书馆协会干预馆际互借活动提供了一个示范。

三、评论

美国早期文献资源共享活动的意义是巨大的。图书馆学家们进行文献资源共享的创造性活动,给图书馆带来了巨大的经济效益,也为社会带来了巨大的社会效益。对图书馆界而言,这一活动改变了图书馆员数千年来由于关注自身文献"拥有"而形成的封闭心态,激发了他们充分利用先进的管理与先进的技术开发信息资源,发掘自身信息服务潜力的欲望。对于学科研究而言,它使图书馆学从一门仅仅关注一个图书馆内部活动的"馆内科学",发展成为关注社会中各种类型图书馆协同发展的"社会"科学。

而美国图书馆协会促成任命专业人员担任国会图书馆馆长一事,在图书馆学史上也有非同寻常的意义,因为它开创了图书馆学家或图书馆学组织影响国家决策的先例。以社会科学家的社会活动和理论影响社会决策,一直是社会科学研究者追求的最高目标。美国图书馆协会的努力改变了国家图书馆馆长的人事任命,并借此改变了美国图书馆文献资源共享的历史进程。美国图书馆协会在国家图书馆事业发展重大决策中所产生的这种作用,至今还没有哪个国家的图书馆学会可以做到。

20 世纪最值得一提的图书馆学理论精神,是图书馆界追求馆际合作与文献资源共享的理论精神。文献资源共建共享的理念,是真正贯穿整个 20 世纪的最值得图书馆学为之自豪的理论财富。文献资源共建共享领域是 20 世纪中理论创新成果最多、实践形式多样、成效卓著的领域之一。整整一个世纪中,文献资源共建共享观念经历了从重收藏到重分工,再从重分工到重存取的重大变化,而合作的观念则贯穿始终。目前,文献资源共建共享的观念已经成为图书馆界应对信息环境变化的最重要的理论武器之一。

引用文献:

1. 孙光成. 世界图书馆与情报服务百科全书[M]. 成都:四川民族出版社,1991
2. http://www.oclc.org/dewey/about/index.htm
3. Dewey M. Decimal Classification beginnings[J]. Library Journal,1920,45(2)
4. Dewey M. Decimal Classification and Relative Index for Libraries and Personal Use in Arranging for Immediate Reference Books, Pamphlets, Clippings, Pictures, Manuscript Notes and Other Material. Ed. 12, rev. and enl. under direction of Dorcas Fellows, Editor. Semi-centennial ed. Lake Placid Club, NY:Forest Press,1927
5. Hanson E R, Daily J E. Catalogs and Cataloging[C]//Kent A, Lancour H. Encyclopedia of Library And Information Science. New York: M. Dekker, 1970, vol. 4:245—255
6. http://www.aslib.co.uk/
7. 袁咏秋,李家乔. 外国图书馆学名著选读[M]. 北京:北京大学出版社,

1988:33

8. http://www. fitzmuseum. cam. ac. uk/msspb/exhibit/clarke/
9. 科尔 Y. 美国国会图书馆展望[M]. 姜炳炘等译. 北京:书目文献出版社(今国家图书馆出版社),1987:22.
10. 科尔 Y. 美国国会图书馆展望[M]. 姜炳炘等译. 北京:书目文献出版社(今国家图书馆出版社),1987:30—31
11. 孙光成. 世界图书馆与情报百科全书[M]. 成都:四川民族出版社,1991:466
12. 袁咏秋,李家乔. 外国图书馆学名著选读[M]. 北京:北京大学出版社,1988:308—309
13. Gilmer L C. Interlibrary Loans:Theory and Management[M]. Englewood, Colo. :Libraries Unlimited,Inc. ,1994
14. 范并思,王巍巍. 从合作藏书到存取——理论图书馆学视野中的文献资源建设[J]. 大学图书馆学报,2003(2):26—29
15. http://www. loc. gov/rr/loan/

第二章　理性主义思潮(1928—1944)

在芝加哥 GLS,图书馆学家以新的图书馆哲学和图书馆学体系挑战经验图书馆学,关注社会、历史与文化问题。由此形成 20 世纪最重大的一次理论变革:

1928 年芝加哥大学 GLS 成立,从 1928 年到 1942 年,GLS 是美国唯一具有博士课程的图书馆学校。GLS 的学风和理论追求影响了整整一代图书馆学家。

1933 年巴特勒出版《图书馆学导论》。这是一部有着鲜明的巴特勒风格的著作,谢拉认为它是图书馆思想发展的真正里程碑,阿夏姆评价它引导着芝加哥 GLS 新的课程与教学规范。

20 世纪 30 年代,印度图书馆学家阮冈纳赞推出"图书馆学五定律",这是 20 世纪理论图书馆学领域最杰出的成就之一。"图书馆学五定律"的思想基础与"芝加哥学派"不同,但同样是理性主义的产物。

在图书馆学方法论领域,还是"芝加哥学派",推行以调查为主的实证研究方法,以新的研究方法挑战杜威经验图书馆学:

1939 年,韦普尔斯出版了《图书馆问题调查》。韦普尔斯深感确立"真正的"社会科学研究规范对建立"科学的图书馆学"

的重要，本书是世界上第一次开出的图书馆学研究方法课程的教材。

20世纪40年代，伯埃尔森继续其老师韦普尔斯的理论兴趣，进一步弘扬"实证"的研究方法。

图书分类领域，两部有鲜明理论风格的分类法及相应的理论，使图书分类成为应用图书馆学的理论前沿：

阮冈纳赞《冒号分类法》及其一整套分面分类理论，是自杜威发明十进分类法以来，图书分类领域最重要的发明。它完全改变了图书分类的理论进程。

1929年布利斯发表了《科学的组织与科学体系》，这是图书分类史上最重要的理论著作之一。以该书奠定的图书分类理论为基础，1935年，布利斯出版了《书目分类法体系》。

第一节 理性主义:20 世纪最重要的理论变革

人类创建图书馆的历史悠久,但将图书馆学作为一门科学来建设的历史并不长。20 世纪 20 年代以前的图书馆学理论大多是具有明显的经验描述性质,可称为经验图书馆学。19 世纪后期,美国人杜威的图书馆活动与图书馆学研究使经验图书馆学达到其理论高峰。20 世纪前二十多年时间里,尽管杜威的经验图书馆学受到来自不同方面的间接批评,但它仍在美国具有统治性地位,并对世界图书馆学产生巨大影响。20 世纪 30 年代以后,随着"芝加哥学派"的兴起,部分图书馆学家开始关注图书馆相关的社会、历史与文化问题,并以新的图书馆哲学和图书馆学体系挑战经验图书馆学,由此形成 20 世纪最重大的一次理论变革。

一、芝加哥学派

1928 年芝加哥大学成立了一所具有博士学位的图书馆学院(GLS)。从 GLS 成立到 1942 年为止,GLS 是美国唯一具有博士课程的图书馆学校。GLS 的学风和理论追求影响了整整一代图书馆学家。1996 年,加州大学伯克利分校的图书情报研究学院(现已改名为信息管理学院)的 M. 巴克兰德教授在一篇研究美国图书馆历史的文献中称,"直到 20 世纪 60 年代,芝大 GLS 无疑是美国图书馆学最有影响的智力中心"。[1]GLS 的教员致力于发展具有高度理性的图书馆学知识体系,他们从历史、文化和社会的角度思考图书馆生存的哲学问题,同时也以社会科学中流行的实证方法或思辨方法研究图书馆问题,被后人称为"芝加哥学派"。

自杜威在大学创办了图书馆管理学院以后，改变了以往的图书馆内部"师傅教徒弟式"的技能和知识传授方式。这是图书馆学发展史上一个重大进步。但由于当时各种条件的限制，以及杜威本人对实用知识的偏爱，早期美国的图书馆学教育更像是职业培训，而不像科学知识的传授与科学研究规范的训练。1916年，美国经济学家A. Johnson完成一份关于卡内基资助图书馆情况的调查报告，向卡内基财团提出了图书馆人员的素质问题及切实改善美国图书馆学教育现状的建议。卡内基财团非常重视这份报告，在1918年委托威廉森（Charles. C. Williamson, 1877—1965）对美国图书馆学教育现状着手调查。

威廉森是美国著名图书馆学家。在担任纽约市立参考图书馆馆长职务期间，将该馆建设成了对该市行政人员进行情报外借和参考文献服务方面的典范。他着手撰写了《市立参考图书馆札记》一书，赠送市行政人员和政策制定者，提醒他们注意最新的、最有用的情报。这一做法被《ALA图书馆学情报学世界百科全书》（1986年版）认为是定题服务（SDI）的先驱。[2] 有意思的是，威廉森这样一位具有很好的应用研究背景的图书馆专家，却直接导致了一场空前的批评应用图书馆学的运动。

威廉森从1919年开始经过三年的调查，在1921年向卡内基财团提出了研究报告，并在1923年公布了这份经过修改以后的报告。这就是著名的威廉森报告。"报告一出版就如同一声'霹雳'使世人震惊。人们才知道原来图书馆学的专业教育有着如此重大意义"。[3] 威廉森报告批评当时的图书馆学校的"作为职业技能培训"的通行做法，认为作为大学层次的图书馆学教育必须是"作为一门学问的专业教育"。报告提出了许多建议[4]：

1. 招生对象应限于已完成四年学士课程的大学毕业生；此外，还应进行某些甄别测验，以证明学员的个性是否与图书馆事业相适应(比较:杜威的图书馆学校招收高中毕业生)。

2. 所有学院必须设置在大学之内,成为各大学下属的一个系或专业学院(比较:杜威曾将其建于哥伦比亚大学的图书馆学校迁于纽约州立图书馆)。

3. 应充分利用各大学的学术资源以丰富和扩大图书馆学院学生的知识面和经验。

4. 应设置各种课程,为一年级学生讲授普通图书馆学原理的实践的基础课。经过有计划并由专家指导的一段实际工作之后,再进行一年的图书馆专业教育。

5. 应编写教科书和其他教材。

6. 应对在这个领域里服务的图书馆员提供连续教育。

7. 应在自愿基础上为专业图书馆员颁发证书。

8. 应建立鉴定各图书馆学院的制度。

卡内基财团接受了威廉森报告的主要观点,在 1926 年制定的《图书馆服务十年计划》(Ten Years Program in Library Service)中具体规定了图书馆学教育的资助计划。

与此同时,应卡内基财团的要求,作为专业团体的 ALA 开始对图书馆学校的改革问题进行研究。1923 年 ALA 建立了图书馆学教育分会,开始探讨统一的图书馆学校设置的最低标准和 ALA 认定程序,并准备筹备建立一个具有研究性质的高水平的图书馆学"专业学院"。这个建议到了 1923 年,开始变成了一个具体的行动。当向卡内基财团提出的 100 万美元的资助申请得到批准以后,1926 年芝加哥大学董事会通过了 GLS 的建院计划。这样在卡内基财团、ALA、芝加哥大学三方通力合作下,1928 年,世界上首个具有博士学位授予权的图书馆学教育"专业学院"GLS 在芝加哥大学正式开学。图书馆学教育和研究翻开了新的一页。[5]

芝加哥大学 GLS 在建立图书馆学学术规范方面有较大贡

献。杜威图书馆学被认为是实用主义的图书馆学,这种图书馆学认为实际的操作比理论更有益于图书馆活动。因为杜威在图书馆教学活动中强调经验的积累,图书馆学校的教师往往来自具有专业实践经验的图书馆员。受到杜威图书馆学的影响,芝加哥大学 GLS 成立之前,图书馆学校的教师多数是图书馆实际工作者,而不是大学研究人员。据调查,到 1921 年,有一半左右的美国图书馆学师资没有大学本科学历。除了师资力量不足外,各校开设的课程和学制又很不统一。这种不规范和低水平严重制约了图书馆学和图书馆教育的发展。由于图书馆学专业培养的人员缺乏学术规范的训练,图书馆学家常常以直观的有用性来限制和选择图书馆学的研究课题。这种师傅带徒弟式的教学方法也许对培养图书馆操作人员有短暂的效果,但显然难以支撑整个学科的发展。

芝加哥大学 GLS 成立之初即开始引进教师。因为当时大学范围内缺乏高水平的图书馆学专业教师,也因为芝加哥大学决意走一条不同于哥伦比亚图书馆管理学校的办学道路,因而芝加哥大学一开始就没有将引进教师的选择范围放在图书馆领域,而是从社会学等图书馆学之外的学科招收骨干教师。这就是后来被人们津津乐道的 GLS 的多学科性。这批来自外学科的教师对图书馆活动也许不是十分熟悉,进入 GLS 后也仍然念念不忘原来的学科,习惯于将原有知识领域的理论与方法带入图书馆学。这样一批学者走进图书馆学教育,立即为图书馆教育带来了一股清新的学风。这些教师以其他社会科学中业已成熟的研究方法培养和训练学生,取得了意外的好效果。小仓亲雄在评价 GLS 这一做法时认为,正是这种做法使 GLS 身份倍增,同时提高了图书馆学的科学地位。

芝加哥大学 GLS 成立后,该校师生致力于发展具有高度理性的图书馆学知识体系,他们从历史、文化和社会的角度思考图书馆活动的哲学问题,同时也以社会科学中流行的实证方法或思辨方法研究图书馆基础理论。这一具有鲜明学术特色的学术群体,被后人称为“芝加哥学派”。

芝加哥学派以一套社会科学的理念来研究图书馆学。他们认为,图书馆是一个“社会机构”,它既包括图书馆与读者、读者与作者的人际关系这样一种社会心理学问题,也包括了图书馆整体运作模式的社会学问题。图书馆社会功能和社会价值的实现脱离不了社会环境的影响与制约,同时社会环境与图书馆是处于一种互动的“历史的进化”之中的。因此,对图书馆这一社会机构的研究必须有多个层面,必须引入社会学、心理学、历史学等其他社会科学学科的理论与方法。可以说,对图书馆作为“社会机构”的认识,是芝加哥学派主张将图书馆学“社会科学化”的理论动力。芝加哥学派的这种理论观念与杜威的实用观念形成鲜明对比,它对图书馆学基础理论的发展产生了积极的影响。通过 GLS 师生的理论探索,图书馆学研究者开始试图摆脱琐细的图书馆具体事务的纠缠,从而去探索图书馆活动的更为本质的方面。哈里斯在总结美国图书馆学研究历史时认为,芝加哥学派的研究实际上是“作为科学的图书馆学”研究的真正起点。

芝加哥大学 GLS 的毕业生英才辈出,他们在美国图书馆学理论界占有极为重要的地位。有人甚至说芝加哥学派的思想影响了整整一代图书馆学家。尽管如此,早期芝加哥学派理论风格并没有改变图书馆学的应用型社会科学的基本性质。大多数芝加哥大学 GLS 的教师与毕业生们,仍然坚守美国应用图书馆学注重技术与应用的传统,他们对美国图书馆学的贡献,也来自应用图书馆学领域。

二、巴特勒及其《图书馆学导论》

提到芝加哥学派,不能不介绍巴特勒(P. Butler, 1886—

1953)。巴特勒生于美国伊利诺伊州,小时候因病致使双耳失聪。他先后获得过哲学、文学和神学等多个学科的学位,1916年进入纽贝里图书馆工作,担任订购、编目等工作,工作期间出版过该馆15世纪印本藏书目录。1931年辞职。1928年,巴特勒受聘为芝加哥大学GLS的兼职讲师,讲授印刷史课。1931年成为该校正式讲师。此后他一直在该校任教,直到1952年退休。1953年,退休后的巴特勒在参加一所图书馆落成仪式返回途中,因车祸不幸去世。

巴特勒是芝加哥大学GLS最早引进的具有社会科学背景的四位教师之一。巴特勒长期从事图书馆学教育和研究工作,著有《欧洲印刷起源》(1940年)、《学术与文明》(1944年)以及许多关于图书馆学基础理论的文章,而他最有代表性的著作则是1933年出版的《图书馆学导论》。谢拉评论这本书是图书馆思想发展的真正里程碑,并认为它是图书馆学学生和图书馆工作人员必读的基本理论著作。阿夏姆(1952—1961年间芝加哥GLS校长)在为1961年版的《图书馆学导论》作序时写道:该书为人们了解图书馆教育提供了最初的展台,它引导着芝加哥GLS新的课程与教学规范。虽然它不是芝加哥GLS政策的正式宣言,甚至没有被所有芝加哥教员所认同,但该书能很好地帮助人们解释芝加哥的这套课程,它赢得了学生读者的欢迎。[6]巴特勒曾表明希望这部著作能很快被时间抛弃,但实际没有其他著作能够替代它。Stielow在1994年说,在长达40年时间里,该书一直受到关注,被翻译,被当作经典,是这40年时间里最主要的图书馆学研究课本。[7]

巴特勒的图书馆学思想的发源是从对当时支配美国图书馆界的偏重技术而忽视理论的倾向进行激烈的批评开始的。他在《图书馆学导论》的序言中指出:"与社会活动的其他领域的人们不同,图书馆人在自己的职业的理论方面的忽视是不可思议的。在其他领域,只要是当代人,都抱有一种好奇心,多方设法使自己的工作与人类社会的主流合拍,但图书馆人似乎对这种做法抱超然态度。图书馆人明显束缚在自己朴素的实用主义的框框里。就是说,使直接的技术过程合理化,仅以此满足对知识的关心。其实,企图使这种合理化普及以形成专业的理论的尝试本身大概是结不出果实来的,我想甚至是危险的。"[8]

巴特勒对文化思想和图书馆学基础理论的研究给人留下深刻的印象。他宣称他的作用是用为我们自己的时代所能证实的方法承认并解释图书馆的社会史,这样他便把哲学研究与图书馆学的知识、技术问题联结起来。他说:"我写《图书馆学导论》是为说服我的同僚更重视科学一些。现在我不得不为使他们不致沉迷于科学而斗争。"从这部著作中可以看到:第一,是作者强调把图书馆学从单纯实用的、技术的阶段再推进一步,把它提高到科学的阶段,并试图提供一个引论;第二,是他对图书馆的本质做了深入的分析,并把它作为图书馆学的学问组织出发点或基础。

巴特勒认为,图书馆科学研究的对象是图书与读书的客观现象。他写道:"所谓科学都仅仅是对待知识,图书馆学尤其仅仅是对待通过图书这种媒体把图书馆的工作即社会积蓄的经验传递给社会的每个人,这种理论、书面记录不管对谁都给予与其他人所知道、坚信、感觉到的(知识)相同的知识。这样的记录也可以在同一人物身上再现相同的信念或感情。这样,获得知识的过程是可以用科学方法调查的问题,但再现主体的回应是不能通过调查的。"[9] 根据这种理论,巴特勒对图书馆做如下定义:"所谓图书馆,是保存人类记忆的一种社会装置,图书馆是为把它移入活着的个人的意识的一种社会机构。"巴特勒把这种社会的记忆称为"社会的拟似精神"——认为即使它不具有意识,也进行与个人的知识过程大致近似的机能活动。而且,图书馆正是在“社会的拟似精神”以自己具体的现存形态实现时才存在。

总之,“巴特勒对图书馆学的研究方法基本上是社会科学的方法,他抓住图书馆作为社会的一种现象,试图以社会、心理学、历史的方法解释图书、读书和知识传递,其中关于读书的研究是作为读书科学展开的,而知识传递的问题则是作为通讯论和社会认识论继承发展的,这些方面可以说成了芝加哥学派的传统”。[10]巴特勒也正是凭借这些与杜威图书馆学完全不同的理论主张,在学院派图书馆学中赢得了巨大的声望。

巴特勒的图书馆学理论也有明显的缺点:

第一,巴特勒把读书现象与作为其工具的图书以及通过图书传递知识看作是图书馆学应当科学地阐明的固有专门领域,并试图从科学、社会、心理学、历史等观点系统地加以研究。他把图书馆学置于社会科学的语境中规定图书馆,把图书馆当作将人类的记忆移入现代人的意识中的社会机构,表明了他对图书馆功能的本质的深刻观察。但是,处在巴特勒的时代,图书馆事业还停留在非常低的水平上,巴特勒试图通过科学抽象形成图书馆学理论基础的做法没有现实的图书馆活动作为基础。因此,巴特勒的理论似乎只是一个宣言书或一个纲要,它过于简略和不系统,有待于充实和发展。今天我们读巴特勒的《图书馆学导论》,除了能够感受巴特勒的批判精神与抽象思辨的价值倾向外,很难从中得到有益的“图书馆学原理”,甚至该书的逻辑与文字也十分难理解。

第二,站在21世纪的高度来看,巴特勒对技术的忽视也是一个重大遗憾。19世纪的美国图书馆学有重视技术的传统,杜威、克特等人在图书分类、编目等图书馆技术领域的伟大贡献有力地推动了图书馆运动的发展。进入20世纪后,奥特勒、布朗等欧洲的“文献学家”们继续在这一道路上前进,它们研究情报检索技术,并研究以缩微胶片技术为代表的新信息技术在图书馆的应用。而在《图书馆学导论》中,巴特勒只字不提帕尼兹、克特、杜威、朱厄特、布里斯的图书馆学理论贡献,而且他的其他论著中也从未提及他们的贡献。《图书馆学导论》中从社会学的、心理学的、历史的以及图书馆服务的实际方面考察了图书馆学,但是没有从自然科学技术方面考察图书馆学。这对标榜"多学科性"的芝加哥 GLS 而言,是有讽刺意味的。从《图书馆学导论》中可以看出巴特勒观念中的图书馆学的内容:统计方法、阅读心理、图书的历史、作为机构/制度的图书馆的历史、知识的历史、书目的历史。还有某些藏书建设的原理。这里面也没有图书馆技术的内容。所以后来在美国图书馆学家认为,正是由于芝加哥学派对技术的忽视影响了美国图书馆学,才导致美国在二战后的情报科学与图书馆学之争。[11]

三、阮冈纳赞与图书馆学五定律

自杜威以来,美国以外的国家很少产生能在世界图书馆界具有广泛影响的图书馆学家,但印度图书馆学家阮冈纳赞是一个例外。

阮冈纳赞(S. R. Ranganathan,1892—1972)生于印度马德拉斯,毕业于马德拉斯教会学校数学系,曾担任数学系副教授。1923 年阮冈纳赞任马德拉斯大学图书馆馆长,开始了他的图书馆生涯。次年阮冈纳赞赴英国,在著名图书馆学家谢尔斯门下学习图书馆学。阮冈纳赞回国后,在马德拉斯大学图书馆担任馆长直到 1944 年,以后还担任过巴纳拉斯印度大学图书馆馆长和图书馆学教授、德里大学图书馆学教授等职务。阮冈纳赞还担任过印度图书馆协会会长及国际文献联合会副会长等职。阮冈纳赞一生著述颇丰,在五十多年图书馆学生涯中,他写下 62 部理论著作,其中 11 部多次再版,发表了 1500 多篇论文,几乎每10天1篇。他最主要的图书馆学成果在图书分类领域和图书馆学基础领域，著有《冒号分类法》《图书分类导论》《图书馆学五定律》等重要著作。为表彰他在图书馆学方法上的杰出贡献，1965年，印度政府授予阮冈纳赞"国家研究教授"的光荣称号。这也是印度学术界的最高荣誉。

阮冈纳赞是从研究图书馆分类法开始其图书馆学理论生涯的。他最早的图书馆学成果就是著名的《冒号分类法》。在研究图书分类与其他应用图书馆学问题时，阮冈纳赞从一个数学家的理论审美观出发，不满图书馆学基础领域的经验描述特征。他说：在图书馆，"人们所看到的只是一些没有内存联系的各个支离破碎的工作的集合，似乎未来的发展是完全无法预料的，一切都得任经验办事"。[12]他十分强烈地感到需要制定一套基本定律以指导图书馆学的理论和实践，于是他花了三年时间，研究出著名的"图书馆学五定律"。该五定律被印度图书馆协会一致通过，在国际图书馆学也有很大反响，被称为"我们职业的最简明表述"。

阮冈纳赞建立图书馆学理论的方法为：用归纳法将图书馆的实践经验概括为几条原则，再用演绎法从这些原则出发，去把握图书馆的全部实践经验及未来的发展变化。而这些原则应是"从图书馆工作已呈现的趋势中反映出来的，并能够指出目前尚未明朗的未来趋势的规范原则"。这就是著名的"图书馆学五定律"的来由。

"图书馆学五定律"的内容与概要说明如下：第一定律——"书是为了用的"，这一定律表明了图书馆的基本职能，是现代图书馆区别于古代图书馆的根本。图书馆学的第一定律也许十分平常，但他却同所有第一定律一样，具有公理的性质，是不需要证明的。图书馆学第一定律也能引申出其他四定律。第二定律——"每个读者有其书"（后改为"书是为所有人用的"），第二定律是第一定律的自然引申,它强调图书馆要为所有读者服务。这一定律体现了图书馆作为信息公平保障实体与保障制度的作用,它体现的是公共图书馆精神的精髓。第三定律——"每本书有其读者",这一定律对图书馆提出了一个很好的工作目标,它要求图书馆对其各种技术工作进行改进,以保证第二定律的实行。图书馆学理论能够帮助图书馆实现这一目标。第四定律——"节省读者时间",这一定律与第三定律相辅相成,要求图书馆以很高的效率实现自己的目标。它给图书馆的观念、图书馆各项政策与管理带来了变化。第五定律——"图书馆是一个生长的有机体",这一定律要求图书馆管理者不要受现有规模的影响,而应该做出计划,适应图书馆的发展。图书馆的管理与技术应用都应该适应这种生长。

在宣讲图书馆学五定律过程中,阮冈纳赞完成了他的图书馆学基础理论著作《图书馆学五定律》。该书总结了图书馆工作的基本规律,指出了图书馆工作的重要原则规范,阐明了图书馆中各种要素和各种工作之间的内在联系,为图书馆工作指明了方向。同时,在图书馆学领域内也提出了许多新的观点,采用了新的研究方法,更加充实和完善了图书馆学的内容,给图书馆学研究开辟了一条新路。因此,这本书在图书馆事业史和图书馆学思想史上均占有重要的地位,甚至可以说是一个重要的里程碑。这也是这本书出版后受到世界各国图书馆学界重视的根本原因。

阮冈纳赞将自己的图书馆学五定律与物理学牛顿三定律做比较。他认为图书馆学五定律虽然简单,却能够指导所有图书馆活动与理论研究,是图书馆一切理论的基础。五定律中,第一定律是"自明之理",类似于公理,是不需要证明的,并可以推导出其他定律。其他四条定律逐一从第一定律推出,环环相扣。这五条定律能够对图书馆所有工作与研究做出正确的解释,对它们进行指导。例如,图书分类必须做到完整准确地反映文献主题,是因为第二定律"每个人有其书"和第三定律"每本书有其读者",而图书分类法之所以要通过"小数制""八分法"实现类目的无限可分,则是因为存在第五定律"图书馆是一个生长的有机体"。因此可以认为,由图书馆学五定律派生出来的阮冈纳赞图书馆学已经构成了一个完整而严密的体系。

四、评论

对于图书馆学而言,20 世纪 30 年代是一个理性主义的黄金年代。在美国,巴特勒等人偏爱"科学的"理论,对实用主义的图书馆学进行着毫不妥协的批评。而这种原本在美国图书馆学中不会有多大市场的理性主义思潮,却借助当时最高级别的图书馆学学位教育,向全国图书馆界传播,由此形成一个理性主义大潮。巴特勒的理论工作,更多地表现为一种对理性主义的追求。他的理论工作取得了很大的成就,也受到图书馆学理论史家的高度赞许。但是受到当时图书馆事业发展总体水平的限制,它未能从根本上动摇杜威经验图书馆学的地位。

阮冈纳赞与巴特勒等芝加哥学派代表人物的知识背景有着很大的不同:第一,阮冈纳赞的原有学科背景是数学而不是"社会科学",这使他更加关注图书馆学理论体系的逻辑上的可推导性;第二,阮冈纳赞具有良好的图书馆技术研究(如图书分类编目)的背景,这使他的理论具有很好的可证明性。由于这种知识背景的差异,阮冈纳赞所从事的图书馆学基础理论研究的理论特点也与芝加哥学派有较大差异。相比之下,阮冈纳赞更愿意发现一些基本理论,这些基本理论简洁且具有理论上、逻辑上的可证明性。同时,他更主张用这些理论去解释图书馆现象,指导图书馆的实际工作。由于这些特点,再加上印度民族特有的思维习惯,阮冈纳赞形成了具有鲜明特色的图书馆学。

阮冈纳赞关心图书馆实际工作，注重图书馆技术研究。阮冈纳赞不但发明了著名的“冒号分类法”，在图书馆采购、编目、参考咨询、图书馆管理等众多应用领域也均有杰出贡献。例如，在图书编目方面，阮冈纳赞著有《图书馆编目理论》《标目与分类细则》等，贝克韦尔称之为对20世纪编目思想影响最大的著作。阮冈纳赞发明的链式索引对著名的英国国家书目的编制产生了影响。从这些工作看，阮冈纳赞的理论与芝加哥学派是有着根本的区别的。

但是，阮冈纳赞与巴特勒一样，对图书馆学的“理论性”有近乎狂热的偏爱。他甚至将自己的“五定律”与物理学牛顿“三定律”相比，声称可从“图书馆学五定律”引申出所有图书馆学理论。他在解释分类编目理论时，正是这样做的。所以，我们认为阮冈纳赞的理论风格与追求与芝加哥学派是一致的。阮冈纳赞与芝加哥学派相呼应，形成了20世纪30年代开始的世界性的图书馆学理性主义高潮。

第二节　图书馆学方法论革命

自杜威图书馆创立之日起，美国图书馆学家一直采用一种保守的、很难为现代社会科学家所认同的方法对待图书馆学研究。这种方法的核心是经验描述，即图书馆学家根据自己图书馆实际工作的体会以文字形式描述出来，期待这种体会能对其他人的图书馆工作有所帮助。

在图书馆工作早期，图书馆服务水平较低，这种方法对解决图书馆实际工作中的问题的确产生过一定效果。与那种经院式讨论、不着边际的“哲学”讨论相比，这种研究也的确更为图书馆员所接受。但随着图书馆工作向纵深发展,这种研究方法无法更好地为实际工作提供可用的理论,并导致图书馆学教育水平的下降,它的弊端也逐步显现出来。

从英国人克拉克开始,图书馆学界试图改变他们研究不力的局面。但直到芝加哥大学GLS成立,新的研究方法才进入大学教育,成为培养与训练图书馆学研究人才的公认的方法。现今的美国图书馆学界对芝加哥GLS中巴特勒式的"科学"还有许多争议,但对该校韦普尔斯等人倡导的"社会科学"研究方法,却几乎是一致地给予高度评价。

一、韦普尔斯的研究[13]

韦普尔斯(D. Waples,1893—1978)曾就读于哈佛大学、宾夕法尼亚大学,在两所学校分别获得文学硕士与教育心理学哲学博士的学位。担任过心理学与教育学的副教授。1928年,韦普尔斯调入新成立的芝加哥大学GLS,是GLS创办初期的4位教师之一。韦普尔斯在芝加哥大学GLS任教15年,参与了该校教学方针的制定与课程的设计工作。他的主要理论兴趣在三个方面:图书馆学研究方法、研究与阅读、公共传播研究。对图书馆学而言,他最大的贡献是把社会科学中通行的科学研究方法带入到图书馆学领域,并通过这种新的方法论训练影响了整整一代GLS的学生,使他们形成了一个风格鲜明的研究"学派"。因而韦普尔斯的工作被认为对创立芝加哥学派起到关键性的作用。

韦普尔斯在芝加哥GLS建校之初,深感确立"真正的"社会科学研究规范对建立"科学的图书馆学"是至关重要的,为此开设了一门有关研究方法的专题讨论课程。这是世界上第一次开出的专门讲授图书馆学研究方法的课程。这门课程所使用的教材就是1939年出版的《图书馆问题调查》的前身。《图书馆问题调查》强调了以调研为主体的研究对图书馆学知识建立的重要性,它是图书馆学方法论领域最重要的经典之一。该课程的目标,据格罗夫说:是对于能采用与其他领域一样的定量方法进行研究的图书馆学问题,用数据和调研方法来说明图书馆学的各种含义;对于得不到有效的证据支持的关于阅读兴趣的早期调研结果,用假设来说明。[14] 韦普尔斯是教育心理学博士,曾经受到杜威实用主义教育思想的深刻影响,主张通过对学生的实际的经验训练使其掌握进行实证研究的知识和技能。包括对学术用语如何进行精密的定义,如何发现研究问题和确定研究范围,如何应用假说,收集数据和分析数据等知识和技能。

韦普尔斯不但对课程内容有很好的设计,在教学方法上也强调方法论训练。他在这门课程中采用了"对主要的研究方法和研究程序的集体讨论和个人的计划研究相结合的方法,其中的绝大部分的个人计划实际上都是和学生学位论文的写作有关的"。这门课程的开设使他在学生中的影响不断扩大。

韦普尔斯本人的主要研究兴趣是阅读问题。尽管韦普尔斯没有受过系统的图书馆学教育,但是通过研究教育学和图书馆学"交叉点"上的问题,确立了他在30年代美国图书馆界的领袖地位。他的主要的学术贡献是通过一系列的实验和调查,阐明了不同的社会集团与阅读兴趣之间的关系。韦普尔斯通过对各种社会集团的调查发现,人的阅读兴趣和阅读行为之间有时并不存在直接的关系,两者之间存在着"鸿沟"问题。他通过大量的实验数据成功地验证他的结论。在他的阅读理论中,图书馆是一个重要的因素。他在分析产生兴趣和行为之间"鸿沟"的原因时,认为图书馆藏书选择的不当和服务的不善是导致阅读兴趣不能形成阅读行为的重要原因之一。从这种研究中,也可以看到研究方法对韦普尔斯的影响。

韦普尔斯的研究方法对当时的图书馆学研究产生了很大的

影响。自杜威创办图书馆学教育到 20 世纪 30 年代为止,在图书馆学研究中占支配地位的是那种以实践经验为基础并以实践经验的归纳和系统化为特色的研究风气。而韦普尔斯的研究成果一反以往的研究风格,把芝加哥学派社会学所代表的"数据分析"的崭新的研究手法灵活运用到图书馆学研究中,追求的是一种客观的、中立的、可以验证的经验社会科学的模式。韦普尔斯及其追随者们推出的"What People Want to Read about"、"What Reading does to People"等一系列多彩的阅读研究成果,都是先对问题要素进行分解,然后通过直接观察或调查获得第一手的数据,在数据收集的基础上运用各种定性和定量的分析手法验证假说,阐明反映事物之间的内在联系的原理性和规律性的见解。这种研究手法对当时的图书馆学来说是崭新的。

韦普尔斯开创的图书馆学研究方法影响到 GLS 的学生们。他的弟子发表了一批以博士论文为基础的重要的研究成果。比如,首次精细地分析了图书馆与政府行政的复杂关系:Carleton B. Joeckel 的《美国公共图书馆的行政管理》;以英国的公共图书馆读者的阅读社会调查为基础,从历史的、社会的、比较的全新角度论述"藏书选择"理论:James Wellard 的《图书选择:原理和实践》;以大量的原始历史数据的统计和分析为基础,再现芝加哥公共图书馆形成过程的个案研究:Gwladys Spencer 的《芝加哥公共图书馆:起源和背景》;等等。这些成果代表了当时美国图书馆学研究的最高水准,也使图书馆学在研究质量上达到了和其他社会科学"并驾齐驱"的境界,芝加哥学派成为当时美国图书馆学界最具有影响力的研究集团。

二、伯埃尔森的研究[15]

伯埃尔森(B. Berelson)是韦普尔斯的学生,他在评价其导师的研究成果时说,韦普尔斯运用社会科学的手法进行的研究,开一代图书馆学研究新风，将图书馆学从图书馆目录所象征的“静止的世界”的一门学问，发展成为敏感地反映现实社会变化的“动态的世界”的一门社会科学。

伯埃尔森本人曾经作为博士课程的学生参加过韦普尔斯的阅读研究，并作为共同作者出版过阅读研究的著作。1941 年伯埃尔森在 GLS 完成了他的博士论文《舆论决定要因与传播媒体的关系》。他的研究采用了当时比较新颖的研究手法——内容分析，通过对报纸等印刷媒体中的新闻标题内容的出现频率的定量分析，论证了社会焦点问题及舆论的形成与印刷媒体之间的相关性。尽管他的研究课题已经超出了图书馆学领域，但是他的研究方法完全是和芝加哥学派图书馆学所提倡的重调查、重数据的实证主义研究传统一脉相承。他在 GLS 完成了学业以后，曾一度在哥伦比亚大学应用社会研究所等研究机构工作过。从这以后，伯埃尔森对内容分析研究方法进行了大量的系统化和理论化研究，尽管伯埃尔森不是内容分析的首创者，但却是公认的集大成者。他所撰写的《传播研究中的内容分析》《传播内容的分析》等一系列的内容分析方法论的著作，促进了内容分析在传播学以外的社会科学领域内的广泛应用。

在 20 世纪 40 年代后期，伯埃尔森又回到了 GLS 并担任院长，重新指挥 GLS 的研究工作，再度成为活跃在美国图书馆学界的核心人物。他在继续从事他的传播学研究的同时，也在传播媒体和图书馆的结合点上发挥他对图书馆学的影响。他担任 GLS 院长不久，因参与对美国公共图书馆发展产生重大影响的事件——美国公共图书馆调查(1948—1950 年)，并作为该研究报告的主要作者和代言人而名噪一时。这次调查报告总共出了 7 本书。其中伯埃尔森撰写的《图书馆的公众》是最为引人注目的一本。伯埃尔森所承担的研究课题是有关美国公共图书馆的利用，以及大众传媒发展对图书馆利用的影响等方面内容。他在研究报告中,列出了一系列美国成年人用于读书、看电影、听广播、看报纸的时间,以及利用公共图书馆的大量的调查数据,其主要结果是:美国成年人读书的时间非常少,而且只有极少数的书是从图书馆借来的;公共图书馆的服务是无足轻重的,对促进美国公众的读书兴趣的形成并不起太大的作用;公共图书馆的利用者主要是中产阶层等。本来这些数据可以成为强调改善公共图书馆的迫切性的重要依据,但是,伯埃尔森却根据这些调查数据得出了他的"惊世骇俗"的见解。他认为公共图书馆"目前的现状仅仅是在对那一些'严肃的'并且是'对文化有所关注'的读者对象服务。尽管公共图书馆力图面向全体社会成员,但实际上这是不可能的。因此,公共图书馆服务应当重新定位,即从面向全社会,转变为面向一部分少数的'严肃的'利用者"。这个结论实际上是对"启蒙教育为己任,普遍服务为宗旨"的美国公共图书馆传统和运营的基本原理的根本否定。尽管对这个调查报告结论的评价是褒贬不一,但是它作为一个"精致的"图书馆社会调查的范例至今仍然是图书馆学校的学生学习调查研究的必读之书。伯埃尔森对图书馆学的学术贡献是非常有限的。尽管如此,我们仍然把他作为芝加哥学派的重要的代表人物提出来,不仅是因为他的研究是韦普尔斯图书馆学研究方法的最忠实的体现者和继承者,而且是由于他对韦普尔斯的实证研究思想和方法加以发展和系统的理论化,从而形成了一种被后人称之为"韦普尔斯—伯埃尔森模式"的芝加哥学派的研究特色。

伯埃尔森的图书馆学研究观,从本质上说,就是要把图书馆学变成像"自然科学"那样,成为一种可以验证、可以定量的"硬知识(hard knowledge)"。他认为,图书馆学要成为一种"硬知识",就必须在研究方法上采用和行为科学一样的方法论原则。他把这些原则归纳为以下几点:第一,研究的程序必须具有公开性。研究方法和研究结论都必须是“可交流的”“被交流的”;研究的经验数据是“大家都能获得到的(publicly available)”。第二,研究的方法、对象、数据、概念都必须经过明确定义(指操作定义)。第三,数据的收集必须是客观的。第四,研究的结论是可以“重现的”,其他研究者通过同样的程序可以检验这个结论的真伪。第五,图书馆学知识应当是系统化的、可以积累的。第六,研究的结果最终是可以用于解释、帮助理解和预见图书馆现象的。这些原则实际上是对韦普尔斯以来的图书馆学方法论的一个总结,也是伯埃尔森在20世纪40年代后期指导GLS研究的基本准则。

三、评论

韦普尔斯、伯埃尔森的接力式研究,对20世纪30年代美国乃至整个世界的图书馆学产生了巨大的影响。

对于韦普尔斯、伯埃尔森的理论兴趣,后人的批评并不少。连当时极力推崇这种科学方法的巴特勒,后来也认为“当时科学得过头了”。在现代图书馆学史的研究中,也有许多人认为芝加哥学派中巴特勒的影响更大。其实这显然低估了这两位图书馆学“方法论大师”的影响力。对于韦普尔斯、伯埃尔森后来影响小于巴特勒的原因,黄纯元认为也许是巴特勒有名著《图书馆学导论》。但韦普尔斯在方法论领域也有名著,这就是1939年出版的《图书馆问题调查》。因此,导致人们更加认可巴特勒的原因,也许是韦普尔斯、伯埃尔森只讲方法,没有创新性图书馆学理论体系。这使他们在理论史上不能留下可流传的东西。

当然,推崇韦普尔斯的也不乏其人。例如,在黄纯元的《论芝加哥学派》一文中,就是将韦普尔斯、伯埃尔森放在巴特勒之前给予介绍的。从理论家对理论走向的影响看,韦普尔斯、伯埃尔森的影响也许更大。韦普尔斯之前的图书馆学研究是充满了经验色彩的研究。正如大英百科全书所称,由于"大部分图书馆员太忙于每日的活动和管理上的日常工作,而不大可能用较多的时间去进行他们的专业研究。关于图书馆历史的著作,一般倾向于描述,而缺乏深入的研究",[16]尽管从20世纪之初起,克拉克就将社会科学的研究方法带入图书馆学,但克拉克不在教学岗位,他的研究方法所产生的影响极小,几乎没有改变图书馆员已经习惯的、受到杜威等人极力推荐的研究方法。而芝加哥GLS创办者们一板一眼地倡导真正的科学的社会科学研究方法,强调方法论对研究结果的决定性作用,强调数据来源与处理方法对研究的重要性,这种理论研究的研究价值取向,通过课堂影响到一届又一届GLS的博士生们。GLS的毕业生们进入图书馆领域后,大多数人并不再进行韦普尔斯式的"研究"工作。他们或者研究具体的图书馆活动,或者从事图书馆管理,即使到大学任教,也很少再从事芝加哥GLS风格的"研究方法"方面的教学。但是,无论他们从事什么工作,韦普尔斯、伯埃尔森对他们的影响都是显然的。所以,Terblille认为韦普尔斯的课程哺育了一代训练有素的美国图书馆学家,其中许多人在其后的四十年里成为美国图书馆学情报学界的领袖人物。通过这批图书馆学家的传播,采用科学的研究方法解决图书馆问题终于成为图书馆学研究者的共识。

第三节　图书分类的理性化发展

1928年芝加哥大学GLS成立后,GLS的高水平图书馆学教育影响了美国图书馆学的走势。由于GLS的理论兴趣偏重于人文领域,美国图书馆学给人的感觉是逐步偏离了杜威图书馆学注重图书馆技术与应用的传统,走上了以社会的、心理的、历史的方法研究读书现象的道路。

20 世纪 30 年代,美国经历了历史上最严重的经济大萧条。30 年代后期,人类历史上最为残酷的战争——第二次世界大战打响。经济与战争的因素严重影响了图书馆事业的发展,也影响到应用图书馆学的发展。当时,公共图书馆运动的发展基本停滞了,文献资源建设也没有新进展。应用图书馆的停滞,更凸显出芝加哥学派在图书馆学中的统治地位。

但实际上,芝加哥学派只是美国图书馆学的一个分支。尽管它的影响很大,但美国图书馆学注重应用研究的传统没有根本改变。即使在图书馆事业发展很不景气的 30 年代,应用图书馆学领域的新成果仍然不断出现。例如:

1937 年美国成立了美国文献协会,它是美国情报学科协会(ASIS)的前身。美国文献协会主要致力于推动文献情报技术领域的研究与应用,它在情报检索语言和检索自动化研究方面做了许多工作;1935 年《布利斯分类法》的出现使美国再次站到图书分类的前沿。R. 肖对图书馆评估的研究和 P. 丹顿行为科学的研究是图书馆管理走向科学管理的重要成果;在图书馆建筑领域,麦克唐纳提出图书馆建筑中使用模数式设计的思想。这些都是 20 世纪最重要的理论成果。

在图书馆技术与应用研究中,还有许多是与芝加哥学派有密切关系的人。如,20 世纪 30 年代以后到二战前,图书馆技术创新的主要内容是在图书馆中采用光学成像技术,主要是缩微胶片技术。当时研究缩微技术最有名的单位之一是芝加哥大学图书馆的缩微实验室,该实验室是由 L. Raney 领导的。Raney 是芝加哥大学 GLS 早期毕业生和教师,他在 1937 年与著名文献学家奥特勒等人一起,为在巴黎成立的文献工作世界大会(Universal Congress on Documentation)起到了重要的作用。1938

年,芝加哥GLS还出版了一本很好的为技术创新服务的专业杂志——ALA的《文献复制杂志》。这说明GLS的教员对图书馆技术与应用也有很大的兴趣。

这一时期应用图书馆学领域最重大的进展,仍出现在图书分类领域。

一、分面分类理论

分面分类理论是阮冈纳赞的重要发明,也是自杜威发明十进分类法以来,图书分类领域最重要的发明。

阮冈纳赞在英国学习期间,师从著名的图书分类理论家谢尔斯。受谢尔斯的影响,阮冈纳赞对图书分类理论发生了浓厚的兴趣。在英国期间,阮冈纳赞感到已有的分类法都不能适应科学的发展情况,都不能随时扩张以容纳新出版的大批科学文献,因此,他决心创立一部新的分类法。

离开英国后,阮冈纳赞经过精心研究,创立了《冒号分类法》。《冒号分类法》的构思是在阮冈纳赞回国的海轮上,用拼积木的原理,构想了组配的方法分类,并对那艘海轮图书室的文献进行了实验性分类。回到印度后,阮冈纳赞经过几年的研究与实验,于1933年初次发表了《冒号分类法》一书。该书提出了分面标记的理论与分类方法,因为采用冒号作为分面组配的标记符号,所以将此分类法定名为冒号分类法。

冒号分类法采用"分面组配"原理类分文献,它与杜威的列举式的分类法有着完全不同的理论基础。《冒号分类法》与传统的等级列举式体系分类法相比,有许多显著的优点,如类表篇幅小、容纳性大,标引文献能力强,能及时快速地反映新学科和主题的变化,可以满足读者多种检索要求等。除了在分类法中引入分面组配技术外,阮冈纳赞还对分类法的标记符号问题进行了极为出色的研究,取得了许多成果。在发明《冒号分类法》

以后四十多年时间里,阮冈纳赞从概念、语词、标记符号三个层面对图书分类的理论与方法继续进行研究,创立了一套复杂、精细的分面组配式图书分类理论。阮冈纳赞的这些研究成果,被他放入《冒号分类法》一个个新的版本中。例如,1939 年出版的第二版中加入了便于类目横向扩展的"八分法";1950 年出版的第三版中开始使用"焦点""面""相",增加了分面组配的层次;1952 年出版的第四版又看出 5 种"基本范畴",采用五种不同的分面符号,大大改变了冒号分类法的原貌;1957 年和 1960 年又相继推出了第五、六两个版本。

虽然《冒号分类法》至今没有成为一种通行的综合性图书分类法,它的后期版本也过于复杂,脱离了图书分类的实践,但分面分类思想的出现改变了图书分类学家数千年的思维定式,直接导致了对各种传统等级体系分类法的大规模改造。阮冈纳赞所提出的许多分类思想、原则与方法,已被广泛运用于现代图书分类法中,成为现代图书分类技术的重要组成部分。阮冈纳赞的图书分类理论,更是图书馆学大学课堂上的必讲内容。

更为重要的是,阮冈纳赞的图书分类研究,是在极具特色的图书馆学基础理论的指导下进行的。阮冈纳赞将他的学院派图书馆学理论风格,完全融入了他对《冒号分类法》的研究之中。也就是说,冒号分类法所要解决的问题,都是由于"图书馆学五定律"的需要产生的问题。例如,按照第五定律"图书馆是一个生产的有机体",图书分类法的类号必须具有无限的可扩张性。"十进制"解决了类号的"纵向"的可扩张性,但不能解决类号的"横向"的无限可扩张性,于是他发明了"八分法"。由于这一特点,《冒号分类法》的理论不但是图书分类研究者必须要掌握的,也是图书馆学基础理论研究不可忽视的。

二、书目分类法

布利斯(H. E. Bliss,1870—1955)是美国著名图书馆学家,毕生致力于研究图书分类。布利斯 1892 年进入纽约市立学院图书馆工作,此后的六十三年时间,他一直从事图书馆活动与研究。而研究的重心,就是图书分类理论。

20 世纪初,布利斯发现当时的图书分类法都不能充分满足图书馆分类工作的要求,于是开始研究新的分类表。1908 年布利斯所在的纽约市立学院搬迁,布利斯有机会用自创的分类法对馆藏进行重新分类。1910 年他发表了第一篇阐述自己分类法的文章《标记符号简单、具有助记性和交替项的现代分类表》;1929 年发表了《科学的组织与科学体系》,这是图书分类史上最重要的理论著作之一。以《科学的组织与科学体系》所奠定的图书分类理论为基础,1935 年,布利斯出版了《书目分类法体系》。《书目分类法体系》概述了布利斯分类法的应用技术问题,包括使用主表和辅表的指导说明。此后 20 年布利斯不断研制、改进和出版《布利斯书目分类法》,1940 年威尔逊公司出版了《书目分类法》第一卷,但直到 1953 年才完成该分类法全部总表。

1935 年布利斯出版的《书目分类法体系》是一个简表,1940 年开始出版详表的第一卷,包括导言及哲学和自然科学的类表,1947 年出版了第二卷,包括人文科学和社会科学的一部分,1952 年将这二卷略加修改作为第二版出版,1953 年继续编制社会科学和人文科学部分,完成了类表的全部,并出版了总索引。

布利斯分类法主要采用主题检索的方法,其主表分若干范围很宽的标目,然后按等级层层细分。该分类法采用分面分类原则,并第一个采用了交替项,因此被认为是至今最灵活的分类法。布利斯擅长简化标记符号,其书目号很少超过 4 个数字。布利斯的分类体系与国会图书馆分类法体系非常接近,但要灵活得多。布利斯分类法的全称是《书目用图书分类法,连同系统的辅助表以供综合地指明主题和标记之用》,布利斯在第一版序言中说，其所以用书目分类法作为名称，是因为这部详细的分类法不仅可以供图书馆做图书排架用，而且可以供主题目录、联合目录、专题书目以及其他更为专门的书目工作用。“所谓‘综合’则表示系统辅助表的进一步发展，并认为它比杜威的号码编造法、UDC 的附加符号、克特和布朗的累赘的符表以及阮冈纳赞的各种设计都更为经济、更加有效”。[17]

由于布利斯广泛采用新的分类技术，布利斯分类法受到专门图书馆的欢迎。图书分类法的使用有很大的继承性，新的分类法被使用的难度远远大于老的分类法。但布利斯的分类被成功地用于许多学校、政府部门的图书馆和专业图书馆，尤其在英联邦国家应用更多。在后来的计算机图书分类应用研究中，布利斯分类法也被认为是最适合用于计算机分类的综合性分类法之一。

三、评价

阮冈纳赞创立《冒号分类法》和布利斯创立《书目分类法》的年代，距杜威的《十进分类法》和克特的《展开分类法》问世已近半个世纪，等级体系分类法的弱点已经在实践中被看得十分清楚了；当时距奥特勒的《国际十进分类法》和布朗的《主题分类法》问世也有 20 多年，许多新的分类思想在实践的反复检验中发展。所以，《冒号分类法》和《书目分类法》的问世并不令人意外。但是，阮冈纳赞和布利斯在图书分类理论与实践方面的突破性贡献，仍可称为 20 世纪图书馆学史上最重要的理论贡献之一。阮冈纳赞和布利斯在图书分类领域的理论研究中给人印象最深的是他们在研究中表现出来的理论创新精神。他们不愿受已有理论的束缚，不因杜威分类法的巨大成功而放弃对更加完美的理论的探索。他们的理论成果对战后等级体系图书分类法的改造，对战后情报检索理论的建立与发展，均产生了深远的影响。

杜威的经验图书馆学在世界的传播，很大程度上是随着杜威图书分类法的传播而传播的。杜威的实用主义的图书馆理念和等级列举式的图书分类体系，是其图书馆学的两个主要支撑点。20世纪30年代，随着芝加哥学派的兴起，实用主义图书馆学理论受到了强烈的冲击。但如果杜威的分类法没有在理论上被证明是落后的，那么杜威的图书馆学就不会轻易退出理论舞台。所以从图书馆学基础理论的角度看，阮冈纳赞的《冒号分类法》和布利斯的《书目分类法》先后创立，从某种程度上配合了芝加哥学派对杜威图书馆学的批评。他们对图书馆学家告别杜威图书馆学的经验描述方法，更加理性地研究与探索图书馆学理论问题，起到了很好的示范作用。

引用文献及注释：

1. Buckland M. Documentation, Information Science, and Library Science in the USA[J]. Information Processing and Management, 1996, 32(1)
2. 孙光成. 世界图书馆与情报百科全书[M]. 成都：四川民族出版社，1991：343
3. 谢拉 H. 图书馆学引论[M]. 兰州：兰州大学出版社，1986：214
4. 谢拉 H. 图书馆学引论[M]. 兰州：兰州大学出版社，1986：214—215
5. 黄纯元. 论芝加哥学派(上)[J]. 图书馆，1997(6)
6. Asheim L. Preface to the Phoenix Edition[C]//Butler P. An introduction to Library Science. Phoenix ed. (v-vii). Chicago: University of Chicago Press, 1961
7. Stielow FJ. Library and Information Science Research[C]//W. A. Wiegand, D. C. Davis. Encyclopedia of Library History, New York: Garland, 1994: 338—342
8. 袁咏秋，李家乔. 外国图书馆学名著选读[M]. 北京：北京大学出版社，1988：346—347
9. 袁咏秋，李家乔. 外国图书馆学名著选读[M]. 北京：北京大学出版社，

1988:347.
10. 袁咏秋,李家乔. 外国图书馆学名著选读[M]. 北京:北京大学出版社,1988:351
11. Buckland M. Documentation, Information Science, and Library Science in the USA [J]. Information Processing and Management, 1996, 32 (1): 63—76
12. 阮冈纳赞. 图书馆学五定律[M]. 北京:书目文献出版社,1988:2
13,15. 本节引用如未加注释,均引自黄纯元. 论芝加哥学派(中). 图书馆,1998(1):7—10
14. Grover R J. Library and Information Professional Education for the Learning Society: A Model Curriculum[J]. Journal of Education for Library and Information Science, 1985(Summer)
16. 袁咏秋,李家乔. 外国图书馆学名著选读[M]. 北京:北京大学出版社,1988:33
17. 袁咏秋,李家乔. 外国图书馆学名著选读[M]. 北京:北京大学出版社,1988:340

第三章　图书馆与社会(1945—1965)

公共图书馆领域出现了具有世纪性影响的事件，而公共图书馆理论的突破更彰显“图书馆与社会”的时代特征：

在美国，1943 年，《公共图书馆战后服务标准》出台。1948 年，《公共图书馆服务国家计划》出版。1950 年，《公共图书馆调查》问世。

1947 年，美国图书馆协会发表了《民主文化的武器库》。1949 年，谢拉的《公共图书馆基础》出版。1949 年，加库《公共图书馆与政治作用》出版。

1948 年《人权宣言》规定了人的信息权利。1949 年，《联合国教科文组织公共图书馆宣言》正式通过。这是 20 世纪图书馆史的最重要的事件。

图书馆社会影响的加大，促使图书馆社会学的发展。一批重要文献问世了：

1954 年，卡尔斯泰特出版《图书馆社会学》。1957 年，兰德赫尔发表了专著《图书馆的社会功能》。

1952 年，谢拉与人合作发表了《书目理论的基础》一文。这篇文章提出了“社会认识论”，并对此概念进行了讨论。

在图书馆与社会关系更为紧密的背景下,应用图书馆学日益走向宏观研究:

1948 年 1 月,图书馆史上规模最大的正式合作藏书项目"法明顿计划"正式启动。1956 年,跨国文献资料建设与共享计划"斯堪的亚计划"启动。

在其他应用图书馆学领域,1953 年,柳别茨基的《编目条例与编目原则》出版。1943 年,麦克唐纳提出了模数式图书馆的设计思想。1947 年,国际标准化组织成立专门从事文献工作标准化的机构。计算机应用也起步了。

情报学产生了,图书馆学发生了裂变:

1945 年《大西洋月刊》发表"布什信件",情报学产生了。1950 年,泰利特开始了计算机情报检索试验。1950 年,联合国教科文组织提出"国家情报体系"(NATIS)计划。

一场"情报学 VS 图书馆学"的争论开始了,争论在 20 世纪 70 年代达到了高峰。

在图书馆学基础理论史上,1945—1960年间是一个较为平淡的年代。这一期间没有什么激烈的学术争议,更没有出现过"芝加哥学派""图书馆学五定律"这样久为传诵的学派或学说。但是,这一时期却是图书馆学走向成熟的一个重要阶段,而走向成熟的标志,就是围绕图书馆社会化的各种理论的形成。

第二次世界大战结束后,图书馆事业迎来了新的发展时期。在战后各国社会经济重建过程中,图书馆事业的发展加速了。与20世纪初相比,这一时期的图书馆事业发展表现出宏观的发展特点,也就是说,事业发展不再靠个别图书馆学家或某些财团的努力,而是通过国家或社会对图书馆事业的认同使图书馆事业获得发展的推动力。这一时期的理论也有以前不曾有过的特点。理论研究也不再是图书馆学家就图书馆技术与应用中的微观问题的个别性研究。与20世纪30年代相比,这一时期的理论家则务实得多,他们的重要理论工作一般能够明显地推动事业的发展。在看似平淡的20世纪中叶,图书馆学从对"芝加哥学派"的盲从回到了自己应有的发展轨迹。由于理论界对公共图书馆有了新的认识,以及多位学者对图书馆与社会的理论探索,因此我们可以说,20世纪中叶的图书馆学基础理论有着丝毫不逊色于其他时期的理论光辉。

第一节　公共图书馆的新理念

一、公共图书馆事业新发展

现代公共图书馆的出现是19世纪最重要的图书馆事件。公共图书馆的历史虽然可以追溯到古罗马时期,但古代公共图书馆并不同于19世纪起源于英美的现代公共图书馆。在美国

《图书馆学情报学百科全书》的“公共图书馆,历史”的词条中,塞萨(F. B. Sessa)称古代公共图书馆的实际意思是“图书馆是公共的”,“图书馆是公共的与现代公共图书馆的意义有很大差异。它的意思也许是说图书馆是公共的,而不是私人拥有。这些拥有者可为某些目的限制图书馆的使用”。[1] 而现代公共图书馆则存在完全不同的含义。1876 年,芝加哥图书馆馆长普勒在一篇名为《公共图书馆的起源与管理》的论文中对现代公共图书馆下了一个经典性定义:“公共图书馆是依据国家法律建立的,是受地方税收与自愿捐赠支持的,是被当作公共信托管理的,每一位维护这个城市的市民都有平等地享有它的参考与流通服务的权力。”[2]

尽管有普勒这样出色的认识,但就世界总体而言,在二战结束前,公共图书馆事业主要还是由一些热心的社会团体、个人的无私奉献而推动前进的。在经历了一段快速发展后,经历二次世界大战和 20 世纪 30 年代经济大萧条,公共图书馆事业发展也陷入停滞。

二战结束后,首先在美国出现了改善公共图书馆服务的趋势。据美国《图书馆学情报学百科全书》介绍,1943 年,《公共图书馆战后服务标准》(*the Postwar Standards for Public Libraries*)出台,随后在 1948 年,由 ALA 战后规划委员会(the Committee on Postwar Planning of the American Library Association)的 Carleton B. Joeckel 和 Amy Winslow 起草的《公共图书馆服务国家计划》(*A National Plan for Public Library Service*)出版。1950 年,被认为是“对美国免费公共图书馆全面而彻底的研究”的《公共图书馆调查》(*the Public Library Inquiry*)问世。[3] 这是一个国家级的大型调查,由社会科学研究委员会(Social Sciences Research Council)于 20 世纪 40 年代后期运作,它将公共图书馆作为一个与其他社会服务机构并列的机构,调查涉及了公共图书馆的各个方面。[4]

二、公共图书馆理念的发展

公共图书馆的发展,导致了公共图书馆新理念的出现。

公共图书馆的理念,经历了 3 个阶段:19 世纪中叶爱德华兹的平民化图书馆理念,19 世纪末 20 世纪初杜威的"人民的大学"的理念,20 世纪中叶的"社会民主保障"的理念。

公共图书馆理念的奠基人,是英国图书馆学家爱德华兹。爱德华兹没有受过正规的学校教育,他在为当砌砖工的父亲做学徒的七年中业余学习。爱德华兹发表了研究欧洲公共图书馆的文章,引起当时的下议院议员尤尔特的注意。1849 年,爱德华兹作为尤尔特的助手,协助起草了英国公共图书馆法,并帮助这部法令于 1850 年在英国下院得到通过。这也就是人们常说的世界第一部公共图书馆法。除了帮助起草公共图书馆法,爱德华兹还投入极大热情研究公共图书馆的历史。爱德华兹写下了长篇巨著《图书馆纪要》,其中有很大篇幅是古代公共图书馆史。在通过公共图书馆法后,爱德华兹担任过曼彻斯特公共图书馆的馆长。时过不久,他就离开了这个岗位,开始了贫困潦倒的后半生。

尽管在现有各种文献中,我们很难看到爱德华兹对他的公共图书馆理念的直接明确的表述,但我们仍然可以从英国公共图书馆法的实施中看到爱德华兹对公共图书馆的理解:爱德华兹的理念,就是建立一种由地方当局授权管理,由地方税收支出支持,因而对所有纳税人(实际也就是所有社会公众)免费开放的真正的公共图书馆。爱德华兹为区别这种公共图书馆与古代公共图书馆,称它为免费公共图书馆。

在这种免费公共图书馆出现之前,图书馆是有其特定服务对象的。这些服务对象,要么是皇室成员、达官贵人,要么是知识分子、神职人员。爱德华兹倡导的免费公共图书馆,却将图书馆服务对象扩大到了所有社会成员。爱德华兹本人是一位连享受正规教育的机会也没有的“平民”,他所倡导的图书馆理想,也极具平民化色彩。普勒的现代公共图书馆定义中“每一位维护这个城市的市民都有平等地享有它的参考与流通服务的权力”的理念,成为现代公共图书馆的基本精神之一。

在我们可以阅读到的文献中,很难看到爱德华兹关于公共图书馆的理论阐述。公共图书馆发展最需要得到社会公众的支持,为得到这种支持,图书馆人需要一套理论,说明公共图书馆的社会价值,以说服社会公众接受他们建立公共图书馆的理想。而爱德华兹只是凭直觉意识到社会需要平民化的公共图书馆,至于这种图书馆可以为社会带来什么,爱德华兹没有来得及考虑。

19 世纪后期,公共图书馆的发展重心转移到了美国。美国是一个新兴的移民国家,没有欧洲的贵族图书馆传统。美国的公共图书馆发展,一开始就是以地方政府、社团、慈善家捐款建设为主,充满了平民化色彩。但是,以杜威为代表的美国图书馆学家没有停步于平民化理念,而是将图书馆当作一个社会教育机构,当作“人民的大学”。“杜威坚信知识应当战胜愚昧,图书馆应该是造就新一代文明领袖和文明国民的有力工具”。[5] 他们希望通过发挥图书馆的社会教育职能,对社会发展做出贡献。

杜威一生的图书馆活动可分为两个阶段:第一阶段,1873—1888 年间,杜威致力于图书馆管理的改进和国家图书馆活动;第二阶段,1889—1906 年间,是杜威的公共图书馆活动时期。《世界图书馆与情报服务百科全书》称“杜威毕生追求将图书馆办成‘人民的大学’这一宏伟的目标”,[6] 这种追求,体现在杜威 1889 年担任纽约州立图书馆的馆长期间。

杜威倡导的“人民的大学”的公共图书馆理念为公共图书

馆的发展注入了新的精神，它被写入1949年版的《联合国教科文组织公共图书馆宣言》，成为该宣言的基本精神之一。该宣言有“人民的大学”一节，它写道：

> 依靠训练有素、学识丰富、充满想象力的工作人员，凭借充足的经费和公共财政的支持，公共图书馆就能成为一所人民的大学，为所有读者提供义务教育。民主社会的公民需要这种随时进行的自我教育的机会，今天复杂多变的生活使这种需要更为迫切。[7]

杜威将公共图书馆当成“人民的大学”，希望图书馆承担起社会教育的职能，这一理想是十分崇高的。但是，公共图书馆并不能通过收藏文献并提供服务，自动地达到社会教育的目的。承担这一职能，要求图书馆员更多地介入读者教育。杜威等人正是这样做的。黄纯元说：“以杜威为代表的早期图书馆员充满着理想主义的色彩。他们一方面热衷图书馆管理的完美化，另一方面高度信奉着图书馆的社会教化的信念。他们把自己的工作看得非常神圣，就好像牧师、教师一样，向人们传播着知识和道德的福音，净化人们的心灵。”而图书馆员介入读者社会教育在理论上带来的问题是，“没有任何‘证据’可以证明图书馆员要比读者来得高明，也没有任何‘原理’可以说明图书馆员所提供的精神食粮要优于读者自己选择的”。[8]1939年《美国图书馆权利宣言》确立了“图书馆自由”的原则。这一原则挑战了社会教育的理念。它要求图书馆员在服务时，在意识形态上必须保持中立性、客观性和被动性。因此，公共图书馆的发展仍需要寻找新的理论支持。

二战结束后，各国社会经济重建步伐加快，公共图书馆进入了新一轮发展时期。尽管这一时期的公共图书馆事业中缺少了卡内基捐款这样令人鼓舞的事件，但由于国家或社会的强力介入，战后图书馆的发展已经超出了图书馆事业早期过分依靠个人捐款的局面。随着各国在财政上对公共事业投入显著增加，公共图书馆的发展已经建立在一种更为科学的制度保证的基础上了。就总体而言，公共图书馆已经成为一种社会化事业。

随着战后公共图书馆事业的重新高速发展，理论界对公共图书馆的性质与职能的认识有了新的提高。代表这种认识的，是几部公共图书馆理论专著的出版及《公共图书馆宣言》的颁布。

1947 年，美国图书馆学会发表了 S. H. Ditzion 的著名专著《民主文化的武器库》[9]。这部著作第一次将公共图书馆的职能与对社会底层人士的人文关怀联系在一起，深刻揭示了公共图书馆与现代民主政治的关系。这部著作实际为《公共图书馆宣言》的问世奠定了理论基础。在很长一个时期里，“民主文化的武器库”代表了国际图书馆界对公共图书馆的认识，成为西方国家图书馆学家描述公共图书馆职能的最流行用语。

1949 年，谢拉的博士论文《公共图书馆基础》[10]出版。虽然这是一部以研究新英格兰公共图书馆史为主要内容的著作，但它同样表达了作者对公共图书馆与社会民主进程的认识。这部著作同样是一部被后来的公共图书馆研究者反复引用的著作。同年，加库出版了《公共图书馆与政治作用》，该书系统阐述了公共图书馆与政治民主的关系。这些理论工作，为《公共图书馆宣言》奠定了基础。

三、《公共图书馆宣言》

1948 年 12 月 10 日，联合国大会第 217A(III)号决议通过并颁布了《世界人权宣言》，该宣言从多方面规定了人的权利，包括人的信息权利。《世界人权宣言》第十九条是：“人人有权享有主张和发表意见的自由；此项权利包括持有主张而不受干涉的自由，和通过任何媒介和不论国界寻求、接受和传递消息和思想的自由。”[11]该条款将信息权利(即“人人享有接受信息的自由”,条款中“消息”原文为information,上述引文是官方译本,故引用时没有改译)作为基本人权之一,这一条款被认为是表达了公共图书馆的思想基础。

1949年,联合国教科文组织通过了《联合国教科文组织公共图书馆宣言》(以下统称《公共图书馆宣言》),这是图书馆事业史上最重要的事件之一。它是图书馆事业在世界范围内发展成为一种社会事业的标志,它使图书馆存在的意义脱离了收藏与利用文献这一单纯的图书馆内活动的范畴,使图书馆活动成为国家民主化建设中的组织部分。《公共图书馆宣言》所宣明的图书馆精神虽然源自19世纪,但直到《公共图书馆宣言》问世,图书馆界才有了权威的、准确的表达它的文字。《公共图书馆宣言》是1850年以来图书馆学家探索公共图书馆理论的全部成果的结晶。

《公共图书馆宣言》第一次以正式的方式,表达了世界图书馆界对公共图书馆的基本立场[12]:

第一,公共图书馆是社会民主政治的产物,也是民主社会的保障之一。“公共图书馆是现代民主政治的产物,是作为终身教育的大众教育中体现的民主信念的实际典范”。

第二,必须立法保障公共图书馆事业,完全由公费支持。“作为一种民享民有的民主化机构/制度,公共图书馆必须是:在清晰、权威的法律下建立与管理,完全或主要由公共资金所支持”。

第三,对社区所有成员实行同样条件的服务,对所有人免费服务。“以同样条件对社区的所有成员免费开放,不分职业、信仰、阶层或种族”。

这一宣言不但阐明了公共图书馆由公共资金支持、以同样条件对社区所有人免费开放、承担社会教育职能等早期形成的公共图书馆理念，而且很好地解释了公共图书馆平民化的基本理由。公共图书馆是社会民主政治的产物，它通过以同样条件地、免费地为全体社会成员提供信息服务，使社会成员获得民主信念及参与社会管理所需的知识。这就是公共图书馆是“民主社会的保障”的新理念。

四、评论

对公共图书馆的新认识是图书馆社会化进程中一个重要的内容，也是理论对图书馆学的最大贡献之一。

公共图书馆是各类型图书馆中最为重要的一种类型。在世界大多数国家中，公共图书馆不但是数量最多、服务面最广、藏书量最为丰富的图书馆，而且也是最受社会和公众关注的图书馆。公共图书馆又是非常特殊的一种图书馆。中外图书馆史上，都因公共图书馆的出现而导致全国性的图书馆运动。公共图书馆与社会运动的互动关系可以从多个方面去认识，但我们认为，导致这种互动最主要的原因只有一个，那就是从社会的角度看，其他类型的图书馆只是一种社会机构，而公共图书馆不但是一种社会机构，而且是一种社会制度。尽管公共图书馆的文献信息组织方式与大学图书馆或研究图书馆没有区别，但建立公共图书馆的理念却并非单纯是保存与利用文献。公共图书馆的社会意义在于，它的存在使社会中每一个公民具备了自由获取知识或信息的权利，它代表的是一种社会用以调节知识或信息分配，以实现社会知识或信息保障的制度。公共图书馆制度能够保障社会成员获取信息机会的平等，保障公民求知的自由与求知的权利，从而从知识、信息的角度维护了社会的公正。

《民主文化的武器库》《公共图书馆与政治作用》等学术论著的出版，以及《公共图书馆宣言》的颁布，提出了一种新的公共图书馆理念，这就是公共图书馆是“民主社会的保障”的观点。例如在《公共图书馆宣言》中可以看到,宣言不但阐明了公共图书馆由公共资金支持、以同样条件对社区所有人免费开放、承担社会教育职能等早期形成的公共图书馆理念,而且很好地解释了公共图书馆平民化的基本理由。公共图书馆是社会民主政治的产物,它通过以同样条件地、免费地为全体社会成员提供信息服务,使社会成员获得民主信念及参与社会管理所需的知识。有了这种认识,图书馆理论界就很好地阐明了公共图书馆存在于社会的必要理由,使人们理解了图书馆与社会发展的内在联系。

知识的普及是政治民主的前提。公共图书馆为社会所有成员免费地无区别地提供知识与信息,使社会的每一个成员都有了公平获取信息的机会,因而它就为社会政治民主提供了一种基本保障。这一思想产生于 1947 年的《民主文化的武器库》一书,而在各个版本的《公共图书馆宣言》中,都涉及“民主”的内容,如 1949 年版《宣言》称“图书馆是现代民主政治的产物”,1972 年版《宣言》称公共图书馆取得的成就是“民主信念的实际证明”,[13]1994 年版《宣言》将“人民对社会的建设性参与和民主的发展依赖于良好的教育以及知识、思想和信息的无限开放”放在了该宣言的第一节文字中。[14]

民主的发展依赖于社会成员的良好教育,也依赖于“知识、思想和信息的无限开放”。社会教育曾是 1949 年版《公共图书馆宣言》的重要主题,该《宣言》认为公共图书馆提供了自我教育的机会,“民主社会的公民需要这种自我教育的机会,今天复杂多变的生活使这种需要变得更加迫切”。[15]现在,这一任务已越来越多地由国家义务教育机构/制度来承担。而知识与信息的开放(可自由获得),自 19 世纪开始就是由公共图书馆制度承担的,直到现在,公共图书馆仍然是最好的保障社会信息公平的机构/制度。

值得说明的是,在中国图书馆界,公共图书馆的精神没有得到应有的尊重。在学术界,人们任意给公共图书馆下定义,而丝毫不考虑定义是否包含公共图书馆精神。如许多教科书中将公共图书馆草率定义为“面向社会和公众开放的图书馆”。[16]还有一些学术专著在“公共图书馆的改造”的名义下,将现代公共图书馆精神要点——为所有人服务、公共基金维持、免费服务——全部列入“误区”予以批评。[17]而在公共图书馆运作实践中,普遍采用的是“有条件服务”(如凭该馆颁发的证件服务)、“区别化服务”(如“为领导决策服务”“为科学研究服务”等宣传)、有偿服务,等等。在决策层面上,公共图书馆的立法也始终没有完成。公共图书馆精神并非永远一成不变,随着时代的发展,人们也可以探索公共图书馆的改革。但对于我们,几乎从来就没有建立过真正的公共图书馆,没有宣传与普及过公共图书馆精神,自然也就谈不上什么公共图书馆的改革了。

第二节　图书馆与社会的理论基础

图书馆社会影响的加大,促使图书馆社会学的发展。关于图书馆社会化问题的研究最早出现于20世纪初,1924年,社会学家林顿(W. S. Larned)在其著作《美国公共图书馆与知识传播》中运用社会学的观点和方法研究了公共图书馆的社会基础、社会关系和社会信息传播等若干问题,这一研究在图书馆社会学领域具有一定的开创性。

20世纪30年代,巴特勒等人系统地将社会学理论引入图书馆学,考察社会与图书馆的互动。巴特勒的理论证明了图书馆存在的社会必要性,这一理论也成为芝加哥学派的核心理论之一。1949年,奥利弗·加库发表了《公共图书馆与政治作用》

一书。在这部深受谢拉好评的著作中，加库表达了他的图书馆社会化的信念："我们现在称为的'图书馆信念'是由来已久的。它是一种基本信仰，由于已被人们普遍接受，以致常常是不言自明的。通过印刷文字不仅使阅读方便得多，而且也使我们文明世界中的许多主要准则得以保存下来。至于谈到文化，那么书本知识、读物的总量和图书馆的藏书量都将成为不仅是个别的，而且是全社会的价值的衡量标准。"[18]

一、图书馆社会学

试图建立图书馆社会学，以更加系统的体系阐述图书馆社会学理论的，有卡尔斯泰特（P. Karstedt）和兰德赫尔（B. Landheer）两位学者。

卡尔斯泰特曾用社会学方法，从历史社会学、组织社会学、知识社会学3个方面研究图书馆，1954年出版了《图书馆社会学》一书。该书后来多次再版，并被译成其他文字出版，在图书馆界颇有影响。卡尔斯泰特认为，为了建立和维持各种社会形象，必须具有并维持与这种社会形象相应的社会精神，图书馆则是维持和继承这种社会精神的不可缺少的社会机构，并担负着把这种社会精神移入社会形象的成员的职能，其手段是通过这种客观精神，客观化地搜集、保存和传递图书。图书馆是社会形象中使世代结合的纽带，客观精神是图书馆与社会相互作用、相互联系的中介。[19]

兰德赫尔是荷兰 Groningen 大学社会学教授，著有《思想与社会》等社会学著作。兰德赫尔从20世纪50年代开始发表有关图书馆研究方面的论文，1957年发表了专著《图书馆的社会功能》（*Social Functions of Libraries*），系统表现了其图书馆社会学思想。兰德赫尔的理论体系分为两部分：分析部分和社会学部分。分析部分的研究重点是阅读活动及其相关因素，阅读活动是人类交往的需要,它不仅与读者自身有关,更进一步涉及作者、出版者以及他们的社会环境。对阅读可做如下区分:信仰性阅读、文化性阅读、成就性和补偿性阅读。第一阶段图书馆不是必需的,第二个阶段导致团体图书馆的出现,第三个阶段图书馆有了更高水平。社会学部分中,兰德赫尔试图找到一种理论原理以令人信服地分析图书馆与其环境之间的关系,他认为这种原理就是社会学的理论与方法。图书馆社会学研究者总是不忘阐述图书馆的社会地位,在这一方面,兰德赫尔继承卡尔斯泰特的思想,认为图书馆事业已经成为当代社会中整个社会规范体系中的一个部门,并为社会成员所接受,成为社会结构中有序的、稳定的组成要素。图书馆作为与阅读活动紧密相连的社会机构,将不仅起到传播知识的作用,而且还将担负起“开发人类个性的任务”,用兰德赫尔的话说,就是将来“每个人都需要图书馆”。[20]由于图书馆是社会的“极重要器官”(a vital organ of society),它必须以更积极的哲学对社会服务,正如兰德赫尔在《图书馆的社会功能》一书中所说,“如果图书馆仍将作为一个被动的机构,像销售食品、服装及其他商品的其他机构一样活动,那么它就将逐渐失去其作为一个社会的必要组织的重要性”。[21]

二、谢拉的社会认识论

谢拉(J. H. Shera,1903—1982)是美国著名图书馆学家,曾有耶鲁大学文学硕士学位。1944 年,年过 40 岁的谢拉在芝加哥大学 GLS 获得博士学位。GLS 的学历以及他的图书馆哲学研究理论风格,使人常称他为芝加哥学派的成员。其实谢拉的理论风格与芝加哥学派有很大区别,他对情报检索、图书馆管理、图书分类编目等图书馆技术问题有很好的研究,这种研究完全不是芝加哥学派的风格。他是 1952 年成立的美国文献协会的发起人。这一协会后来改名为美国情报科学协会(ASIS),它的成立,被认为是美国主张发展图书馆技术研究的图书馆学家(文献学家或情报学家)与以芝加哥学派为主体的图书馆学分道扬镳的标志。

谢拉是一位博学的图书馆学理论家,在图书馆学基础理论领域有许多出色的成果。在图书馆与社会这一领域,他除了研究过公共图书馆理论外,还有一个标志性的理论:社会认识论。1952年,谢拉作为第二作者与人合作发表了《书目理论的基础》一文。这篇文章首次提出了社会认识论的新概念,并讨论了社会认识论的性质与应用,考查了该概念与认识论的关系。

在《书目理论的基础》一文中,谢拉对社会认识论的描述可以归纳为[22]:

(1)社会认识论表示个体进入"知识"的相关性,这知识与个体所在的感知环境相关,或与他已接触环境的一部分相关。

(2)人类开发的交流工具能够使人体近似地进入作为他的总体环境一部分的同一种相关性。因为交流的符号使代理体验(vicarious experience)与他本人的感知体验联系起来,所以在总体环境中,他的这种代理体验要超越他的感知体验。简言之,人们必须确信,人可能从环境中获得智力综合,既有他个人的环境,也可通过现代交流媒体,获得与他感知体验和直接体验相当的远距离的或代理的体验。

(3)通过许多个体的不同知识的结合,社会作为一个整体可以超越个体的知识。

(4)作为集成智力活动的反映,社会活动超越个体活动。

谢拉的社会认识论认为,"图书馆员作为知识的管理者,不可缺少的是关于知识的知识,为达到这个要求所必需的科学是'社会认识论',它是社会中的知识的研究,是提供为研究社会中的知的过程的概论。这种理论把知的生活的研究从个人所有提高到社会、国家和文化的整体。用谢拉的话说,是'作为整体的社会企图认识或理解物理的、心理的、知的环境整体的过程的研究',或者是'理解社会、国家乃至文化加到自己身上的刺激的手段的研究'。换言之,是'把焦点放在被传递的各种形态的思考的生产、流通、集合和消费如何通过整个社会表现出来'而进行研究的学问"。[23]从这段描述中可以看到,尽管我们难以理解社会认识论的准确概念及它如何作用于图书馆活动实践,但谢拉的理论价值取向却是非常明确的,那就是在社会的知识活动中研究图书馆问题。

谢拉强调,社会认识论可以作为图书馆学的理论基础,尽管它还需要发展。事实上,在提出社会认识论概念以后的三十年时间里,谢拉不断发展、改变着自己关于社会认识论的描述,希望给这一概念以更加准确的理论说明,以便它可以成为图书馆学的理论基础。1970 年,谢拉出版了一部研究图书馆社会学的专著——《图书馆学的社会学基础》,书中系统地提出并阐述了他的"社会认识论"的观点,并声称这一理论可以作为图书馆工作和图书馆学的科学依据。基于谢拉的名望及他对社会认识论的推崇,我国自 20 世纪 80 年代初以来不断有人在介绍社会认识论。仅《国外图书馆学名著选读》中,就有多处提及谢拉的社会认识论。但从我们可以读到的各种中外文献看,谢拉并没有以清晰的语言说明社会认识论的真正含义,以及它为什么可以作为图书馆学的基础,它作为基础所构建的图书馆学与其他学派的图书馆学又有什么区别。所以近年有西方图书馆学家指出,"多年来,谢拉在不同场合表达过社会认识论的概念,不断地扩张着社会认识论的概念,但很明显,对于什么是社会认识论,以及它在情报科学中的意思是什么,他没有给出完全一致的解释"。[24]

三、评论

图书馆社会学的出现是这一时期的又一个重要理论事件。尽管不同学者对于图书馆社会学有过不同的论述,但如果抛开具体的概念,我们可以感受到它的基本的理论价值倾向。这种价值倾向就是将图书馆作为社会发展进程中的产物,在社会发展的大背景中考察图书馆发展问题。现代图书馆社会学的理论证明了图书馆是社会的产物,有益于维护社会精神,也即证明了图书馆社会存在的合理性。同时,它还要为图书馆,特别是公共图书馆的发展与变革,提供与图书馆所在社会的发展目标相一致的指导原则。只有这样,图书馆才能真正成为保障社会成员的信息公平的一种机构/制度。

尽管谢拉不能使"社会认识论"自圆其说,近年来有学者认为谢拉的理论其实应该是"知识社会学",谢拉应该被称为一位知识社会学家(Sociologist of Knowledge)。[25]但在20世纪50年代研究图书馆与社会问题的学者中,谢拉的研究最具有"专业"水准。谢拉曾系统研究公共图书馆问题,广泛参与推进图书馆社会化的活动,他甚至有些偏颇地将图书馆与广播节目相比,说明图书馆的"民主性"特征。谢拉是上述三位研究"图书馆与社会"的学者中,唯一的一位从社会民主政治的角度看待图书馆与社会的学者。他很明确地指出了图书馆与社会的关系,他说:"人们创建图书馆是为了满足某些社会需要。图书馆的发展不仅与社会思想史有密切关系,而且与支持图书馆文化结构的价值观念的变化有密切联系","19世纪中叶,公共图书馆运动的领导人清楚地认识到他们正在完成人类进程中的一项最伟大的组织变革——试图使全体人民有能力参与管理他们生活在其中的政治和经济体系"。[26]

在我国,讲到图书馆与社会,德国学者卡尔斯泰特的"图书馆社会学”有很高的地位。数部图书馆学基础教科书中,都提到卡尔斯泰特对图书馆社会学的贡献及影响。但从我们的调研看,卡尔斯泰特并不能说是一位世界知名的学者。在 Google 等搜索引擎中,搜索 Peter Karstedt 得到的文献屈指可数,几乎没有英文文献,且一般没有与图书馆社会学相联系。《ALA 世界图书馆和情报服务百科全书》虽然偏重美国,但其中的人物词条中也出现了包括苏联的克鲁普什卡娅等在内的众多欧洲图书馆学家,可以说收录了有世界影响的图书馆学家。但该书中没有卡尔斯泰特。卡尔斯泰特的名字也没有出现在《美国图书馆和情报科学百科全书》的词条与索引中。另一位研究知识社会学的学者兰德赫尔,在我国的名气远远小于卡尔斯泰特,除李广建的一篇论文外,很少有人提到他。但这位荷兰图书馆学家及他的《图书馆的社会功能》却在《美国图书馆和情报科学百科全书》中多次出现。因此可以认为,只是由于某些偶然的因素,如日本人翻译了卡尔斯泰特的著作,同时我国介绍卡尔斯泰特的文献出现较早,因此很多中国图书馆学家相信了卡尔斯泰特的知名度。对于另一位德国图书馆学家,19 世纪的施莱廷格,我国也存在类似的认识。

第三节 走向宏观研究的应用图书馆学

一、合作藏书计划

早期,图书馆文献资源共享活动主要是馆际互借。也就是通过协作馆的努力,使现有文献资源得到更加充分的利用。但是,馆际互借并不能解决文献资源的短缺及文献资源的重复建设等源头上的问题。要真正解决文献资源共享源头上的问题,使各图书馆之间的文献在一定的资金条件下形成尽可能高的文献保障率,还需要其他措施。合作藏书就是这些措施的一种。

合作藏书的理论与实践产生于19世纪后期。德国蒂宾根大学图书馆馆长默尔在1869年阐述过协调采购的思想。1896年,美国芝加哥公共图书馆等三所图书馆制定了合作采购计划,分工收集专门学科的文献。20世纪20年代,德国学术支援协会在协调图书馆采购方面有出色工作。

图书馆史上第一次大规模合作藏书项目,是被称为"法明顿计划"(Farmington Plan)的外国出版物联合采购项目。

二战期间,由于经费的短缺,美国图书馆合作藏书步伐加快。1940年,美国三所国家图书馆签署了采集原则协定。美国成立了一个"部际外国出版物采集委员会",向战争机构提供重要的书刊资料,接着又在美国国会图书馆的倡议下实施了"战时出版物合作采购计划"。

1948年1月,在美国研究图书馆协会的主持下,美国60多所图书馆于1948—1972年实施了一项合作收集外国出版物的自愿协定。参加馆除了50多所大学图书馆外,还有美国国会图书馆等三所国家图书馆,以及纽约公共图书馆等。该计划的目标是,尽可能使美国任何一个研究人员感兴趣的外国出版物在美国至少一个图书馆有收藏,该收藏应被尽快列入《全国联合目录》,用户可通过馆际互借或缩微复制而加以利用。由于该项目的来源可以追溯到1942年10月在康涅狄格州法明顿召开的讨论会,故这一合作藏书项目被称为法明顿计划。

法明顿计划对文献资源建设的理论与实践产生了巨大的推动。1956年,斯堪的纳维亚的北欧四国推出了跨国文献资料建设与共享计划——"斯堪的亚计划"(Scandia Plan),该计划被认为是法明顿计划的"北欧翻版"。1955年,在瑞典乌普萨拉大学图书馆馆长T.克勒贝格的倡议下,瑞典皇家图书馆、乌普萨拉大学图书馆、哥德堡大学图书馆和隆德大学图书馆达成一项关于合作采集外文资料的计划协议。1956 年第 8 次斯堪的纳维亚图书馆代表大会全面讨论了这一协议。1958 年斯堪的纳维亚研究图书馆员联合会讨论并通过了关于扩大这一协议的建议,于是产生了世界第一个国际实行外文图书合作采集的计划。斯堪的亚计划最初有 9 所图书馆参加,后扩大到 13 所。这一计划的实施,可使这些国家互相配合协调收藏外文资料,减少重复,增加品种。同时它也促进了建立统一的地区文献资料保障体系,实现文献资源的跨国间共享。20 世纪 80 年代,我国高校图书馆系统按照法明顿计划的模式进行文献资源保障系统的建设。

法明顿计划确立的合作藏书的经验是:首先,建立合作藏书共识。必须认识到任何一个图书馆不可能单纯依靠本身资源满足读者需要,只有通过馆际合作,将合作馆的文献资源变成本馆资源的延伸和扩充,这样各馆都可以向用户提供更好的服务。这样的共识,是合作藏书的基础。其次,建立合作藏书的组织形式。这种形式可以是一个地区的若干图书馆组成的图书馆群,同一类型图书馆组成的图书馆群等。最后,还要制定合作藏书的政策。一般合作藏书政策为:各馆采集本馆用户最需要的、最能发挥效用的文献,而不常用文献则通过馆际互借予以解决。通过这些经验,能够通过合作藏书,最大限度地减轻购书资金压力,满足用户需求。

对于法明顿计划所产生的效果,文献资源建设理论界有一些不同的声音。但这并不影响它对图书馆学理论的深层影响。法明顿计划是图书馆藏书从重收藏到重分工的转变的标志,也是图书馆活动从微观的馆内活动向宏观的社会化活动转变的标志。在法明顿计划以前,图书馆只考虑尽自己的可能收藏更多的文献。如果收藏能力不足,无法满足用户需要,再考虑通过馆际互借解决。在文献数量不断增长的情况下,这种藏书模式必然导致文献资源总量的不足。对图书馆学理论而言,传统的藏书模式强化了图书馆学家以馆内活动为基础解决图书馆问题的倾向,这成为杜威经验图书馆学得以长期生存的土壤之一。法明顿计划的出现,使图书馆学家真正意识到图书馆事业是一种社会事业,解决图书馆内部存在的问题,需要走出单个图书馆的范围,到社会范围内加以解决。正是这样一种宏观的思维模式的出现,促成了图书馆学理论从局限于图书馆内部的微观图书馆学走向了关注社会与馆际合作的宏观图书馆学。

二、其他

20 世纪 40—70 年代这段时间,应用图书馆学呈现出迅速发展的态势。在图书分类领域,精力充沛的阮冈纳赞于 1950—1960 年间,相继推出《冒号分类法》第 3—6 版,“焦点”“组面”“范畴”“指示符”等概念被相继提出,《冒号分类法》成为图书分类理论的巨大实验场。除文献资源建设与图书分类两大热点外,图书编目理论界出现了自 19 世纪后期克特以来最重要的理论家与理论成果,图书馆服务创新促使人们反思图书馆建筑功能,并导致模数式图书馆出现。在文献情报领域,情报检索语言研究有新的进展,计算机检索系统与图书馆自动化则在许多图书馆进行着艰难的前期实验。应用图书馆学的全面突破性发展,对图书馆学理论的整体变革起到了重要的推动作用。

1. 图书编目理论

图书编目理论领域出现自克特以来最大的理论进展。1953 年,美国图书馆出版了柳别茨基(S. Lubetzky,1898—2003)的《编目条例与编目原则》[27]。柳别茨基是美国 20 世纪最著名的图书编目理论家。他 1936 年在加州大学图书馆担任编目员,在那里写了许多文章,对当时图书馆流行的著录方式提出质疑,并对图书馆目录分类的方法也提出不同意见。这些很有见解的文章引起了国会图书馆的注意,1948 年,国会图书馆聘请柳别茨基对现行编目法进行研究。1948 年以后,柳别茨基正式担任国会图书馆目录修订部主任,并负责设计编制《国家联合目录》。他在这一职位上成长为书目学和编目理论的专家,他在编目理论上的主要贡献都是在这个岗位上做出的。

《编目条例与编目原则》对此前的编目条例的结构及著者标目的形式都提出了批评,并且提出新的编目条例构想、编目规则和原则。此后,柳别茨基又编制了两个编目草案:《编目条例规则:题录款目与著录》(1958 年)和《编目条例规则:著者项与书名项》(1960 年),这些草案明确地阐述了编目工作的总目标。柳别茨基"坚持的一个观点是,目录著录的对象应该是著作,而不是书本。主要著录项应该成为帮助检索著作和收集同一著作的不同版本的有力工具,机关团体应是他们出版物的集体著者"。[28]柳别茨基在编目学理论上的这些论断都具有深远的意义。

柳别茨基的主要研究成果都包括在 1961 年巴黎召开的国际编目原则会议(ICCP)制订的"原则声明"(即《巴黎原则》)中,按照《巴黎原则》编制的《英美编目条例》(1976 年)也明显受到柳别茨基编目理论的影响。

柳别茨基的编目研究受到理论界极高的评价,有人称《编目条例与编目原则》是图书馆学文献中的经典著作之一,甚至有这样的说法:《编目条例与编目原则》是 20 世纪"唯一的一部用英文写成的著录方面的最重要的著作"。"可以公正地说,《巴黎原则》的一切优点都归功于柳别茨基,一切缺陷都归咎于国际折中主义的压力"。[29]

2. 模数式图书馆建筑

传统图书馆的设计思想是固定功能设计。固定功能的图书馆因藏书、阅览、外借、管理四大功能空间相对固定,不便于根据图书馆的发展而进行调整;同时因为藏书与读者被分隔开来,借阅手续繁杂,效率低。这种建筑影响了图书馆服务的现代化。19世纪后期英美国家一些图书馆开始采取开架借阅制,20世纪初又出现了分专科借阅的分部制图书馆体系,它们为麦克唐纳的模数式图书馆设计做了必要的探索和准备。

1943年,A. S. 麦克唐纳提出了模数式图书馆的设计思想。其特点是功能灵活、有适应性。在结构上它用规则的柱网支撑、较少隔墙,使图书馆功能变化而不要求建筑结构变化。在每个柱网单元中可以任意安排阅览桌或书架,也可变为办公或业务用房。美国依阿华州立大学图书馆接受了这一思想,于1952年建成第一个模数式图书馆。此后,这一建筑设计理念传到了世界各地。

模数式图书馆的设计思想是一种新的建筑理念,又是图书馆服务不断变革的必然产物。模数式图书馆的出现从“物”的方面强化了现代图书馆服务思想,为图书馆服务的进一步发展拓展了空间。

3. 文献情报工作

1947年,国际标准化组织成立专门从事文献工作标准化的机构,即ISO/TC-46,其宗旨是在国际范围内开展文献工作标准化。标准化是图书馆现代化的基础,ISO/TC-46的成立使一批文献学家有了更好的研究与应用文献理论的空间。ISO/TC-46一系列文献情报相关标准的出台,引起了国际范围内对文献著录技术问题的关注与讨论,今天看来,它对世界各国的图书馆现代化的推动是极大的。

计算机的出现使图书馆学家对图书馆技术问题表现出更大的兴趣。20世纪50年代曾任美国图书馆协会主席的肖(R. Shaw,1907—1972)对科学而有效地管理图书馆特别感兴趣,他在美国农业部图书馆工作时,进行了图书馆机械化管理研究。1961 年他编制了《图书馆技术》丛书。1953 年陶布(M. Taube)首先倡导自然语言法运动,导致传统索引编制法向采用自然语言形式的非控制词汇方法转变。陶布的研究推动了情报检索的理论与实践。计算机情报检索方面的试验也开始了。

三、评论

20 世纪 40 年代后期开始,应用图书馆学研究出现了明显的升温。应用图书馆的加速发展,使图书馆学呈现出一种不同于 20 世纪 30 年代的价值取向。尽管自 19 世纪中叶以来,图书馆学家便将图书馆的发展与社会联系在一起,但这种联系主要是在理论图书馆学及公共图书馆研究领域。而这一时期应用图书馆学明显不同于以往图书馆的特点,就是它有了明显的“宏观图书馆学”的色彩。

以“法明顿计划”为代表的合作藏书项目是宏观图书馆学的标志性事件。参与法明顿计划的图书馆虽然为数不多,但由于它是一种有组织、有计划的协作,是一些资源大馆之间的协作,因而影响深远。这一计划的实施使图书馆学家的视野走出了一馆内部的范围,开始在更广阔的范围内考虑图书馆管理。而“斯堪的亚计划”的出现,更是导致图书馆管理进行了国家层面的宏观协调。图书馆编目原本是非常“微观”的研究内容,但 1961 年 IFLA 在巴黎召开了有 50 多个国家、12 个国际组织参加的国际编目原则会议。该会议认可了对编目原则的任何基本评述都必须把书目(参考工具形式)、书商目录(书商和国家书目的形式)和图书馆编目三方面的观点同时加以考虑。无论是“普鲁士条例”还是“英美编目条例”在很多方面都太专门了,而如果广泛采用柳别茨基“编目条例”,将大大促使书目、书商目录和图书馆目录相互间的关系更加密切。因为柳别茨基草案中基于常识的、大体上非技术性的办法在相当程度上是和书目及书商目录乐于采用的描述形式接近的。也就是说,编目工作国际化、跨行业化了。国际标准化组织成立文献工作标准化分组织是另一个值得关注的事件。它促成了制定文献工作标准的国际合作,同时也促进了图书馆学从其他行业吸收有利于图书馆管理的东西。

这一时期应用图书馆的发展,是新信息技术出现前的最后一个高峰。

第四节 图书馆学裂变与改造

一、情报学的冲击

二战结束后,情报事业迅速发展。情报事业发展的背景,一是信息技术发展对图书馆的影响进一步加深:1945 年布什(V. Bush)以信件形式在《大西洋月刊》发表了一篇探索机器检索问题的文章,1950 年 H.E. 泰利特开始了计算机情报检索试验;二是战时情报工作的影响和国家科学技术活动对情报系统的需要:1950 年,联合国教科文组织提出"国家情报体系"(NATIS)计划。

情报事业迅速发展,使得情报学理论与方法在美国迅速发展起来。情报科学研究的内容,其微观研究部分,如情报检索,基本是原有图书馆学研究内容的深化;而它的宏观部分,如国家情报体系建设与管理,更是无法与图书馆学研究相分离。图书馆学理论没有很好地利用情报事业发展的机会实现自我变革,使图书馆学失去了 20 世纪最好的发展机会。

导致美国情报学发展的原因有许多,其中与图书馆学基础理论史密切相关的一个原因,是 20 世纪 30 年代芝加哥学派统治美国图书馆学后，图书馆学界出现了严重的忽视图书馆技术与应用的趋势，于是，一批有志于研究与发展文献技术与应用的图书馆学家不得不另寻他途，在文献学/情报科学的旗帜下走技术与应用的研究道路。谢拉认为："图书馆就其性质而言是保守的，但并不是静止不变的。作为社会部门，图书馆如果不是立即反映，也是最终反映着社会的变革。"[30]徐引篪、霍国庆认为，"正是因为图书馆的保守性质，新生的情报学不能见容，最终导致了图书馆学的不稳定与情报学的分离"。[31]

20 世纪 30 年代前后，缩微复制技术的发展为文献技术带来了新的发展机会。缩微复制技术和光学阅读不但可望解决图书馆日益增大的文献存贮压力问题，而且还引导出新的信息检索技术问题。通过光电元件、数字电路进行文献检索的研究就是 20 世纪 30 年代开始的。而芝加哥学派显然忽视了技术与应用的发展。里查德逊说过，"GLS 以多学科性而著名，然而这种教师的多学科性也许是假象。教员们的兴趣在对图书馆有贡献的人文学科。威尔逊院长(1932—1942)带来了对图书馆管理的兴趣，而科学本身，特别是工程，则更加缺少了。'科学方法'和多学科性的辩解掩盖不了一个事实，他们对图书馆学的真正兴趣限于比较杜威图书馆学与他们的图书馆学"。[32]许多图书馆学史学家研究表明，"直到 1950 年代，GLS 对方法、技术甚至与改进图书馆学相关的纲要一直不感兴趣"。[33]

情报学的起源，许多西方图书馆学家都愿意以 1945 年布什(V. Bush)的文章《诚如所思》("As we may think")为标志。布什是当时美国"科学研究与发展局"局长，他以信件形式在《大西洋月刊》发表了这篇探索机器检索问题的划时代文献，所以该文也被情报学史学家称为"布什信件"。布什的文章发表于 1945 年，其实他的情报学研究几乎是在芝加哥学派的高峰时期开始的。20 世纪 30 年代，布什是美国麻省理工学院的教授，他艰难地说服了基金会和财团支持他研究“快速选择器”(rapid selector)——一种使用缩微胶片、光电元件、数字电路以达到快速检索文本目的,可用于图书馆的情报检索的设备。正是通过对这一问题的研究,布什构想了他的Memex信息机,并以该构想为基础发表了他划时代的论文。

但是,布什和其他文献学/情报学家的探索没有得到以芝加哥学派为主流的美国图书馆界的认同。1937年,美国文献协会(American Documentation Institute,简称ADI)成立,该协会当时主要研究光学缩微技术。二战结束后,美国文献协会致力于研究情报学问题,实际已经变成情报协会。1968年,该协会改名为美国情报科学协会(American Society for Information Science,简称ASIS)。ADI/ASIS成立后,一批有志于图书馆技术问题研究的学者在这一新的组织中聚集起来,走上了一条与芝加哥学派的理论主张完全不同的研究道路。

1953年,毕业于芝加哥大学GLS的谢拉撰文公开指责GLS,“被文献学家和情报专家开发的专门技术正在迅速积累”,而图书馆学对图书馆工作的技术方面缺少必要的注意,“在这场面对技术技能的突变中,GLS必须承担主要责任”。[34]

于是,一场“情报学VS图书馆学”的争论开始了,争论在20世纪70年代达到了高峰。尽管伯克兰德在《美国的文献学、情报学和图书馆学》一文中称,这是一场毫无意义的争论,[35]但这场争论的确影响到了美国和世界其他地方的图书馆学的发展。卡诺尔说,“‘情报科学VS图书馆学’的争论,至少可以部分地看作是从芝加哥前20年追求的图书馆学的回归”,“从60年代早期起,图书馆学校不断变革,将情报学和文献学的新研究成果整合到了图书馆学核心课程中”。[36]“图书馆学VS情报学”的争论最后以图书馆学情报学合流的方式结束。对图书馆学理论而言,经历这场挑战,主流图书馆学家终于放弃了芝加哥学派的理论价值取向,重新回到了关注图书馆相关技术和应用性研究的正确道路。

二、评论

情报学在二战结束后到1970年间的迅速发展,是现代图书馆学自19世纪出现以来遇到的最大挑战。经历这场挑战,图书馆学被分裂、被削弱了。一大批图书馆学家放弃图书馆学转向情报学,许多从图书馆学转向情报学的学者转而批评图书馆学,他们认为“图书馆学”的名称不是一个合适的、符合现代科学规范的名称,图书馆学的理论与方法是陈旧的、经验主义的,已不能适应现代科学技术的发展对文献工作的新要求。如果说芝加哥学派对经验图书馆学的批评曾使图书馆学出现复兴的希望的话,那么来自情报学科的批评则使图书馆学遭受了来自内部的严重打击。

情报科学的出现对于图书馆学也有积极的一面。新兴的情报学科领域吸引了许多来自技术领域的专家,他们的大量进入给这一领域带来了新的思维方式。而情报科学的成就也吸引了图书馆学家的关注,许多图书馆学家从情报学研究成果中发现了应用图书馆学的研究方向,并以情报科学成果改造图书馆学。这也是20世纪图书馆学所经历的一次最大的理论改造。

引用文献:

1,2,3. History of the Public Library//Kent A. Encyclopedia of Library and Information Science,1973,29:267.

4. Kent A. Encyclopedia of Library and Information Science,1973,5:480—481

5. 孙光成. 世界图书馆与情报服务百科全书[M]. 成都:四川民族出版社,1991:178

6. 孙光成. 世界图书馆与情报服务百科全书[M]. 成都:四川民族出版社,1991:177

7,12,15. UNESCO Public Library Manifesto[EB/OL]. http://www.fundaciongsr.es/documentos/manifiestos/mani49ing.pdf

8. 黄纯元. 追问图书馆的本质——对知识交流论的再思考[C]//黄纯元图书馆学情报学论文集. 上海:上海科学技术文献出版社,2001:171—187

9. Ditzion S H. Arsenals of a Democratic Culture[R]. American Library Association,1947.

10. Shera J H. Foundations of the Public Library:The Origins of the Public Library Movement in New England,1629 – 1855[M]. University of Chicago Press,1949

11. 世界人权宣言(中文版)[EB/OL]. http://www.un.org/chinese/work/rights/rights.htm

13. 联合国教科文组织. 公共图书馆宣言(1972)[G]//坎贝尔 H C. 公共图书馆系统及其服务. 北京:科学技术文献出版社,1986:157

14. 国际图联/联合国教科文组织. 公共图书馆宣言(1994)[G]//国际图联/联合国教科文组织. 公共图书馆服务发展指南. 上海:上海科学技术文献出版社,2002:99

16. 北京大学图书馆学系,武汉大学图书馆学系. 图书馆学基础[M]. 北京:商务印书馆,1981:56

17. 徐引篪,霍国庆. 现代图书馆学理论[M]. 北京:北京图书馆出版社(今国家图书馆出版社),1999:214—215

18. 孙光成. 世界图书馆与情报服务百科全书[M]. 成都:四川民族出版社,1991:284

19. 南开大学图书馆学系等. 理论图书馆学教程[M]. 天津:南开大学出版社,1986:102—103

20. 李广建. 兰德赫尔的图书馆社会学思想评述[J]. 黑龙江图书馆,1990(2):67—69

21. Popular Culture And The Library[J]//Kent,A. Encyclopedia of Library and Information Science,1973,23:121

22. Shera J H. Foundations of a Theory of Bibliography[J]. The Library Quarterly:Information,Community,Policy,1952,22(2):125—137

23. 袁咏秋,李家乔. 外国图书馆学名著选读[M]. 北京:北京大学出版社,1988:359—360

24,25. Budd J M,Shera J. Sociologist of Knowledge? [J]. The Library Quarterly,2002(4):423—440

26. 谢拉 H. 图书馆学引论[M]. 兰州:兰州大学出版社,1986:59

27. Lubetzky S. Cataloging Rules and Principles:a Critique of the A. L. A. Rules for Entry and a Proposed Design for Their Revision[G]. Library of Congress,1953

28. 孙光成. 世界图书馆与情报服务百科全书[M]. 成都:四川民族出版社,1991:106

29. 袁咏秋,李家乔. 外国图书馆学名著选读[M]. 北京:北京大学出版社,1988:386

30. 谢拉 H. 图书馆学引论[M]. 兰州:兰州大学出版社,1986:141

31. 徐引篪,霍国庆. 现代图书馆学理论[M]. 北京:北京图书馆出版社(今国家图书馆出版社),1999:38

32. Richardson J V. The Spirit of Inquiry:The Graduate Library School at Chicago,1921—51[G]. Chicago:American Library Association,1982:124

33,35. Buckland M. Documentation, Information Science, and Library Science in the USA[J]. Information Processing & Management, 1996, 32(1): 63—76

34. Shera,J H. Emergence of a New Institutional Structure for the Dissemination of Specialized Information[C]//Egan M E ed. The Communication of Specialized Information. ALA,1953:127

36. Carroll, C E. The Professionalization of Education for Librarianship with Special Reference to the Years 1940 - 1960[M]. Metuchen,NJ:Scarecrow,1970:22

第四章　信息技术的冲击(1965—1989)

以计算机技术为核心的信息技术,真正应用到了图书馆领域,它给图书馆学带来许多积极的影响。一批影响深远的发明出现了:

1965 年,美国国会图书馆关于机读目录的初步报告形成。1966 年,MARC 试验计划开始,同年 MARC 试验磁带问世。1968 年,国会图书馆开始正式的 MARC 计划,1969 年,MARC II 正式发行。

1967 年,美国俄亥俄大学图书馆中心(OCLC)成立。OCLC 很快成为世界最大的图书馆网络,它也改变了世界图书馆编目、图书馆自动化管理以及文献资源共享的历史进程。

20 世纪 80 年代初,OPAC 出现了。它最初只是图书馆自动化的一个用户界面,而现在它却可能使图书馆员对于目录的观点能够回到 18 世纪的理想。

图书馆学教育领域再起波澜,一喜一忧两件大事均发生在这一期间。而发生原因仍与信息技术有关:

1962 年,在美国图书馆教育改革进程中屡有大动作的卡内基财团又出新招,匹兹堡大学的卡内基图书馆学校正式改名为图书馆学情报学研究生院,从而导致图书馆学院系改名高潮。

1978 年,美国俄勒冈图书馆学研究生院关闭。以此为转折,美国的图书馆学情报学教育剧烈动荡,并波及世界其他国家。

“图书馆未来”讨论成为热点。讨论中,即使是悲观的论点,对图书馆学理论研究仍产生了非常积极的影响:

1965 年,美国学者、著名计算机专家利克利德出版《未来的图书馆》。

1978 年,兰开斯特的《走向无纸化的情报系统》出版,1982 年,兰开斯特的《电子时代的图书馆和图书馆员》出版。

这一时期是图书馆事业的低谷,也是图书馆理论变革的前夜。理论的亮点出现了:

公共图书馆领域,20 世纪 70 年代起,一场“收费对免费”的讨论持续 20 年。讨论没有结论,但伤害到了公共图书馆精神。

图书馆评估领域,1977 年,兰开斯特出版《图书馆服务的测量与评价》,1988 年,兰开斯特出版《如果需要评估你的图书馆……》。

藏书建设领域,1974 年,丹尼尔发表《向亚历山大告别》,1975 年,英国大学拨款委员会专家发表《阿金森报告》。藏书稳定状况理论或零增长理论出现了。

1946年,世界上首台电子计算机ENIAC问世,人类科学技术进入了一个新的阶段。20世纪50年代,图书馆界开始研究计算机应用于图书馆的可能性。1954年,美国海军兵器中心图书馆使用IBM701型计算机实现了单元词组配检索,成为最早使用计算机的图书情报机构。[1]1961年,美国国会图书馆开始试验机读目录,经过多年试验,1969年,在图书馆现代化历史上具有划时代意义的MARC终于正式发行。从此,以计算机为代表的现代信息技术走进了图书馆学家的视野,并开始改变图书馆学的发展进程。

1965—1990年间信息技术对图书馆学许多领域产生了重大影响,这些影响总体上说是积极的。这一期间理论界的许多亮点,都与计算机技术的应用密切相关,如MARC发行、OCLC建立,甚至图书馆学院系的更名,等等。同时,信息技术的发展也不可避免地对图书馆产生一些负面影响。

对西方图书馆事业产生深远影响的另一事件,是20世纪70年代西方能源危机。经历能源危机的打击,西方国家战后持续的经济增长势头从此中止。与此同时,对待社会公共事业的新保守主义抬头。因此,各国普遍减少了对于公共事业的投入,图书馆事业的发展也受到极大拖累。

第一节　图书馆自动化

20世纪60年代是图书馆应用计算机的重要起步阶段。当时的应用主要集中在两个领域:检索与编目。这两个领域都产生了一批影响至今的重要成果。限于本书的主题,我们主要讨论编目领域的计算机应用。

一、机读目录(MARC)

在现代图书馆业务活动中,编目工作是图书馆中花费最大的工作之一。由于同一种文献常常由不同的馆重复收藏,因而各馆需要对同一文献重复编目。编目又是一种对人力资源要求较高的活动,各馆重复的编目浪费了大量的人力物力。计算机出现后,图书馆界希望利用这一先进的信息技术,把书目数据变成机读形式,并通过机读目录的发行,实现编目资源的共享。因此,编目成为图书馆自动化最早涉及的领域之一。

使用机读目录实现编目资源的共享,必需实现书目数据的交换,这就要求不同馆使用的系统和数据格式要统一。为了能像共享卡片一样共享机读书目,图书馆编目自动化所要解决的首要问题便是机读目录数据标准的制定。

1963 年,美国 G. W. 金等人发表关于美国国会图书馆书目系统自动化的报告,1965 年 1 月提交了关于机读目录的初步报告。1966 年,美国国会图书馆开始实施 MARC 试验计划,吸收了 16 个图书馆参加,制定了 MARC I 格式。同年 9 月,生产出机读目录试验磁带。参加馆使用这种试验磁带生产目录卡片、书本目录、新书通报等,取得了较好的效果。经过两年多的试验,国会图书馆又设计了适合书目信息交换的 MARC II 格式,1968 年 7 月开始了正式的 MARC 计划,1969 年 3 月向全国正式发行 MARC II 格式的英文图书机读目录磁带。随后其他一些国家也开始制定本国的 MARC 格式。70 年代 IFLA 开发了通用 MARC(UNIMARC)格式,进一步推动了国际合作及各种 MARC 格式间的数据转换工作。

MARC 诞生于三十多年前,对于计算机这样一个发展十分迅速的领域,三十多年足以使一项技术完全被淘汰。但 MARC 却被使用至今,在网络时代的图书馆自动化进程中继续发挥着作用，这说明 MARC 的设计思想非常先进。MARC 的优点在于[2]：

(1)多途径检索、多检索点。MARC 的检索系统非常完备，除了可从题名、责任者、订购号、ISBN(或 ISSN)、统一书号(或 CN 号)、索取号和分类号等多种途径检索外，许多检索途径又可从多个检索点检索。

(2)适宜于共建共享，检索及传输速度快。MARC 的诞生促进图书馆加快计算机管理的步伐，并使文献处理走向标准化、规范化，从而为文献共建共享创造了极有利的条件。在网络环境下，用户异地检索和数据下载非常方便，而且数据传输速度快。

(3)信息详备、查准率高。与传统的目录卡片相比，MARC 所揭示的信息要详备得多。通过 MARC 检索查准率高。因为计算机自动排序，用户无须掌握拼音或笔画顺序等排序规则，也不必担心卡片丢失或错位，只要输入所需字词或代码，计算机即可准确检索。

(4)记录易于修改、完善。编目员可根据需要随时对特定记录的各字段数据或指示符进行修改，补充完善记录，使记录由简要级上升为完备级。MARC 记录编好后，无须人工编排目录即可根据需要从多个途径检索或打印各种印刷型目录。此外，MARC 可动态反映文献的订购、标引、编目、流通等状况，并具有体积缩微化和文献信息虚拟化等优点。

直至今日，MARC 仍在图书馆自动化领域发挥着重要的作用。从这个意义上看，LC 在 20 世纪 60 年代初对 MARC 的试验和推出，是具有划时代意义的。MARC 的意义在于：

(1)目录是图书馆开展各项服务的基础，编目工作是图书馆的基础工作。美国国会图书馆选择编目工作作为计算机应用的突破口，选点是非常恰当的。机读目录的出现几乎全线带动了图书馆自动化,比如有了机读目录,不但处于下游的书目查询、图书外借和书目参考服务可以应用计算机,而且处于上游的图书订购工作也获得了极大的便利。

(2)MARC 的出现改变了目录在图书馆的地位,使目录成为图书馆重要的资源。尽管以往目录在图书馆的地位也十分重要,但由于各馆目录基本只是在本馆范围内使用,目录还不能说是一种重要的资源。机读目录的出现使目录信息可以方便地进行复制与传递,可以方便地进行检索,因而它使目录成为图书馆一种重要的资源。

(3)MARC 极大地推进了图书馆间文献资源共享。没有机读目录时,图书馆也可利用图书馆目录进行馆际互借,但那种资源共享缺乏便利性,资源共享成本很高,并不实用。MARC 是以"标准"的形式出现的,各图书馆均遵守它的基本格式。一旦图书馆间联机成为现实,这种书目格式就成了最有效的实现馆际文献资源共享的工具。

事实上,在联机编目及联机书目查询领域产生了巨大影响的 OCLC,以及当代文献信息资源共享的最佳形式 Bibliography Utility,都与 MARC 密切相关。

二、联机图书馆中心(OCLC)

机读目录标准使得图书馆间的书目数据交换具有了良好的基础。而 20 世纪 60 年代末通信技术的发展及更为广泛的应用,为建立在机读目录基础之上的图书馆联机公共资源共享提供了可能。就在这样的背景之下,1967 年,OCLC 成立了。

OCLC 的成立源于 F. G. 基尔哥尔(F. G. Kilgour)的一项提议[3]。基尔哥尔认为,世界各地的图书馆在花费大量的人力财力对同一事情进行一次又一次重复劳动,而重复最多的就是图书馆的编目工作。当时,美国图书馆对一本书编目的财力消耗为

30—60美元。如果将这些重复的花销加起来,在每种书上编目的开销无疑是个天文数字。当时图书馆各自为政的编目方式,对人力也是一种巨大的浪费。除编目之外,各图书馆的重复采购也浪费了大量的财力。随着信息生产量成指数增长和信息费用的日益昂贵,图书馆在经费上面临的问题就日趋严重。

基尔哥尔相信,避免重复劳动,解决经费困难,只有走协作努力的道路。这种馆际间的协作可以通过信息储存和检索系统来实现。单个的图书馆可以通过通信线路连接在一起,成为协作网络。一种书可以由一个图书馆编目一次,其他图书馆应能分享那个图书馆的劳动成果。

对于基尔哥尔的上述提议,俄亥俄州各大学的三位大学校长、三位大学副校长和四位大学图书馆馆长于1967年7月5日聚集到了一起来进行讨论。这次聚会的结果,是俄亥俄大学图书馆中心(OCLC)诞生了。[4] 成立之初的OCLC,取名为俄亥俄大学图书馆中心(Ohio College Library Center,简称OCLC),是一个由54所俄亥俄州大学图书馆组成的州图书馆网络。1972年,OCLC的成员馆扩大到俄亥俄州的非大学图书馆,1973年又扩展到俄亥俄州以外的图书馆,1977年改名为联机计算机图书馆中心(Online Computer Library Center)。1981年,OCLC向欧洲发展,在英国伯明翰成立了OCLC欧洲分部,1986年又成立了亚洲分部、南美分部,1996年开始进入中国大陆。纵观OCLC 36年的发展历程,它从诞生时的一个州图书馆网络到现在成为一个由82个国家和地区的42 000多个不同类型图书馆和信息中心组成的国际性的图书馆网络,既是其自身规模不断扩大、实力不断增强的过程,也是从理念和操作上永远地改变了世界图书馆很多方面的一个深刻的变革过程。这主要体现在[5,6]:

联机编目——OCLC于1967年诞生后,经过4年的筹备,在1971年8月26日,由俄亥俄大学奥尔顿图书馆(Alden Library)

成功地实现了通过 OCLC 对 133 本书进行的联机编目,同时也使该馆成为世界上第一个联机编目的图书馆。OCLC 联机编目的原理是这样的:当图书馆编目人员对新采购的一本书进行联机编目时,首先检索 OCLC 联机联合目录(OCLC Online Union Catalog,该数据库于 1996 年改名为 WorldCat),如果检索到了需要的记录,便将其下载到本地数据库,也即临摹编目;如果没有检索到需要的记录,便编写一条新记录上传给 OCLC 联机联合目录,也即原始编目。OCLC 给每个加入 OCLC 的用户图书馆一个图书馆代号,一个图书馆无论下载还是上传记录,该馆同时将自己的图书馆代号附带在那条记录上,记录到 OCLC 联机联合目录数据库。此时这个图书馆代号便成了馆藏代号,即馆藏信息。OCLC 可以将该代号与其 NAD(Name Address Directory,名称地址录,简称 NAD)数据库中相应的图书馆详细联系信息连接起来。这样的一个流程,其实质并不复杂,但在当时不能不说是一个创举,不仅解决了各馆独立编目所面临的语言、专业知识等方面的问题,而且大大缩短了编目流程,提高了工作效率,节省了人力财力。而这种联机联合编目的模式,也从此被延续了下来,到 2000 年前后,OCLC 的 WorldCat 已经收录了 5000 万条世界各地 400 多个语种的书目记录,并以每 15 秒钟添加一条新记录的速度在增加,它极大地影响了其他许多图书馆网络,如后来的美国研究图书馆信息网络(RLIN)、美国西部图书馆网络(WLN)、英国大学研究图书馆合作组织(BLCMP)等的联机联合编目系统。

资源共享——OCLC 成立的初衷就是相对独立的各图书馆编目资源可以共享,减少重复劳动。其联机联合目录数据库中附加的馆藏代号,使得人们只要能在 OCLC 的 WorldCat 中找到这条编目数据,便能立刻了解该编目数据所代表的实物在哪个 OCLC 成员馆有收藏,以此向其求借,从而大大方便了馆际互借。OCLC 在联机联合编目的基础上于 1979 年推出了其馆际互借(ILL)系统。该系统可以直接查询 WorldCat,提交 ILL 申请,并允许同时向多个具有馆藏的图书馆发出请求,系统还可以自动调节成员馆的互借比率。该系统的使用,把传统 ILL 全面推向了自动化、网络化,简化了 ILL 的申请过程,缩短了 ILL 的运作时间,大大提高了 ILL 的使用率,到 20 世纪末,通过 OCLC 的 ILL 系统发出的 ILL 请求已超过 1 亿个。因此,馆际互借的便利不仅给图书馆团体联合采购带来了可能,而且大大动摇了传统图书馆"大而全,小而全"的完全"拥有"的馆藏观念,本馆用户不经常使用的文献完全可以通过馆际互借来获取,因此图书馆应该特别加强包括馆际互借在内的服务,而不只是重视分类、编目等传统图书馆"技术"工作。从这个意义上说,OCLC 所形成的资源共享模式,所带来的资源共享的现实性,大大摆脱了传统图书馆资源共享的困境,解决的也不单纯是技术和经费上的问题,而是图书馆理论许多方面的重大突破,其影响是深远的。

对图书馆自动化以及管理现代化的推动——OCLC 对图书馆事业的影响远不止联机联合编目和文献资源共享两个方面。OCLC 从创建开始,就定位在非商业性机构,致力于促进教育和科学研究,并把"扩充获取全球信息的途径,向图书馆和用户提供服务来降低获取信息的费用"作为自己三十多年来不变的使命。因此,围绕这个不变的使命,OCLC 在许多方面都发挥了极其重要的作用。OCLC 机构的非营利性质,使它不仅可以享受美国联邦政府、州政府及地方政府在运营上的优惠政策,而且根据州、市税务法案,还可以享受州、市在所得税、地产税、销售税、使用税和其他税务方面的豁免,再加上特殊邮费、免税债券贷款等,OCLC 便可以降低产品和服务价格,一方面便利客户,一方面也可以有效地提高竞争能力。而且根据规定,由于非营利机构收入的盈余一般不得超过总收入的25%，OCLC的产品对图书馆信息市场的价格起到了一种积极的调节作用。同时，美国联邦税务法还规定，非营利机构不是不能“盈利”，但收入的剩余部分不能在私人之中分配，必须将这部分投入再生产或捐助公益项目。因此，在这样的法律约束下，OCLC不断将盈余全部投入对现存产品与服务的改进、新产品和服务的开发和研究、资助会员项目、设立奖学基金等工作上。OCLC平均每年用于投资研究与开发的费用在1000万美元以上。这样，由于在研发上的高投入，OCLC可以始终不断地推出新产品，拓宽服务领域，并随着信息技术和信息环境的不断变化与发展始终引领本行业高技术应用的潮流，贡献全球图书馆领域。在图书馆自动化方面[7]：

OCLC推出的回溯转换服务——RETROCON，可以应成员馆的要求而以联机提供、磁带装载等方式进行回溯转换服务，从而使各图书馆目录资料的回溯转换得以集中化、社会化地进行。

编目工作不可缺少的数据文档由OCLC统一建立和维护，既减轻了各馆的负担，又提高了编目工作的标准化水平。

OCLC专门设有信息技术与产品的评估组织，对市场上出现的新信息技术与产品对于图书馆适用性进行评估。这种评估立足于图书馆的需要，从技术、价格、与现有技术的兼容性，以及该技术的今后发展潜力等各种角度进行评价，并向成员馆通报评价意见。这就为各图书馆购买图书馆自动化设备与产品提供了比较专业的参考意见，避免了不必要的浪费和不当使用。

在其他方面，OCLC始终本着“不断扩大人们获取全球信息的途径，降低获取信息的花费”的宗旨，顺应信息技术的发展和信息需求的变化。从20世纪80年代后期开始努力从联机共享编目网络向全面、综合的图书馆自动化社会服务系统转变，特别加强了图书馆参考咨询系统以及电子期刊出版方面的产品和服务供应。如1992年推出的面向最终用户的、基于Internet的FirstSearch系统,具有近60个数据库,用户不需要经过任何训练,就可通过其简便、明晰的界面进行查询。当时OCLC FirstSearch系统推崇的这种面向最终用户的理念,使其大大区别于过去常用的、主要面向检索专家的一些世界著名的联机检索系统。[8]

三、联机公共检索目录(OPAC)

目录是图书馆最重要的信息服务工具。图书馆应用计算机提高自身信息服务能力,走出的最重要一步也是MARC。但MARC只是一种基础工作,图书馆利用这一基础开展读者服务的形式,就是建立联机公共检索目录(Online Public Access Catalog,简称OPAC)。图书馆的OPAC主要用途是提供图书目录及馆藏状况的查询,读者可以通过这类系统以作者、书名、分类号等项目来检索图书书目,对于有兴趣的书籍有时也可以通过这类系统来办理续借或预约等。这类OPAC系统是一般读者最常接触的图书馆自动化系统。

对于图书馆,OPAC只是其集成自动化系统的一个用户界面。因此,世界第一个OPAC产生于什么图书馆,现在已难以查找。早期的OPAC只是传统目录的电子版本,用来呈现图书馆中的书或期刊书目资料与馆藏流通状况,这种情况一直持续到20世纪80年代。根据C. R. Hildreth的说法,20世纪80年代是OPAC的创始期,OPAC的功能转变就始于这时。[9]1983年,OPAC不再满足于书刊为检索单位,开始深入到期刊中的论文。到1989年,学术界热烈讨论用OPAC查找期刊目次的问题,为20世纪90年代文献传递概念的出现奠定了基础。同时,商业化信息服务机构也利用OPAC这一平台向图书馆延伸其服务与产品。1987年,佐治亚州技术协会与商业性的期刊文献索引公司

BRS 签约，将 BRS/Search 软件纳入其 OPAC 中，稍后卡内基—梅伦大学加入 Grolier's Storage-On-Site 计划，把百科全书的全文及数个 IAC 索引数据库加入其 OPAC 中，加州州立大学在 1989 年将美国国家医学图书馆的 MEDLINE 数据库纳入其自动化系统 MELVYL。1989 年，NOTIS 自动化系统宣布其跨系统存取系统 MDAS（Multiple Database Access System，简称 MDAS）正式问世，可从其 OPAC 界面上查询到其他的非本系统的索引信息，此界面使 NOTIS 将其可查询的数据库扩展到各个不同厂商的产品。

OPAC 现已发展为 Web 的 WebOPAC，其功能也一再扩展：从本馆本地资源向异地、远程资源扩展，从单一的书目查询向全文检索乃至各类型资源整合查询的方向扩展，从布尔逻辑式检索向人性化、智能化检索功能发展。因此，OPAC 的发展对图书馆的影响极大。1991 年，Tyckoson 在《分类与编目季刊》发表了一篇文章，Tyckoson 称，19 世纪《普尔期刊索引》（Poole's Index of Periodicals）的出现，给读者带来使用期刊资料的便利性，它成功地带动了许多索引摘要出版品的发行，提供期刊论文索引服务；但是这种新的服务方式，给图书馆带来了冲击和一些新的问题：①检索的方式复杂化，图书馆除原有目录外，不同的期刊论文索引有不同的检索方式，使图书馆的检索环境趋于复杂；②商业期刊论文索引和图书馆的实质馆藏有差距；③读者需通过多个不同的检索系统才能获得所需的完整资料；④商业性期刊索引的主题用语和格式与图书馆的格式不一。而 OPAC 的出现却使图书馆员对于目录的观点能够回到 18 世纪的理想，即“目录是世界所有存在资料的索引”。这是自《普尔期刊索引》问世后，图书馆将期刊文献控制权转移给文摘索引公司后，首次因技术的发展出现了转变的可能。[10]图书馆有可能在 OPAC 的平台上，改变目录原有的封闭的规范，建立一个较为统一与完整的信息检索系统。

第二节　图书馆学教育

图书馆学教育是这一期间不多的热点之一，图书馆学院系改名和图书馆学院系倒闭，一喜一忧两件大事均发生在这一期间。而从发生原因分析，这两个事件仍与信息技术的发展有内在关系。

一、教育管理与学历制度的发展

现代图书馆学教育始于1887年，出现的标志是杜威领导的哥伦比亚大学图书馆管理学校建立。1876年ALA创建后，杜威在ALA大力宣传全日制图书馆学教育。他说服ALA年会认可了这一概念，哥伦比亚大学图书馆馆长一职则为他提供了一个实现图书馆教育理念的机会。杜威最初提供的课程趋向于图书馆活动实际方面的经验，它们为学生提供了一个观察图书馆系统的机会。但这一过于经验化的课程体系很快受到怀疑。

20世纪初，三个理念逐步形成并明显影响了美国图书馆教育在20世纪的发展：图书馆学校应该依附于大学建立；学校的毕业生必须被认可；应该建立清晰定义、权威确定的考试内容。当这些理念被学校、ALA和美国图书馆学校协会（the Association of American Library Schools，简称AALS）讨论时，外部的机构提供了必要的推动力。1916年，卡内基财团委托经济学家Johnson起草了一份报告，作为它向公共图书馆建筑提供资助的政策依据。Johnson报告涉及了大量图书馆员的低质量问题，同时也批评了图书馆学校的低标准。随后经济学家威廉森提出了另一份报告。在该报告中，威廉森建议资助图书馆学教育。芝加哥大学GLS就是这两个报告的产物。威廉森设想的国家考试机构没有得到认同,但对学校的认证得到了认同。为执行认证过程,1924年ALA成立了图书馆学教育董事会(the Board of Education for Librarianship,简称BEL),后来改名为认证委员会(the Committee on Accreditation,简称COA),开发学校专业教育认证标准,并被ALA委员会在1925、1933、1951和1972年采用。1956年,COA再改为图书馆教育部(the Library Education Division,简称LED),但成员构成与职能有了变化。LED是ALA的一个可广泛参与的论坛,既有图书馆学教育工作者,也有其他人。

继1932年芝加哥大学开办图书馆学博士学历教育后,1951年,ALA委员会认可了一种新的标准,五年制图书馆学教育,后来发展为图书馆学硕士(M. L. S)学历教育。期间,还出现过六年制的学历教育。1959年,ALA理事会认可了大学毕业生标准,作为师资培训的指南课程。另一方面,几所学校结合芝加哥大学提供了博士学位。

20世纪60年代是美国图书馆学教育的大发展年代。自20世纪50年代起,美国的联邦和各州全方位增加对图书馆的投入,许多图书馆投资被用到支持潜在的员工读博士学位。为满足迅速发展的图书馆服务对高素质员工的需求,图书馆学校数量和学生注册登记数量显著增长。补充少数民族学生也变得更加受人关注。美国教育部及其图书馆服务机构是催化剂,它在西部预备学校赞助一项制度是在1963年引导ALA建立一个委员会,研究“国家图书馆教育计划”。它促使1966年ALA内部成立图书馆教育办公室,由Wilson基金会提供相应的基金。该办公室在Asheim的领导下,发表了《图书馆教育与人力》,表述了对多层次图书馆员工的需求。这一期间还建立了大学毕业生教师认证课程,作为图书馆学硕士和博士学位的补充。

进入20世纪70年代后,西方社会经济政策转向保守,社会对图书馆的投入下降,与之对应的,美国图书馆学教育也不再有亮点。1971年,ALA关闭了它的图书馆教育办公室。LED因得不到财政支持也不再对其成员具有吸引力。20世纪70年代,ALA的Wilson基金资助了一个关于图书馆教育的学术调研,由R. W. Conant承担。该项目从1972年开始,到1977年完成,但该研究报告的草案没有得到ALA的认可,Conant发展图书馆学教育的建议受到广泛的批评。[11]

二、图书馆学院系改名

纵观20世纪60年代以前美国图书馆学教育的历史,可以将其分为几个阶段:初创时的主要进行图书馆业务进修和现场训练时期(1887年左右)、设计图书馆学院时期(1887—1919)、图书馆学院的认定和发展时期(1919—1939)、课程和学位发生变化的时期(1940—1960)。经历了几个阶段,图书馆学教育理念似乎已经基本成熟,基本框架初步形成。谁也没有想到的是,从20世纪60年代开始,美国图书馆学教育开始了更为根本的变革与动荡,并影响到世界其他国家图书馆学教育的走向。

20世纪60年代以后,图书馆学教育的一个突出的变化直接触及了图书馆学科的基本框架,这就是新兴的情报学知识开始正式进入图书馆学教育课程。这种变化的显著特征就是从此逐渐开始的图书馆学院系改名运动,这一改名运动的标志性事件,就是匹兹堡大学图书馆学校的改名。

匹兹堡大学的图书馆学校建于1901年,是卡内基基金捐建的匹兹堡卡内基图书馆所附属的一个很小的图书馆学院——儿童图书馆员训练学校(the Training School for Children's Librarians)。该图书馆学校初建时的宗旨是培养儿童图书馆员,它也是世界第一所以此为宗旨的学校。1930年,该校变成卡内基技术学院(Carnegie Institute of Technology)的一部分,并更名为卡内基图书馆学校(the Carnegie Library School)。1962年,在美国图书馆教育改革进程中屡有大动作的卡内基财团又出新动作,它将这所学校正式改名为图书馆学情报学研究生院(the Graduate School of Library and Information Sciences)。[12]这一改名,迎合了二战结束后图书馆学向新兴的情报学学习的热潮,促进了图书馆学的改造。新的学院名称很快被美国及日本等国的图书馆学校采用。

由匹兹堡大学开始的图书馆学院系改名进程似乎再没有停止过。总的改名趋势则是从院系名称中单一的“图书馆”,到在图书馆后面加上“情报科学”,再到放弃“图书馆”。在现有的ALA认定的图书馆学校中,“信息科学”(Information Science)和“信息管理”(Information Management)主宰了图书馆学校名称的大多数。如:前述匹兹堡大学和Tennessee、Syracuse等大学是“The School of Information Sciences”,Berkeley是“The School of Information Management & Systems”,Michigan是“The School of Information”,等等。

图书馆学院系的改名运动是一个缓慢的过程,而随着80—90年代许多图书馆学院的关闭,留存下来的图书馆学院系的改名运动更是达到了高潮。1983年,ALA认可的68所图书馆学校有54%(37所)名称中具有“Information”这个词,1987年增加到75%(60所学校中的45所),而1990年更是增加到了88%(60所中的53所)。

院系名称的改变只是一种外在表现,伴随着这种形式上变化的,是实质上教育内容的深刻变革。1960年美国图书馆学的必修科目有图书馆经营、书志、参考业务、图书选择、分类和目录等,与19世纪哥伦比亚大学图书馆学院初创时期的科目变化不大。而20世纪70年代中后期,Kenneth Vance(1977)、Sarah

Reed(1978)、Martha Boaz(1978)、Edwin Gleaves(1982)等学者相继发表了几篇对美国图书馆学、情报学课程变革产生重大影响的论文。这些论文皆主张把作为新概念的情报学科目与传统内容加以统合,强调为适应社会技术发展的变化,须在传统的课程中补充几个科目,以扩大教育领域;并提出彻底重筑图书馆学教育,图书馆学院也要成为培养情报专家的场所。因此改变图书馆学院的名称及必修科目是重要的课题。在这样的背景下,据1982年一项对62所图书馆学校的统计,相比较五年前,各学校情报学的科目大幅度增加,其中情报检索和编程科目增加最多,计算机有关科目大多成为图书馆学院的课程。1985年,美国图书馆、情报学教育协会强烈提议:将来的图书馆学教育要在本科课程里学完情报学科目,并把这个作为攻读硕士课程的必要条件。这些课程的种种变化和新科目的出现,表明图书馆学教育正在为适应技术的变化而进行着自身的一次大调整,情报学与图书馆学的聚合是这项变化的核心。

而伴随着图书馆学校名称的改变,拓宽培养目标和改革课程内容更是重组的一个重要方面。拓宽培养目标方面,大多数图书馆学校都把培养目标从培养图书馆员和档案馆员,转向了注重培养能满足更多公共机构需要的人才、培养能满足商业和政府机构管理信息需求的人才上来。培养目标的拓宽,势必跟上的就是课程内容的改革。因此,20世纪90年代图书馆学校的课程内容改革力度达到了前所未有的程度。很多图书馆学校都不再把编目与类似的课程作为核心课程,有些把编目与分类课程改组成为信息存储与检索课程,对于信息技术方面的课程,已不再满足于让学生学会技术应用,而要让学生实现开发应用。因此,微机在图书馆中的应用、图书馆自动化、图书馆网络、软件编程、数据分析和管理、信息系统、信息咨询、组织信息系统分析、信息表现、局域网、信息政策、决策支持及相关的技术等都大量地增加进图书馆学校的课程内容。培养目标的拓宽和课程内容的改革,使得图书馆学校研究生的招生和就业都呈现出了比较好的势头。因此,随着经济形势的好转及图书馆学校自身的努力,20 世纪 90 年代中后期这场在图书馆学教育领域发生的大震动渐渐趋于平息,有些学校又开始了本科层次的图情教育,如佛罗里达州立大学和密尔沃基大学。

三、图书馆学院系关闭

美国的图书馆学院系通过改名,增加情报学内容,使图书馆学教育更好地回应技术的变化,同时也拓宽图书馆学院系毕业生的就业适应面。但事与愿违的是,这种变化并没有从根本上改变图书馆学教育走向弱势的趋势。1978 年,美国俄勒冈图书馆学研究生院关闭。以此为转折点,美国的图书馆学情报学教育发生剧烈动荡,并波及世界其他国家。一些大学或者干脆完全关闭了其图书馆情报学院,或者强迫图情学院进行重组(如与其他系合并,或并入交叉学科项目等)。这股图情学院关闭和重组的风潮到了 80、90 年代愈演愈烈,1990 年,全美第一家建立图书馆学研究生院(1926)并开始授予图书馆学博士学位的、素以“理念图书馆学派”摇篮著称的芝加哥大学图书馆学研究生院“含泪关门”;1992 年,杜威(Melvil Dewey)于 1887 年创建的全美第一家图书馆学院——哥伦比亚大学图书馆学院也不得不关闭。据统计,从 1976 年到 1992 年,全美有将近 20 所大学的图书馆学院从人们的视线中消失了。它们是:Alabama A & M 大学,Ball 州立大学(只保留了本科生教育),Brigham 青年大学,加利福尼亚州立大学,Case-西部预备大学,哥伦比亚大学,Emory 大学,北伊利诺伊大学,Vanderbilt 大学的 Peabody 学院,纽约州立大学,西密歇根大学,芝加哥大学,丹佛大学,夏威夷大学,俄勒冈大学,明尼苏达大学,密西西比大学,西加利福尼亚大学。

上述这些图书馆学院,有发展历史最悠久的,有在本学科力量最强的,而且,大多都是在本领域享有较高学术声望的。这种关闭,使得ALA认证的具有硕士学位授予资格的图书馆与情报学院数量,在过去的20年里减少了许多。从1977年的58个,1983年的62个,减少到1999年的49个。毕业研究生数量从1976年的5415个,降低到1997年的4370个。而同一时期图书馆的数量却在不断增加,从1976年的29 345个(各种类型图书馆),增加到1998年的32 852个。这种现象无疑是一个很大的矛盾。

从20世纪80年代末期开始,美国图书馆界和图书馆学教育者发表、出版了大量文章和著作论述图书馆学院关闭的原因。主要涉及:

规模过小:多数图书馆学院只有研究生教育,只有平均8—10个教职员工,在其所属大学中太不起眼。因此,当学校不得不调整关闭某些科目时,图书馆学科目很容易成为牺牲品。

封闭:某些图书馆学科有封闭的传统。杜威建立的图书馆学校在哥伦比亚是如此,在后来的Albany也是如此。结果,"理想"的图书馆学校都有自己独立的建筑,或者独立的几层楼面;它有自己的图书馆,用那么一个馆员与学校图书馆保持一点点联系;它有自己的实验室;教职员工不在其他系兼课,其他系的老师也不在图书馆学院上课;学生很少上其他系的课程;无论行政管理人员、教师还是学生都很少参与学校范围的事务与委员会工作。封闭的结果很容易使学院被削减。事实上,所有关闭的图书馆学院无不如此。

缺少反馈和控制机制:某些图书馆学校的失败主要由于缺少对该领域和外部世界的比较反馈,这样就很难让学校行政当局感受到图书馆学院存在的价值和效益。

缺乏资助:由于产出效益不明显,比较难以获得外部资助,而只能依靠学校的财政支持。

与学校的关系比较差:根据 Marion Paris 对四所关闭的图书馆学校的访谈和研究发现,这些图书馆学校所在的学校行政管理部门与图书馆学校的关系都比较差,图书馆学校内部教职员工的关系也很成问题,并且普遍缺乏有效的领导。

招生人数下降:几个关闭的图书馆学校都有招生人数不断下降的问题。

其实,上述导致图书馆学校关闭的种种因素中,最关键的深层次原因主要有两个:一是缺乏财政支持;另一个是缺乏对信息业发展的关注。

关于前者,图书馆学校的招生由于无法平衡职员工资及所需计算机设备的开销,其产出效益的低下很难保证得到足够的财政支持。当然,高等教育的经费不足并不只表现在图书馆学科领域,但图书馆学科更容易受到直接的冲击。

关于后者,也许是最重要的因素。美国的信息产业在 20 世纪 70 年代和 80 年代发展迅速,产生了大量工作机会,因此在高等院校也产生了许多信息科学和管理信息系统等系,如信息系统、计算机科学和信息系统、信息和系统科学、通讯和信息系统、管理信息系统等专业都纷纷建立起来。一些图书馆学校没有抓住机会开设与信息科学相关的课程和科目,也没有鼓励派遣研究生到信息产业行业就业。而 *Library Journal* 的一份年度报告表明,图书馆学情报学科目的研究生就业趋势在过去的 20 年中变化不大,有大约 80% 的学生仍然在各种类型的图书馆就业。如这个比例 1975 年是 78.2%,1986 年是 86.6%,1996 年是 88.4%。20 世纪 80 年代后期到 90 年代初期,当社会上信息产业需要研究生数量大大增加的同时,更多的图书馆学研究生却依然就业在图书馆,如 1991 年已知总的毕业研究生数量是

2131个,而其中有2043人就业在图书馆,这个比例达到了95.9%。

第三节 图书馆未来讨论

从20世纪60年代起,信息处理新技术迅速发展。现代信息技术,尤其是数字化、网络化技术的发展与普及,从根本上改变了社会公众获取信息的方式方法。公众不再以文献作为科学技术与文化知识的主要信息源,图书馆也不再是社会中可自由获取各种信息的唯一场所,甚至不再是主要场所。在西方,20世纪70年代能源危机后,世界各国出现普遍性财政紧缩,图书馆的发展因此而受到严重冲击。这些变化引起人们对图书馆前景的普遍担忧。在这一背景下,图书馆学理论界对图书馆未来的研究变得十分活跃。图书馆学家对图书馆的未来产生的想法,有一些是乐观的,但更多的是悲观的。但即使是悲观的论点的出现,对图书馆学理论研究仍产生了非常积极的影响。通过关于图书馆未来的讨论,理论界对于信息时代图书馆的职能问题有了新的认识,对于迎接可能出现的困难提出了对策。

一、利克利德和《未来的图书馆》

1965年,美国学者利克利德(J. C. R. Licklider, 1915—1990)出版了一部论述图书馆未来的经典之作——《未来的图书馆》(*Libraries of the Future*)。这是一部较早出现的有关图书馆未来的著作。

我国图书馆学界认为"利克利德是美国图书馆学家"。[13]实际上,利克利德并不是一个图书馆学家,却被认为是在计算机科学发展史上最有影响的人物之一,不只一篇文献把如今计算机

领域的许多重大发展与利克利德联系在一起。[14,15]

利克利德1915年出生于St. Louis,在华盛顿州立大学获得了物理学、数学和心理学3个学士学位,他的博士研究论题是有关心理声学。自从1950年到麻省理工学院,利克利德进入了真正的计算机领域。从20世纪50年代早期计算机还处于批处理阶段开始到60年代末,利克利德针对计算机技术发展和应用的许多方面,都从自身多学科背景的视角做出了许多预见性的论断。

50年代末,利克利德在一家结构声学设计公司——Bolt Beranek and Newman(BBN)所领导的一个设计小组,以150 000美元向DEC公司购买了第一台PDP-1计算机,在其上建立了当时最早的分时系统之一,并为BBN在60年代成功投标成为连入ARPANET的第一台计算机奠定了基础。

1960年,利克利德出版了《人机共生》(1960)(*Man-Computer Symbiosis*),该书及1968年与Robert Taylor合著的另一本著作《作为通讯设备的计算机》(1968)(*The Computer as a Communications Device*),是利克利德最著名的两本代表作。他在书中所阐述的核心思想是人与机器应该在实时环境中交互、协同。因此,他描述了对计算机世界发展的预见,特别是对具有简便用户界面的网络计算机需求的预见。他的论述涉及图形计算、点击界面(后来的“超文本”思想)、数字图书馆、电子商务、在线银行(后来的计算机网络),以及分布式软件应用(后来的JAVA)等方面。他在书中表达的思想,可以说指导了随后十多年计算机技术发展的历程。

1962年,利克利德受邀进入国防部高级研究计划署(Advanced Research Program Agency,简称ARPA),在那里工作了七年。他这一阶段的工作,影响最大的成果在于两个方面:一是引导了分时系统在60年代末走向商业化及70年代中期走向网络化(Internet的前身——ARPANET的建立);而他根据自己的职责选择资助的许多计算机项目的负责人,后来都成为计算机研究方面的顶级权威。且在当时美国还没有任何一个大学授予计算机科学"哲学博士"学位的情况下,他在ARPA所建立的项目为后来美国四所顶尖大学(U. C. Berkeley、CMU、MIT、Stanford)计算机科学研究生项目(始于1965年)的发展,乃至美国随后在此领域一直保持着最为强大的核心,奠定了不可磨灭的基础。利克利德虽然没有在ARPA实际建立他所建议的网络,但他的思想后来在ARPA得以实现。[16]利克利德如今已被认为与V. Bush一样,是Internet的先驱者之一。利克利德自身的背景,使得他对计算机世界发展的预见,很多情况下都是从应用领域需求的角度去考虑的。因此,他对于计算机应用的一个当然领域——图书馆的未来做出预见也就不足为奇了。

利克利德在《未来的图书馆》中讨论了怎样以电子的方式保存和检索信息。他认为,随着新技术的迅速发展及其在图书馆的应用,图书已经不再是适宜的信息贮藏物,这样,当人们最终拒绝接受图书是一种有效的信息传输机制时,他们也就会拒绝接受图书馆。利克利德强调信息查询者与信息本身的动态交互,他甚至还设想了一种可以形成"新图书馆网络"的预知系统:用户可以通过名为"共生者"(Symbiont)的机器进行存取,"共生者"的键盘和显示部件允许用户观察文献、图形、书目引文并可执行书目查询及其他功能。[17]这样的预想,确实已与如今的数字图书馆没有什么区别了。

二、兰开斯特与他的未来图书馆设想

兰开斯特(F. W. Lancaster,1933—)生于英国,1950—1954年间就读于英国纽卡斯尔的图书馆学院,1953年在纽卡斯尔公共图书馆任高级助理,开始其图书馆学职业生涯。兰开斯特担任过美国阿克伦公共图书馆的科技高级馆员、赫纳公司情报系统评估小组组长、美国国家医学图书馆情报系统专家、威斯塔特公司情报检索服务部主任等职，参与过60年代最早的一批机检系统的测试。1970年起兰开斯特在伊利诺大学图书馆学情报学研究生院任教，1972年任教授。1986年后一直是著名的图书馆学期刊*Library Trends*的主编。兰开斯特著作颇丰，且获得过多项权威性奖励。他的许多作品被翻译到我国，对我国图书馆学情报学的发展产生了很大影响。

早在1969年，兰开斯特就获得过美国情报科学学会会刊最佳论文奖(the Best JASIS Paper Award)，1970、1974、1978、1992年分别有四本著作获得了美国情报科学学会(ASIS)最佳图书奖(the Best Information Science Book Award)，1980年获得了ASIS颁发的杰出情报学教师奖(the Outstanding Information Science Teacher Award)，1988年又赢得了ASIS的最高荣誉——"the Award of Merit"，另外还分别获得过美国图书馆协会(ALA)颁发的1978年度的Ralph Shaw奖和1989年度的G. K. Hall奖。如此多的荣誉，足以说明兰开斯特在此领域的成就，因此其著作影响范围广大也就是很必然的了。

兰开斯特涉及的领域主要是情报检索系统与图书馆评估方面，偶尔也涉及图书馆未来研究。他的工作主要针对情报检索系统的基本理论问题和概念结构，而不是系统设计的技术问题。"他的主要贡献在于词表管理、系统与用户的人机对话、情报系统效率的评估以及先进的情报系统对图书馆未来发展的潜在影响等方面的研究"。[18]

兰开斯特在以下3个领域都有非常优秀的著作：情报检索系统、图书馆技术方面的研究，如《情报检索系统——特性、试验与评价》(1968)、《标引与文摘的理论与方法》(1991)、《图书馆和情报服务的技术与管理》(1997)；图书馆及其服务评估研究,如《图书馆服务的测量与评估》(1977)、《如果需要评估你的图书馆……》(1988);图书馆未来研究,如《走向无纸化的情报系统》(1978)、《电子时代的图书馆和图书馆员》(1982)。

兰开斯特虽然像是不经意间涉足未来图书馆的研究,但在这一领域的影响却非常大。他的研究论点主要有以下几个方面:

他基于计算机在情报存贮、检索和传播方面的应用,大胆地预测了2000年前后无纸信息系统的发展及技术细节,除了"纸张"并没有真正退出如今的信息交流市场外,兰开斯特对于技术发展的预测今天大多都已成为现实;

他探讨了无纸信息系统对科学交流的影响,认为"在全部电子化环境中,正式和非正式交流之间的区别将趋于模糊",网络信息交流将使正式交流渠道和非正式交流渠道之间的共生关系越来越明显;

他分析了实施无纸信息系统可能遇到的技术方面、智能方面、社会和心理方面等诸多问题,这些问题可能比较棘手,"但看来没有哪一个问题会成为不可逾越的障碍",换言之,无纸信息系统的实施和普及是必然的趋势;

他探讨了图书馆在无纸社会中的作用,认为未来的图书馆要么演变为"收藏旧印刷记录的档案馆和提供娱乐消遣方面的阅读材料的机构",要么就是为那些没有计算机终端的人而存在;

他预测了无纸社会中图书馆员的角色变化,他认为,2000年的图书馆员"将是一个自由的情报专家,可在办公室或自己的家里为那些求助于他的人工作,帮助他们开发利用各种可获得的、丰富的信息资源"。

兰开斯特自身的研究重点之一是技术应用,因此他对图书馆未来的预测基本上都是建立在技术发展预测的基础之上的。

从技术可以实现的功能上来看,兰开斯特当初的很多预测经时间的检验已成为今天的现实。但理论上技术可以实现的场景,由于各种社会因素(文化、经济、习惯、心理等)的综合作用,在现实世界中并不可能完全出现。兰开斯特对无纸社会及无纸社会中图书馆和图书馆员所扮演的角色的预测,因为缺乏技术以外的分析而有失偏颇。但无论如何,与利克利德相比,毕竟经过了十多年的发展,兰开斯特的预测,技术框架和细节描述更为清晰,同时作为一个本行业的研究人员,他对未来图书馆和图书馆员本身的分析也更为深入。因此,兰开斯特的预测,对后来80年代,乃至90年代持续不断的未来图书馆研究都产生了极大的影响,也奠定了良好的基础。

三、其他的论点

与兰开斯特激进的观点相类似,Koelsch 指出,随着电子文献的普及,图书馆可能成为印刷时代的纪念物。德国人 Hobohm 很有历史感地指出,印刷术的出现导致图书馆从古代的保存图书的机构转变为以传播图书为基本职能的机构,而沿着这条线继续发展下去,电子通信技术的发展,则使我们需要考虑图书馆是否消亡的问题。

当然更多的学者是建设性地探讨图书馆未来的问题。C. R. Steele 的观点较有代表性:“未来的图书馆不再是我们曾经想象的一个大型的印刷品资料库……人们利用信息的方式和手段将会出现极大的变化”,电子环境中图书馆将成为信息的交换中心。“但是,不管怎样,人们依然需要图书馆员向网络贡献自15世纪印刷技术发明以来,累积起来的信息资源评价与组织方式和存取信息的方式”。Steele 还将未来的图书馆员称为“信息向导”与“交换手”。P. Molholt 认为未来图书馆是一个“信息支持中心”,它将是一个快速反应的服务机构,能够检索经过处理的大量信息，并使其个性化。与计算机相比，图书馆具有广泛的用户与高度的主题专长。M. Koenig 认为未来的图书馆员应成为“知识工程师”。

几乎所有这一主题的研究者都认同一个观点，即图书馆必须变革。D. Scheepstra 对图书馆的前途十分乐观，但也提出“维持我们目前的现状还是灭亡”的问题，指出“应该对新发展的可能性和冲击力具有深刻的认识”。T. D. Webb 称图书馆员把维持现状作为自己职责的日子已经一去不复返了，图书馆需要利用新的技术来改进信息处理和服务的方式。Molholt 认为只有少数图书馆可以称得上是“顺应潮流”，他称“我们比任何时候都需要重新考虑图书馆学的一些基本概念”。T. Miyakawa 对图书馆员是否有能力承担变革任务提出怀疑，认为多数图书馆员的性格偏于保守，对重大变革常常表现出犹疑不定与些微的敌意。

在预测未来、研究针对新变化的对策的大量观点中，Webb 提出的适应变化、面向未来的“冻结模式”是很有特色的一种。Webb 认为，“冻结模式”有 3 个阶段，即为稳定而冻结，为引进变化而解冻，最后为达到控制变化和充分开发其功能而再冻结。“图书馆正处在一个急剧变化的环境中。这些年来新技术的频繁出现，已经促使图书馆得到充分解冻，足够适应外部剧烈变化的环境。当图书馆吸收了这些经过选择的技术以后，就需要把新的载体固定下来，并把它们完全融合到自己的使命和服务中”。

第四节　变革前的亮点

一、公共图书馆收费讨论

二战结束后，各国公共图书馆的立法及普及任务在良好的社会经济环境中基本完成。尽管用社会学方法实证地研究公共图书馆为特定社区中特定人群服务的问题仍然是美国博士论文的传统,但总体上看,公共图书馆研究趋于平静。直到20世纪70年代以后,随着外部环境的变化,特别是信息环境的根本性变化,公共图书馆建设出现许多新的问题,服务观念和工作方式也随之发生变化。

随着信息环境的变化,美国图书馆界出现了两种明显对立的思潮。一种认为,民主社会的基本价值观没有变化,所以图书馆服务所依据的基本理念和原则,如信息公平、公民信息权利的保障等,也不会有变化,因此公共图书馆的公共费用支持、对任何纳税人免费服务和平等服务的原则也不应该改变。这一时期出版的威廉姆斯的《美国公共图书馆和目标问题》[20]、珀捷托尔的《公共图书馆》[21]等著作,代表了这种思潮。另一种思潮则认为,图书馆的价值观念与运作模式应该随时代及信息环境的变化而进行改变。其中最为直接的观点,就是公共图书馆的收费问题。一场"收费对免费"(Fee vs. free)的讨论从20世纪70年代起成为图书馆学中一个持续的热点。尼尔斯后来回顾到:"整个20世纪70年代,图书馆杂志中充满了赞同或反对收费的文章"。[22]

J. Jaeger对西方公共图书馆收费问题有较全面的综述,认为下面这些因素影响较大[23]:①财政紧缩。20世纪70年代世界能源危机结束了西方战后的高速增长年代,各国公共事业费用普遍下降,公共图书馆受到很大冲击。②新技术导致服务成本大幅上升。如一次联机检索的平均成本高于一次外借的数十倍,阅读声像资料的成本也高于阅读印刷型文献数倍。③私有化趋势。西方主流经济学主张通过对国有企业的非公有化以改善管理,受此影响的图书馆学家也主张通过收费服务限制图书产品的公共消费。④改善图书馆管理。图书馆管理效率不高一直受到图书馆界内外的强烈批评，主张收费服务者认为可以通过将图书馆逐步引入信息产业而从根本上改善图书馆管理。⑤知识产权。知识以往被认为是不可计价的和可分享的东西，因而它是一种适宜于由公共服务机构无偿提供的“公共商品”(Community goods)，而当知识越来越普遍地受到知识产权的保护时，图书馆服务的理论基础就被动摇了。⑥馆际互借。馆际互借涉及不同类型、不同地区甚至国家间图书馆之间信息资源的流动，有效的馆际互借系统一般是有良好经济结算机制的，许多图书馆也将此费用转向用户。

由于收费问题直接关系图书馆是继续充当社会信息公平的保护者，还是转变职能参与信息产业的市场竞争，它动摇了自1850年即已确立的公共图书馆原则。从这场旷日持久的讨论涉及的方方面面议题看，其中经济学问题(如公共商品的消费)、政治学伦理学问题(如信息公平与政治民主)、社会学问题(如社区中老年、儿童、残疾人保障)等已远远超出传统图书馆学范畴，这些讨论实际大大丰富了图书馆学理论。

尽管存在理论上的大讨论与实践中的不断尝试，公共图书馆的基本精神却没有改变。《公共图书馆宣言》在1972年和1994年经历过两次大的修改，但政府费用支持、免费服务、平等对待读者这些最基本的精神，在新的《宣言》中仍得到体现。尤其是1994年的修改，当时信息产业化浪潮席卷世界，公用事业改革成为世界性潮流，而图书馆服务中大量采用高新技术手段，使服务的成本大幅上升。在此背景下，理论界和图书馆内部要求修改《公共图书馆宣言》中免费服务的呼声很高。但新的《宣言》最后仍坚持了公共图书馆的基本原则：“公共图书馆原则上应该无偿提供服务。建立公共图书馆是地方政府和国家的责任，公共图书馆必须受到专门立法的支持，并由国家和地方政府财政拨款资助。”[24]

不可否认,由于信息技术的发展和信息产业的发展,今天的社会公众有了更多的获取信息的途径。图书馆曾经是唯一的社会公共信息中心,如今它已不具备这种地位了。广播、电视在传播信息方面的普及性、多样性与快速性是图书馆不可企及的,而互联网信息服务更是具备了完全取代图书馆的理论上的可能性。当今理论界对公共图书馆的悲观情绪或改革的呼声,很大程度上是出于对互联网信息服务发展的一种回应。

但是,公共图书馆参与开发信息资源的市场竞争,在理论上是存在重大缺陷的。公共图书馆如果放弃公共资金进入信息服务领域,由于其必须承担公益性服务成本,因此无法与私营信息服务商竞争;而如果在享受公共资金的同时进入竞争性信息服务领域,必然要伤害私营信息服务商的利益。因此,早在 1981 年私营信息机构大发展之初,美国国家图书情报科学委员会就发表了研究报告《信息服务提供中公私部门的关系》[25],这份报告被认为影响了美国政府信息政策思想,它主张通过政府努力解决公私信息服务部门竞争问题。

更为现实的问题是,网络信息服务的迅速发展并没有消除社会公众自由获取信息的障碍:经济上,商业化运作的网络信息服务商必须以营利为目的,某些为拓展市场而进行的免费服务并不能形成一种保障公民自由获取信息的机制;技术上,上网及搜索网上信息的技术对信息弱者而言无疑是新的障碍,其影响甚至大于以往"文化教育程度"对获取信息的障碍。1994 年版《公共图书馆宣言》在"公共图书馆的使命"中写上了"促进信息的发展和计算机应用能力的提高",[26]是发现了信息技术障碍后对公共图书馆服务提出的新要求。

尽管国际上关于公共图书馆收费的争议没有直接的结论,它对公共图书馆精神的伤害却是客观的。这一争论,本身也是图书馆事业面临困境的一种写照。

二、图书馆评价

图书馆评价是图书馆行政管理程序中的重要环节之一，也是图书馆学研究中的一个重要分支。1965年以后，图书馆评价理论得以发展。而其中最突出的成果，是兰开斯特的两部著作。

兰开斯特于1977年出版的《图书馆服务的测量与评价》，从图书馆参考服务、文献传递、馆藏发展，以及图书馆技术服务的测评等方面，全面提出了图书馆服务的测评理论与准则，可以说是有关图书馆服务测评方面最早应用新观念和新方法的著作之一。[27]该书获得了1978年美国图书馆协会（ALA）的Ralph Shaw奖。1991年该书又出版了第2版。

兰开斯特的《如果需要评估你的图书馆……》一书出版于1988年。该书探讨了可以实现对图书馆及其服务是否成功、成功或者失败的原因等进行评价的一些方法。作者根据图书馆服务所涉及的几个方面，从馆藏（包括资源共享、文献可获得性、文献传递等）、参考服务（包括提问解答、数据库检索等）以及其他3个方面全面论述了图书馆及其服务的评价问题——包括评价准则、评价方法、优势与缺陷等。[28]该书获得了1989年美国图书馆协会（ALA）的G. K. Hall奖。1993年又出版了第2版。在第2版中，兰开斯特在对参考服务的评价方面，增加了对图书馆开展书目教育服务方面的评价的章节，同时更多地讨论了图书馆及其服务的成本效益、成本收益以及可持续质量控制等方面的问题。[29]该书现已译成中文，用的名称是《图书馆评估》[30]。

兰开斯特认为，自己上述两本图书馆及其服务评价的著作的区别在于：前者主要是对当时70年代有关这一问题研究的一些看法和相关文献的一个总结和归纳，而后者则更全面、深入地讨论了一些具体问题，可以作为图书馆学院学生的教科书，也可以作为图书馆实践工作者的实践指南性文献。

实际上,20 世纪后半叶,随着各国政府、各级机构对图书馆的投入越来越大,图书馆自身基础工作流程的逐渐成形,图书馆运营的效果和效益问题自然就成为投资方及服务对象关注的重要问题。因此,从 20 世纪 70 年代后涌现出了一大批与图书馆及其服务评价问题相关的研究成果,兰开斯特的研究只是其中的一小部分。[31]

1979 年,加拿大国家图书馆出版了《联邦图书馆绩效测量手册》,该手册详细探讨了图书馆绩效评估的概念及具体施行的步骤,实用性非常强。

20 世纪 80 年代,图书馆评价问题开始引起国际图书馆界更多的关注。除了兰开斯特的《图书馆评价》,1982 年出版的《公共图书馆输出测量》确认了 12 个方面的评价指标,通过对图书资料的流通量、图书馆到访读者人数、参考咨询服务次数、图书资料递送率等来衡量图书馆的服务成效。该手册一出版就得到了美国公共图书馆界的广泛使用,并于 1987 年修订出版了第 2 版。1984 年,Paul B. Kantor 出版了《学术和研究图书馆的目标绩效测量》一书,阐明了图书馆评价必须以图书馆的服务理念、目的和目标为依据来评价其质与量两个方面的服务绩效。1985 年,Mary J. Cronin 的《学术和研究图书馆公共服务绩效测量》出版,该书从文献传递、馆藏发展、信息提供及利用指导 4 个方面,为学术与研究图书馆的读者服务提出了一种绩效评估模式。

进入 20 世纪 90 年代,对图书馆评价的研究进入了一个新的阶段,除了相关文献研究成果较多之外,也提出了一些全新的观点和方法。如 1990 年,Nancy A. Van House 等的《学术图书馆绩效测量》,研究了学术图书馆的绩效评估,其所设计的评估指标主要考虑了图书馆的服务层面,未关注图书馆内部作业,如技术服务等方面。该书一个很重要的特点是设计了四类服务的

15种评价方法，可以有力地支持图书馆服务质与量的评估。1994年 Christine Abbott 为英国信息管理协会 Aslib 出版的《图书馆和情报服务绩效测量》，除探讨了图书馆绩效评估的一些理论问题外，也列出了14项图书馆服务及其评价的绩效指标，为图书馆实践应用提供了一个很好的指南。1996年，Aslib 又出版了由 John Crawford 撰写的《图书馆和信息服务评估》，该书介绍了绩效评估的重要性，探讨了定量定性评价的方法及大量各类型图书馆实际应用的个案研究，同样可以为图书馆评估的实务性操作提供指引。1996年，Peter Hernon 与 Ellen Altman 合作出版了《学术图书馆的服务质量》，该书除对一般图书馆评价所要涉及的效率、效能、成本效益概念等问题做了分析之外，特别强调了图书馆服务品质的评估，而且提出这种评估要以读者需求作为评价的最终依据。同年，国际图联出版了《质量测量：学术图书馆绩效测量国际指南》，该指南除探讨了学术图书馆绩效评估方面的一些基础问题之外，还提供了17项图书馆绩效评估指标，使其具有了理论与实务相结合的特点。此外，为便于世界各国图书馆对其绩效评估有一个广泛采用的示范性指南，国际标准化组织（ISO）于1998年颁布了一项国际标准“ISO 11620：Information and Documentation Library Performance Indicators，1998”。该标准列出了五大类29项指标，就图书馆服务的满意度、读者服务、技术服务、推广服务、人力资源利用等各方面全面提出了图书馆绩效评估的可操作性标准。

另外，20世纪80年代中期以后，国外图书馆学界通过积极导入管理学、市场营销学等相关学科领域的研究成果，开展了一系列对这些研究成果在图书馆领域应用的适应性研究，取得了令人瞩目的成就。其中特别是对 SERVQUAL 所体现的评估思想和应用方法在图书馆及其服务评估的应用研究，涌现出了大量研究成果。SERVQUAL 源自于美国营销学家 Parasuraman 和他的合作者们在20世纪80年代末建立的服务质量评估理论。Parasuraman等人的研究由一系列定性(对群体和个别用户的访谈)和定量(顾客调查)的研究组成,其主要成果是一个概念性的框架(服务质量差距模型)和服务质量的评估体系(SERVQUAL)。[32]根据他们的观点,质量是顾客对一个实体的优秀或优越性的判断,与满意度相关而不是等同,可从顾客对此所持的态度来确认,即用顾客的期望与体验后的感受进行比较的结果来表示。它表明质量评估不仅仅取决于一种服务的结果,它还包括对服务传递过程的评估。根据这个理论,20世纪90年代中期,美国图书馆界分别在公共图书馆、专业图书馆和大学图书馆,特别是选择其中的馆际互借(ILL)、预约和参考咨询服务开展了大量对这一评估体系的实证研究,探究SERVQUAL评估图书馆服务质量的适用性,并确认了用户感受与图书馆服务质量的四种不定关系模式。这些研究的结果,使得"图书馆及其服务的评估要将用户的期望与对服务感受的差距模型作为服务质量"这一概念框架,已基本得到认同,有力地促进了图书馆管理者们的观念转变。[33]

总之,国外图书馆及其服务的评估研究,从20世纪50至60年代,偏重对图书馆的有形输入资源,如馆藏、人员、设备等物理量的评估,到20世纪70至80年代,是以输入资源经由图书馆的作业流程而转化成的服务成效为评估的重点,再到20世纪90年代,图书馆及其服务的评估开始大量借鉴市场营销学的相关研究成果,更多地强调服务质量的评估,这其中又特别强调对质量的衡量要以图书馆使用者的需求满足程度、以来自用户对质量的判断为依据来评估图书馆及其服务质量。这样一个发展轨迹,也说明了图书馆管理学的研究不断受到其他学科,尤其管理学的影响,日渐重视读者或用户的需求以及经营绩效的一个发展历程。

三、藏书发展稳定状态理论[34]

藏书发展稳定状态理论又称零增长理论，它是这一期间为数不多的与信息技术发展没有直接关系的理论亮点之一。

图书馆馆藏的不断增长历来被当成自然规律，甚至被当成图书馆的神圣权利。20世纪70年代以前，图书馆建筑一般留有20%左右的发展余地。然而二战结束后文献数量的指数式增长，使得图书馆建筑空间严重跟不上馆藏的增长。1967年，英国大学拨款委员会发表的巴里报告表明了对这一问题的忧虑。M.莱恩所著的《图书馆员的艺术》一书期望由“精悍有力的图书馆”取代过去“肥胖臃肿的图书馆”。

1974年，美国的丹尼尔（G. Daniel）发表了一篇名为《向亚历山大告别》的论文，试图解决图书馆到底需要多大这一问题。他认为现有的各种答案，都是希望图书馆更大一些，也就是说仍是公元前古埃及时著名的亚历山大图书馆的传统。但这一传统在现代已不可能了。为此，丹尼尔提出一种不增长的高功能的图书馆藏书理论，首次提出了“零增长”的概念。1975年1月，美国芝加哥举行了一次学术会议，讨论图书馆的空间、馆藏增长和功能之间的关系，探索通向不增长高功能图书馆的道路。来自北美的200多位馆长参加了会议。会后，由丹尼尔编辑了会议文集。这部文集1976年出版，标题就是丹尼尔1974年论文的名称《向亚历山大告别》。

1975年，英国大学拨款委员会专家发表了以R.阿金森（R. Atkinson）教授为首的工作委员会的报告。报告提出，一个有一定规模的图书馆在藏书达到一定数量后，其藏书增长速度应该等于零。他还和巴里（Parry）、林恩（M. Line）、丹彤（F. Dainton）等人一起，提出了“自我更新图书馆”概念，系统阐述了藏书发展稳定状态理论，并正式将其称为“零增长理论”（Zero-growth theory),该理论的中心思想是要控制藏书数量的增长,即在一个相对的时限内,入藏图书数量应与剔除量相当。

零增长理论出现于20世纪70年代并非偶然,这一时期受到经济社会因素的影响,在许多领域都出现了零增长的声音。森林人和罗马俱乐部(Forester and the Rome Club)首先提出的零增长理论(Zero Growth theory)。[35]而图书馆界引入这一概念,则是图书馆发展思想的重要突破。数千年来,图书馆发展的基本思想是追求馆藏数量的增长。人们评价图书馆的地位,离不开图书馆藏书的数量。评价许多人图书馆活动的影响,也往往是某一图书馆藏书在其任期内的增长情况。即使早期的文献资源共享活动具有对馆藏增长的约束,也不过是图书馆界对购书经费受到限制的条件下如何提高图书馆服务能力的一种被动的反应。直到零增长理论出现,图书馆界才从理论上说明了藏书发展稳定状况的必要性,使自我控制藏书发展成为可能。零增长理论当时就是一个有争议的理论,它有许多问题没有解决。更重要的是,这一理论出现后,由于高密度信息存贮技术的迅速发展,图书馆自我控制藏书发展的物质基础被改变了。因此,这一理论只是一个在实践中没有广泛实行、自身也缺乏发展的理论。到现在,它已逐渐被人遗忘了。尽管如此,这一理论在图书馆学理论发展史上仍是非常值得一提的。

引用文献及注释:

1. 武汉大学图书情报学院. 中国图书情报工作实用大全[M]. 北京:科学技术文献出版社,1990:510
2. 李金庆. MARC与世纪之交的图书馆服务[J]. 图书馆学研究,1999(5):38—39
3. 任学宾. 英美图书馆自动化发展及对我国图书馆自动化建设的启示[J]. 图书馆界,1999(4):41—43
4. http://www.oclc.org

5. 欧阳少春. OCLC成功之路[J]. 图书与情报,2002(2):8—12
6. 雷永立,杨成杰. OCLC网络化发展道路的启示[J]. 中国图书馆学报,2000(2)
7. 陈光祚. 从OCLC的发展看图书馆自动化的趋势[J]. 现代图书情报技术,1994(4):2—5
8. 王行仁. OCLC——世界最大的图书馆自动化网络[J]. 情报理论与实践,1989(2):42—44
9. Hildreth C R. Online Public Access Catalogs[C]//Williams M E. Annual Review of Information Science and Technology 20, New York: Elsevier, 1985:236
10. Tyckoson D A. The Twenty-first Century Limited: Designing Catalogs or the Next Century[J]. Cataloging & Classiffcation Quarterly, 1991(3—4)
11. ALA. ALA World Encyclopedia of Library and Information Services (2 Ed.), 1986:493
12. School of Information Sciences to Mark 100 Years of Education[EB/OL]. http://www.discover.pitt.edu/media/pcc010521/sis100yrs.html
13. 徐引篪,霍国庆. 现代图书馆学理论[M]. 北京:北京图书馆出版社(今国家图书馆出版社),1999:65
14. Internet Pioneers: J. C. R. Licklider[EB/OL]. http://www.ibiblio.org/pioneers/
15. Systems Research Center//Memoriam: J. C. R. Licklider (1915—1990)[EB/OL]. http://sloan.stanford.edu/mousesite/Secondary/Licklider.pdf
16. Internet Pioneers: J. C. R. Licklider[EB/OL]. http://www.ibiblio.org/pioneers/
17. 汪冰. 电子图书馆理论与实践研究[D]. 中国科学院文献情报中心博士学位论文,1997:19,22—24
18. 孙光成. 世界图书馆与情报服务百科全书[M]. 成都:四川民族出版社,1991:130
19. 本节内容中引用与资料如未加注释,均转引自:吴建中,范并思. 图书馆学在信息化浪潮中的发展与变革[C]//国外社会科学前沿2000. 上海:上海社会科学出版社,2000

20. Williams P. The Amercan Public Library and the Problem of Purpose[M]. Westport, CT: Greenwood Press, 1988
Salter J L, Williams P. The American Public Library and the Problem of Purpose[J]. Contributions in Librarianship and Information Science, 1989 (62)
21. Pungitore V. Public Librarianship: An Issuses-oriented Approoach [M]. Westport, CT: Greenwood Press, 1989
22. Nielson B. Allocating Costs, Thinking about Values: The Fee-or-Free Debate Revisited[J]. The Journal of Academic Librarianship, 1989: 211—217
23. Laeger J. User Fees, Community Goods, and the Public Library[J]. Public Library Quarterly, 1999. 17(2)
24. 国际图联/联合国教科文组织. 公共图书馆宣言(1994)[C]//国际图联/联合国教科文组织. 公共图书馆服务发展指南. 上海: 上海科学技术文献出版社, 2002: 99
25. Chartrand R L. The Role of Government in the Information Society[J]. Journal of Information Science, 1982(4)
26. 国际图联/联合国教科文组织. 公共图书馆宣言(1994)[C]//国际图联/联合国教科文组织. 公共图书馆服务发展指南. 上海: 上海科学技术文献出版社, 2002: 98
27. Lancaster F W. Measurement and Evaluation of Library Services[M]. Information Resources Press, 1977
28. Lancaster F W. If you want to evaluate your library…[M]. University of Illinois Graduate School of Library and Information Science, 1988
29. Lancaster F W. If you want to evaluate your library…[M]. 2nd. University of Illinois Graduate School of Library and Information Science, 1993
30. 兰开斯特 F W. 图书馆评估[M]. 西安: 陕西人民教育出版社, 1991
31. 卢秀菊. 学术图书馆之绩效评估[J]. 大学图书馆(台湾), 1999, 3(4): 4—14
32. Parasuraman A. et al. A Conceptual Model of Service Quality and Its Implications for Future Research[J]. Journal of Marketing, 1985(Fall)

33. 初景利. 应用SERVQUAL评价图书馆服务质量[J]. 大学图书馆学报，1998(5):43—44

34. 本节资料如未加说明，均引自：馆藏稳定状态理论[G]//中国大百科全书图书馆学情报学档案学. 北京：中国大百科全书出版社，1993：150—151

35. http://www. hamshahri. org/musiems/daarabad/inwm/no. 5/english/articles/articles01. html

第五章 全方位的变革(1990—2000)

世界信息技术的迅猛发展使图书馆事业发生深刻变革。信息时代成为现实。信息技术的大量应用,使得沉寂多年的“图书馆的未来”的讨论重新活跃。一批有影响的专著出版了:

1992 年,伯克兰德出版了《图书馆服务的再设计:宣言》。用戈曼的话来说,这部书矫正了由于技术变革而产生的某些虚无主义。

1993 年,哈里斯和翰奈出版了《走向未来:后工业时代的图书馆情报服务的基础》。该书把图书馆未来放在美国宏观政治经济变化的框架中分析。

1994 年,伯德萨尔出版了《电子图书馆的神话——美国的图书馆事业和社会变化》。

1995 年,克劳福德和戈曼的《未来图书馆:梦想、疯狂与现实》出版。这部书影响深远,已成为图书馆学基础理论,特别是未来图书馆研究浪潮中的佼佼者。

数字图书馆的概念产生于 20 世纪 90 年代,可以毫不夸张地说,数字图书馆已经成为 20 世纪对图书馆与图书馆学研究具有革命性影响的概念。

1991 年，卡内基—梅隆大学和 OCLC 合作完成的 Mercury 项目投入运行。1991 年到 1995 年，Bellcore、康奈尔大学、OCLC 以及美国化学学会共同实施了合作项目 CORE。1993 年到 1995 年，美国八所大学合作了 Tulip 计划。

从 1989 年到 1994 年，国会图书馆启动试验性计划"美国回忆"。此后，国家数字图书馆计划（NDLP）启动。

1994 年，美国国家科学基金会等资助启动了为期四年的数字图书馆项目 DLI-1。1998 年，增加了两家图书馆作为资助单位的 DLI-2 启动。DLI 是数字图书馆领域标志性的项目。

2000 年，三部最重要的数字图书馆专著出版，即阿蒙斯的《数字图书馆》、博格曼的《从古腾堡到全球信息基础设施：网络世界中信息的获取》、斯维诺里乌斯的《信息组织的知识基础》。

文献资源共享领域产生新的思想与方法，以适应新的信息环境。它们构成大变革年代图书馆学理论与方法的重要组成部分：

20 世纪 90 年代，文献传递和商业化文献传递的概念改变了馆际互借的模式。

1993 年"存取对拥有"的讨论既是技术的讨论，也是观念的讨论。讨论使"存取"成为图书馆学基础的一个重要概念。

20 世纪 90 年代出现的"书目利用共同体"OhioLINK，是由存取导致的新的文献资源模式。"书目利用共同体"在美国文献资源共享的历史上具有划时代的意义。

1990 年前后,世界信息技术发展到了一个新的高度,图书馆事业生存与发展的信息环境发生了根本性变革。信息环境的变革可以归纳为两个方面:其一,信息存贮数字化与信息传递网络化。数字化与网络化是信息处理计算机化发展到信息社会的产物,数字化网络化技术的发展完全动摇了传统图书馆活动的基础,使图书馆学理论必须考虑从基础理论的理念、体系、基本概念到应用学科、核心技术与方法的整个理论体系的重新构建问题。其二,商业化信息机构在现代信息服务体系中崛起。以往开展信息服务,首先要建造馆舍并购入海量文献,这种信息服务模式需要巨大的投资,而所获得的信息服务的收入却十分微薄。因此,社会的信息服务基本由政府或慈善者出资的机构——图书馆承担下来。随着现代信息技术的发展及信息服务收益的增加,信息服务机构开始多样化,一批市场化运作的信息服务机构应运而生。这对图书馆的服务理念、经营模式甚至生存问题产生了重大影响。

受到上述信息环境变化的影响,世界图书馆事业进入了一个变幻莫测、令人难以把握的发展时期。一方面,新的信息技术不断提升图书馆的信息服务能力,图书馆正依靠自己长时间从事文献信息服务所形成的某些优势投身信息产业,为自身的发展寻找新的生长点;另一方面,信息服务商在信息服务领域咄咄逼人的发展态势,也使图书馆界为自己的未来感到不安。从近年来国外大量图书馆学文献看,1990 年以来,全球范围的图书馆事业正在出现自 19 世纪中后期"公共图书馆运动"以来最为彻底的一次变革,所有国家与地区、所有类型的图书馆无一例外地被卷入其中。

从 1990 年起,世界图书馆学理论也进入了一个理论全方位变革的动荡时期。许多图书馆学应用性领域在这一时期出现了能够反映数字化时代特征的新的观念、新的理论与方法。面对理论观念的更新和事业发展的新挑战，图书馆学情报学基础理论有了重新活跃的迹象。但迄今为止，在图书馆学基础理论领域，与信息时代相对应的、较为系统的新图书馆学理论尚未建立起来。

第一节 信息时代的图书馆学基础理论

1990年以来，世界信息技术的迅猛发展使得图书馆事业发生深刻变革。信息时代不再是人们的预见，而成为生活中的现实。信息技术在图书馆的应用从点到面，从核心业务到所有业务，从图书馆内部到与图书馆相关的一切领域。信息技术应用的大量新的实践素材出现，使得沉寂多年的"图书馆的未来"的讨论重新活跃。许多学者在思考和研究图书馆要怎样来适应如今和未来的变化，并出版了一批有影响的专著。

一、《图书馆服务的再设计：宣言》

1992年，伯克兰德（M. K. Buckland）出版了《图书馆服务的再设计：宣言》（*Redesigning Library Services：A Manifesto*）。伯克兰德是美国加州大学伯克利分校图书馆情报学院（后改为信息管理与系统系）的教授，也是当今公认的美国图书馆学的学术领袖之一。

《图书馆服务的再设计：宣言》共分为九章，包括引言、纸本图书馆、自动化图书馆、重新考虑书目存取、电子图书馆、重新考虑馆藏、服务用户、组织和实现、挑战等。全书从论述结构上可以看作是前后连贯的两大部分。第一部分提出了图书馆发展的类型说，从时间序列上展开现代图书馆技术基础的制约、变化和与此相应的图书馆服务变化过程。这是该书的基本理论框架。

第二部分则是以现实问题为立足点，分别就目录、藏书、利用和管理等问题展开其独特的思考。据称，这部分内容是作者在主持加州大学9个分校的图书馆发展政策和实施自动化、网络化规划时的认识和经验的结晶。

伯克兰德在该书中的论述与20世纪70年代盛行的悲观主义的图书馆未来观有着明显的不同，他首先批驳了图书馆无纸化和图书馆消亡论的观点，他不是单纯地把图书馆的未来放在信息技术发展的“可能性世界”里去探讨，而是紧紧把握图书馆的历史使命，从图书馆的社会目的与手段的关系上，从图书馆与用户的关系上去理解信息技术发展对图书馆的影响。他认为[1]：

(1)信息技术的发展解决了许多图书馆的技术难题，比如载体的限制、传递手段的限制，出现了许多可供选择的新方法，这样就增大了实现图书馆目的的可能空间。因此，信息技术给图书馆带来的这场革命性的变化本质是方法的革命，它只是提供了前所未有的机会和挑战，并不是一场目的的革命。所以要从“不变的”价值追求和目的的实现上，去看待和分析“不断变化着的”信息技术以及图书馆服务手段和方法。

(2)尽管电子图书馆是以电子文献的存储和利用为特征的，但不意味着无纸化图书馆。文献的电子化存储和无纸化并不是因果关系，因为它既可以用电子形态方式也可以用纸张的形式输入或输出。因此，电子图书馆和现有图书馆的关系并不是相互排斥，是完全可能“融合”的。尽管电子图书馆是今后的发展方向，但并不意味着图书馆存在的形式是单一的，未来发展的格局是多元化、重层化和网络化。

(3)信息技术的变化影响了用户知识信息的利用方式，进而构成新的利用环境；同时环境变化则要求我们必须做出相应的调整，未来一百年将是图书馆员必须重新构筑图书馆服务的架构的时代。

戈曼(Gorman)教授在该书的序言中称:“这是一部有用的书,因为它具有实用价值;这是一部重要的书,因为它给我们所看到的图书馆带来了色彩。它非常精彩地矫正了由于技术变革而产生的某些虚无主义。它论证了图书馆的重要,并告诉我们如何能够对图书馆未来具有信心,而不是躲进沉迷于过去的庇护所。”[2]

二、《走向未来:后工业时代的图书馆情报服务的基础》

1993 年,哈里斯和翰奈(Michael H. Harris and Hannah Stan)出版了《走向未来:后工业时代的图书馆情报服务的基础》(*Into the Future: The Foundations of Library and Information Services in the Post-Industrial Era*)。本书的两位作者哈里斯和翰奈是肯塔基大学图书馆情报学系的教授。其中第一作者哈里斯(Michael H. Harris)是美国图书馆情报学界颇有知名度的图书馆史学家和图书馆情报学理论家,也被称为美国“第三代图书馆史学家”的代表人物。

《走向未来:后工业时代的图书馆情报服务的基础》共有 6 章,分别为“信息时代”“面对后工业社会的图书馆员”“国家、资本、国家信息政策”“中立性、客观性、信息职业和图书馆员”“后工业化时代的职业”“结论:后工业化时代的图书馆情报服务的开端”。

作者首先探讨了以贝尔的“后工业化社会”理论为基础而形成的各种未来图书馆学说,尤其是对兰开斯特的“无纸图书馆”论进行了重点剖析,作者认为,后工业化社会理论和兰开斯特理论的根本弱点在于对社会文化背景的分析不足,而偏重于技术决定主义,因此在预测未来的社会变化以及图书馆发展中存在着重大的失误。但作者又没有全盘否定信息社会理论,认为这些理论真实地反映了社会变化的本质特征,可以作为分析未来图书馆的理论基础。同时作者也肯定了兰开斯特为代表的未来图书馆理论，认为其可以作为未来信息社会“信息中介”的图书馆员职业的理论基础。

接下来，作者从宏观上讨论了图书馆外部环境——即20世纪70年代以来美国经济政策和信息政策的变化，认为20世纪70年代后期开始困扰美国图书馆界的“有偿服务”和“信息商业化”等问题，实际上是美国社会变化潮流的必然反映。然后又从微观上对图书馆界内部的一些问题，如20世纪40年代到70年代形成的、当时仍占支配地位的美国图书馆意识形态的核心概念——“中立性”“客观性”“信息利用公平性”等做了深刻的剖析，提出图书馆界对上述核心概念应根据新的时代变化重新定义和认识。既然信息作为一种经济财富来看待已成为社会科学的共识，那么图书馆的服务就可以以此作为基本点来探讨，按照经济学原理来分析和理解信息或文献资料的生产、交换、提供的过程也是完全可能的。这就很鲜明地为图书馆的“有偿服务”找到了理论依据。[3]

该书的最大特色是从政治经济学的视角，把图书馆放在美国宏观政治经济变化的框架中进行分析考察，回答了除技术影响以外的、图书馆现在与未来的一些核心问题。

三、《电子图书馆的神话——美国的图书馆事业和社会变化》

1994年，伯德萨尔博士(Willliam F. Birdsall)出版了《电子图书馆的神话——美国的图书馆事业和社会变化》(*The Myth of the Electronic Library*:*Librarianship and Social Change in America*)。伯德萨尔博士是Dalhousie大学图书馆员。

作者在该书中对那些想象电子图书馆的出现将最终导致图书馆的“衰退”甚至“消亡”的观点做了否定的回答，并从历史发展、宏观微观等多个角度对此做了深刻的分析。

作者认为,从图书馆作为一个物理实体来讲,图书馆设施和建筑具有文化"象征",正是这种文化"象征"吸引着公众。如果图书馆完全走向虚拟,放弃了其物质的一面及作为地理位置的场景,图书馆就会在很大方面失去其力量。技术不是唯一的驱动力,在变化着的社会中,图书馆作为一个场所仍然能扮演重要的角色。

与哈里斯和翰奈不同,伯德萨尔认为所谓的"信息社会"其涵义的广度和深度被大大地夸大了,因此以此为理论依据而产生的对电子图书馆的"神话"性认识从一开始也便存在着误区。在信息时代图书馆员和图书馆职业的作用问题上,作者也不同意电子图书馆神话论者简单地把图书馆员的作用理解为"信息中介者"的观点。他认为在任何情况下,图书馆员应该遵从的适当的模式是"治疗社会"(therapeutic society)中"治疗专家"(therapeutics)(广义的知识型援助者)的作用,即使在电子图书馆时代,图书馆员也还应该继续与其用户共享专业技能,以便使用户得到其个人知识增长和自我的满足。与"信息中介"论相对,作者认为图书馆员应该更多地把自己看作是"教师"而不是信息提供者。

该书由于一反以往的技术中心主义的"电子图书馆论",而对电子图书馆做了大量社会的、政治的以及其他多方面的探讨,是作为电子图书馆的"社会科学理论"的新颖面貌出现的,因此该书一出现就引起了图书馆学情报学界比较大的关注,包括兰开斯特。虽然该书批驳了包括兰开斯特在内的图书馆未来论者的观点——他们更多地强调图书馆员的作用是"信息中介",但兰开斯特本人在对本书的书评中,还是认为该书"对图书馆学的学生以及那些关注图书馆未来的专业人员来说是一本有价值的著作"。

四、克劳福德和戈曼与《未来图书馆：梦想、疯狂与现实》

紧接着上述著作出现后，1995 年，克劳福德（Walt Crawford）和戈曼（Michael Gorman）的《未来图书馆：梦想、疯狂与现实》（*Future Libraries：Dreams，Madness & Reality*）出版了。

该书的第一作者克劳福德是加州研究图书馆集团公司（Research Libraries Group，Inc.，简称 RLG）的高级分析师，他从 1968 年起从事图书馆自动化工作，1979 年起进入 RLG，曾于 1992—1993 年度担任美国图书馆协会（ALA）下设的图书馆和信息技术协会（Library and Information Technology Association，简称 LITA）主席，出版过 13 部著作，发表过 250 多篇文章，长期在 *American Libraries*、*Econtent Magazine*、*Online Magazine* 等杂志开设专栏“The Crawford Files”“DisContent”“PC Monitor”等，所论述的主题包括图书馆、技术、信息载体、出版和个人计算等许多方面。第二作者戈曼出生于 1941 年，于 1964—1966 年接受英国 Ealing School 的图书馆专业教育，1967—1977 年间，主要在英国国家书目局、英国图书馆规划处和大英图书馆编目标准室从事编目工作及书目编目规则的制订。1977—1988 年，戈曼在美国伊利诺大学香槟校区图书馆担任技术服务部主任并任教于图书馆学系，所从事的研究领域从编目扩展到了技术服务自动化、图书馆管理和图书馆教育等方面。1988 年后，戈曼转至加州大学 Fresno 校区，担任图书馆馆长，此时，其研究所关心的问题又从技术服务、书目控制、图书馆学教育延伸到图书馆利用教育和图书馆未来发展等层面。《未来图书馆：梦想、疯狂与现实》可以说是克劳福德和戈曼合作的一部非常有影响的著作，该书一出版，立即引起了极大的反响。

该书的核心是探讨当时图书馆和图书馆员普遍关心的一些重大问题，概括起来看，主要包括四大主题：

- 图书馆的使命和图书馆员的角色；
- 技术对图书馆和图书馆工作的决定性影响；
- 印刷版纸质信息在电子资源环境中的生存能力；
- 未来图书馆——无墙图书馆。

对于图书馆的使命，作者认为阮冈纳赞的图书馆五法则已不能适应今天和未来的图书馆情境，因此他们提出了一个新的图书馆五信条作为如今和未来图书馆的使命：图书馆服务于人类；尊重所有的知识交流形式；理智地利用信息技术以改进服务；保护知识存取自由；赞美过去和创造未来。

对于图书馆员的角色，作者认为：图书馆员在处理海量的、异质的数据库方面比其他任何团体都要做得好，未来图书馆员仍将在此方面发挥作用；图书馆员可以为用户在复杂性不断提高的信息环境中提供导航帮助；维护图书馆永恒的使命；维护和体现图书馆的核心价值——群体性、(信息)素养、服务、合理解释、民主和知识自由，而这些是建立图书馆文化的基础。

在技术对图书馆领域的影响方面，作者认为：新技术不是一定就比旧的好；技术并不能解决所有问题；图书馆“是失败技术的博物馆”；新技术将与旧的共存，或者为旧技术注入新的活力，或者维持旧技术的继续应用，但不会完全取代旧有的技术；Internet 不是“印刷出版业已形成的相对有序的、经过滤的世界(虽然其并不免费)的替代物”。

在印刷版出版物是否会消亡的问题上，作者认为：纸质印刷物甚至没有减少，更不用说消亡了；图书对许多用户来说是最合适的技术，许多人更情愿阅读纸质论文；与电子出版物相比，印刷出版物更轻、更便宜，能解决更多问题，更容易存取，更为可靠；有一些资料不可能数字化。因此，虚拟图书馆这个“梦想”决不会完全实现。

在未来图书馆方面，两位作者在本书中的主要观点可以表述为:图书馆在未来社会中将依然是一个重要的组成部分;电子出版物将决不会完全取代纸质印刷物;技术对图书馆领域的影响会继续增大,但不能消除图书馆服务;图书馆的功能将会随着社会的变化及信息技术的发展而不断调整。

总之,该书由于为未来图书馆提供了一个新视野,平衡了有关技术应用的各种看法,强调了图书馆的重要性和图书馆员的价值,数据翔实、条理清晰、流畅易读,而成为当时图书馆学基础理论,特别是未来图书馆研究浪潮中的佼佼者。

当然,对于这样一部引起广泛关注的作品,自然会有一些不同的意见。同样是著名的兰开斯特,对待此书与对待前面伯德萨尔的《电子图书馆的神话——美国的图书馆事业和社会变化》,态度就完全不一样。兰开斯特针对《未来图书馆:梦想、疯狂与现实》列出了洋洋洒洒七大条"罪状",特别对该书称那些预测纸本载体将逐渐被替代以及图书馆作为一个机构的作用将逐渐降低的"声音"为"敌人"的提法、许多夸大其词的术语(如"technojunkies""new barbarians""technolust victims""hysteria""nightmares""virtual nonsense"等)、引证资料的不完善、提供分析的数据含义不清等,给出了比较强烈的批评。[4] 相比之下,伯德萨尔虽然也批驳了包括兰开斯特在内的以往图书馆未来论者,如批评他们所强调的图书馆员的作用是"信息中介"的观点,但兰开斯特却认为伯德萨尔的论述更令人信服、更温和、更具有学术价值。[5]

五、评论

上述不同时期有关图书馆未来学论的研究,带有相当明显的时代特征,即20世纪60—70年代到80—90年代初期的研究更多的是被技术可能带来的变化所激动,伴随着技术预测而带有的"技术决定论"的色彩非常浓厚。90年代初期以后,随着技术应用框架的渐渐清晰,这一领域的研究分析则开始更多地关注在图书馆未来变化中社会、心理、经济、政治等多方面因素的影响。

其实,图书馆未来学研究作为图书馆学研究的一个领域,自20世纪60年代随技术发展而出现以来,其文献远不止上述。克劳福德和戈曼以后,关于该问题也还继续不断有新的研究成果问世,如:R. Bloch等人的《未来图书馆》(1995年),S. Corrall的《没有混沌的创造性变革:为21世纪准备图书馆》(1997年),H. Ahmed和J. W. Weiss的《走向全球图书馆:十年预测》(1997年),S. Basefsky的《作为变革代理的图书馆》(1999年),J. Baltzer的《数字时代的图书馆:未来视野与变革路线图》(1999年)。克劳福德自己也继续进行这方面的研究,后来又发表了一些相关的成果,如《存在类似:创建明天的图书馆》(1999年)、《在变革时代寻找稳定》(2000年)。

这一领域始终吸引着人们不懈地研究,至少说明了一个问题,即技术的发展、社会需求环境的变化,让图书馆的未来始终处在不断变化之中,这种变化也许是形式、手段的变化,也许是本质的变化。在形式与本质、变与不变之间,业内人士一直在探求其平衡点。

第二节　数字图书馆

数字图书馆的概念产生于20世纪90年代,直到今天,数字图书馆的概念还是一个不确定的概念。不同的研究者在不同的时间里,对数字图书馆都有大同小异的界定。但概念的不确定性并不影响各国数字图书馆研究与开发的浪潮持续高涨。可以毫不夸张地说,数字图书馆已经成为20世纪对图书馆与图书馆学研究具有革命性影响的概念。

一、数字图书馆研发高潮

全球性的数字图书馆热产生于20世纪90年代初。一批研发项目导致了这一高潮的出现。

1. Mercury 和其他早期项目

Mercury 是一个五年计划,由卡内基—梅隆大学和 OCLC 合作共同完成。目的是在卡内基—梅隆大学建造一个数字图书馆原型,该计划开始于1988年,1991年投入运行。它包括十几个文本数据库和少量计算机科学领域的期刊论文的页面图像。它体现了万维网出现之前的最高技术水平。

Mercury 的一个目标是装载由出版商提供版权许可的期刊论文经扫描得到的页面图像。Mercury 选定了四家出版机构,它们出版了计算机科学领域的大学中最常用的20种期刊中的16种。这些出版机构是:ACM(美国计算机协会)、IEEE(电气与电子工程师协会)、Elsevier 和 Pergamon。在项目进行期间,Pergamon 被 Elsevier 吞并。四家中没有任何一个出版商有期刊的机读版,但是它们允许将这些印刷刊物进行格式转换以用于图书馆。于是,主要的工作就是格式转换、贮存和在校园网上传递页面图像。

Mercury 的一个基本模式是查找一个文本数据库,以便确定要显示的信息。它选择了 Z39.50 的早期版本作为传递查询的协议,引入了参考服务器的概念。为了显示位图,这个项目开发了一个新的算法,它可以按每页1—2秒的速度完成压缩图像的获取、网络传输、解压缩和显示等一系列工作。在网络安全方面,该计划也做了很好的尝试。

CORE 是 Bellcore、康奈尔大学、OCLC 以及美国化学学会于1991年到1995年间共同实施的合作项目。它转换了美国化学学会出版的20种期刊共四年的文章,总计约40万页。

CORE项目创造了几个新做法,这些做法在此后的转换项目工程中颇为流行。每篇文章有两种版本:扫描的图像和用SGML标记的文字版本。扫描的图像能够保证每页打印和显示,使用与原始印刷材料相同的图案和布局;SGML正文则往往用于建立全文索引,以便信息检索和在屏幕上的快速显示。尽管仍存在许多问题,CORE受到用户的欢迎。

1993年到1995年的Tulip计划也是在Web出现之前就开始的计划,目的是促进科学期刊资料的检索。美国的八所大学分别研究了他们自己的电子版期刊的检索策略。这一计划揭示了许多实践中的问题,如内容的传递、内容的存取、缺乏同其他服务的综合、打印及鉴定等。

Mercury、CORE和Tulip都不是长期的生产系统,它们的技术都比较粗糙,提供给研究人员的馆藏数量也很有限。但是它们展示了这样一个事实:数字图书馆的潜在价值能够在实际应用中得以实现。

2.“美国回忆”

对今天的数字图书馆服务产生了直接影响的项目是美国国会图书馆的“美国回忆”和国家数字图书馆计划(NDLP)。

“美国回忆”是一项试验计划,从1989到1994年,它选择并复制了一部分收藏,以数字化的形式在美国国内发布。所选择的收藏有些是因为它们对研究美国历史和文化有着重要的意义,有些则是为了探索各种资料——印刷品、底片、早期电影、录音以及文字档案的处理方法而精选出来的。最初,“美国回忆”采用了CD-ROM(数字形式)与激光视盘(模拟形式)相结合的方式,但到1994年6月,三个照片馆藏都以数字化形式发布于万维网上,供大家访问。

国家数字图书馆计划建立在“美国回忆”的成功基础上。

其目的是将上百万的收藏品转换为数字形式并通过因特网访问。工作的重点是对美国历史有重要价值的资料，像 Walt Whitman 的手记和有关大陆会议（Continental Congress）及立宪会议的文献。

“美国回忆”和 NDLP 是公众可获得的、基于数字图书馆服务研究的最早的例子之一，它也带动了美国以外的类似研究。1996 年，联合国教科文组织（UNESCO）着手“世界的回忆”项目的研究，目的是保护濒临灭绝的文化遗产。

3. 数字图书馆先导研究计划

从 1993 年以后，美国国家科学基金会（NFS）将数字图书馆计划当作国家信息基础设施建设的一个部分，给予了极大的关注。1994 年，NSF 的计算机科学分部、国防部高级研究计划署（DARPA）和美国航空航天局（NASA）启动了著名的数字图书馆先导计划（Digital Library Initiative，简称 DLI）。这一计划资助了 6 个为期四年的项目。政府投资总额 2400 万美元，几个合作者的投入更多。每个项目都要开发一个数字图书馆的测试平台，实现相关研究。这 6 个项目是：①加州大学伯克利分校建立了大量有关加州环境方面的馆藏文档，包括地图、图片和政府报告。②加州大学圣・芭芭拉分校的研究集中在地图和其他地球空间信息方面，其馆藏称为亚历山大（Alexandria）数字图书馆。③卡内基—梅隆大学建立了视频图书馆，称作 Intermedia。研究侧重于信息发现与显示的自动处理。④伊利诺斯大学与出版商合作，建立科学与工程类期刊的联邦图书馆。⑤密歇根大学计划以该校图书馆已建立的数字化馆藏为基础，除考察教育方面的应用之外，研究人员还实验了经济学模型和实现互操作的智能体（agent）方法。⑥斯坦福大学专注于计算机科学文献，课题的核心是 InfoBus，即组合多种资源成为统一的数字图书馆服务的方法。

1998 年春，在美国数字图书馆先导计划第一阶段取得的研究成果和对数字图书馆研究的调查分析基础上，美国的 7 个研究机构拉开了数字图书馆首倡计划第二阶段研究的序幕。除了 DLI 的 3 个赞助单位 NSF、DARPA 和 NASA 外，又增加了 4 个赞助单位，它们是美国医学图书馆、美国国会图书馆、美国人文学科基金会和美国联邦调查局。这一项目被称为 DLI-2。

DLI-2 计划持续五年，五年中上述 6 个单位的赞助将共有 4000 万到 5000 万美元。DLI-2 的研究目标是：为数字图书馆界定适当的发展领域，有选择性地开展研究和实验活动；使数字化资源的扩充、管理、存取更加迅速、便利，增加利用信息的深度；创造新方法、新机会，使数字图书馆更好地为不同教育水平的、现有的和潜在的用户群服务；推动从社会学和经济学角度对人与数字图书馆交互作用的研究。

DLI-2 认为，对分布式信息的存取是人类文明的一大进步，但信息的智能化加工、分析和利用才是最重要的，因此，DLI-2 将致力于研究开发相关的概念、技术和工具，对大量信息提供智能存取的途径。从 DLI-2 增加了几家图书馆作为赞助单位也可以看出，数字图书馆先导计划的重心已经从技术方面转向了应用。

DLI-2 资助的项目包括：①专家选择利用信息的轨迹研究及其利用。此项目由俄勒冈健康科学大学的科学技术研究生院负责，内容包括：研究医生选择利用信息的过程，并为此研究提供相关技术进行支持。②图像传播中的安全研究（Trusted Image Dissemination，简称 TID）。本研究项目的负责单位为斯坦福大学计算机科学系，目标是提供图像过滤能力，为其他检查文档内容的方法做补充。如为安全或隐私起见，对包含在数字化病历中图像部分中的信息进行限制。③棉质藏品的 2D/3D 重建。本研究项目将根据人文科学研究人员的要求，研究新颖有效的方法,对英国国家图书馆的棉质藏品中逐渐老化和已损坏的原稿进行修复、数字化、编辑,使其变得完整可用,为这些原稿提供一个电子版,并将其作为图像来进行检索,建立一个新的数字化图书馆。④WWW 上自动化参考“图书馆员”。该项研究由华盛顿大学计算机科学系负责。⑤为社会科学服务的实验图书馆。这个研究与开发小组的中心任务是设计社会学与经济学实验所需的软件系统,并将其置于互联网上,从而建立基于互联网的实验图书馆,使得研究人员只要与互联网相连就能利用该图书馆进行社会学和经济学的实验工作。⑥高性能的数字图书馆分类系统:从信息搜寻到知识管理。该研究由亚利桑那大学管理信息系统系的研究小组负责,目的是研究相关结构和技术,为大规模的特定领域的文本信息自动化地产生分类系统,并把此分类系统与已经存在的手工分类系统进行比较、合并,以有利于数字化图书馆藏品的搜寻、分析和利用。

从这些项目可以看出,DLI-2 有了更多的图书馆倾向。

二、重要数字图书馆论著

20 世纪 90 年代数字图书馆研发热,使得相关文献大量出现。在早期数字图书馆研究论著中,偏重于从技术的角度来分析数字图书馆的实现的论著是主体,而对数字图书馆的全貌性研究及从图书馆学的角度来研究数字图书馆的相关成果则比较缺乏。2000 年美国麻省理工学院出版社出版了一套“数字图书馆与电子出版系列丛书”,这批论著使数字图书馆研究深入到了图书馆学的领域,对图书馆学基础理论产生重大影响。

“数字图书馆与电子出版系列丛书”主要包括三本著作:①William Y. 阿蒙斯的《数字图书馆》[6],②Christine L. 博格曼的《从古腾堡到全球信息基础设施:网络世界中信息的获取》[7],③Elaine · 斯维诺里乌斯的《信息组织的知识基础》[8]。

而该丛书的主编就是第一本书的作者阿蒙斯。阿蒙斯1966年毕业于英国牛津大学数学系，硕士与博士所学专业都是运筹学。但其主要职业生涯却是有关学术活动中的计算机应用，包括计算机网络、教育计算机化和数字图书馆。阿蒙斯1980—1982年担任斯坦福大学计算机科学校长咨询委员会主席，1982—1985年担任研究图书馆集团（RLG）信息技术策略规划委员会主席，1989—1992年担任IBM公司大学咨询局成员，1995与人合作创建电子期刊《数字图书馆杂志》（*D－Lib Magazine*），1999后担任该刊的主编，1998年担任国家科学基金会本科科学、数学、工程和技术教育工作组主席，1995—1998和2000—2001二次担任国会图书馆咨询顾问，现为康奈尔大学计算机科学系教授。

从阿蒙斯的主要经历可以看出，他有很强的计算机科学背景，同时也与其他从事数字图书馆研究的计算机专家有很大区别，其职业生涯曾经多次涉及图书馆领域。因此，他能主编这样一套旨在吸引计算机专家与图书馆员共同关注的系列丛书，从比较全面的视角来研究数字图书馆问题，也就不难理解了。

1.《数字图书馆》

阿蒙斯的《数字图书馆》出版于2000年，包含14章，并附有一个具有200多专业术语的词汇表。在第一章中，作者首先定义了数字图书馆。对于这个有100人就有100种不同理解的概念，作者的理解非常简单。阿蒙斯认为，数字图书馆是以数字格式存储、通过网络化存取并经过管理的信息及其相关服务（包括信息选择、组织、分发和保存的整个过程）的集合。这个非常简单的定义体现作者一个重要的核心思想：这样的信息集合一定是经过系统管理的。在此作者列举了大量数字图书馆与传统相比较的优势，并认为过去十年的技术发展使得数字图书馆的建设已成为可能。同时，作者也强调如果不重视人们选择利用数字图书馆的需求和动机将难以理解数字图书馆的各方面问题。

在第二章中作者概括了 Internet 和 WWW 所提供的技术架构。第三章作者涉及了由传统图书馆和出版商的活动所产生的组织环境，介绍了资源共享、书目控制和标记语言等概念。第四章作者把这种组织环境拓展到数字图书馆研究要包含的学术和政府机构，描述了目前的研究所面临的一些挑战，如对象建模、信息检索、收藏管理和互操作等。

在第五章，阿蒙斯考虑在创建数字图书馆的过程中发生在不同行业(图书馆业、出版业、计算机行业)和不同机构(大学、商业性供应商、政府)之间合作与冲突的变化。阿蒙斯以他自己在计算机与图书馆两大行业的从业经历，很清晰地认识到了存在于这两大群体之间的紧张关系，并不断强调，在建设数字图书馆的过程中，计算机科学家和图书馆员应采取真正合作的态度，改变各自对对方工作漠不关心的状况。

第六章，作者对其认为是极端复杂的领域——数字图书馆的经济和法律环境问题，做了快速的回顾，包括对期刊价格和版权等问题的讨论与争论。在此，阿蒙斯归纳了两种截然不同的对待金钱的态度：一种来自于出版商和图书馆员，主要关注对独立物理对象的卖和买；另一种来自于计算机科学家和学术信息的用户，他们关注的焦点是信息要能“开放”(即免费)式交换。

接下来的第七章到第十二章是本书的重点。阿蒙斯全面讨论了相关的技术主题，包括：存取管理、用户界面、文本处理、信息检索、描述性和结构性元数据、分布式计算、对象建模和互操作等，并对一个实际的、可运行的数字图书馆，从其方案、原则、方法、工具、模型、技术、标准和实践中最好的范例等各个方面，向用户提供了全面的框架。在第十一章对分布式信息发现进行分析的基础上，作者特别讨论了建设数字图书馆的过程中开发和采纳标准的价值。同时,阿蒙斯也认为要实现全面的标准化是很困难的,因为对于标准化,环境需求的步伐速度始终比机构采纳的要快。第十三章,阿蒙斯讨论了数字化典藏和长期保藏的问题。他认为关于此问题,在本质上主要的挑战来自于机构组织而不是技术和经济。

第十四章是结论部分,阿蒙斯展望了当前数字图书馆发展的趋势。他认为我们如今处在正要从数字图书馆开发的初级阶段向下一阶段迈进的时刻,在这初级阶段里,主要是应用新技术将现有各种类型的收藏转化到数字化网络中去,而到第二阶段,应该主要是创建用传统收藏和服务无法类比的一些新的收藏和服务;这些收藏和服务所采用的形式几乎是无法预计的。同时,阿蒙斯以一些正在被广泛接受的新技术(如数字对象标识——DOI、可扩展标记语言——XML、资源描述框架——RDF、和统一编码——Unicode)说明了数字图书馆的迅速发展所带来的特殊效益。他预计,不仅数字馆藏会发生数量和质量上的变化,不仅新技术的效果和效益会发生变化,而且图书馆用户和图书馆开发者的行为和习惯也会发生变化。阿蒙斯描述到,"那些过去认为图书馆很无趣、出版业太乏味的人,将会被创建和设计的在线资料而迷住"。

2.《从古腾堡到全球信息基础设施:网络世界中信息的获取》

《从古腾堡到全球信息基础设施:网络世界中信息的获取》是美国加州大学博格曼教授的一部力作。博格曼认为,信息基础设施建设是自古腾堡发明印刷术以来最为重要的事件,必将影响今后网络世界中的信息存取方式。该书获得了2001年美国情报科学和技术协会(ASIS&T)最佳图书奖。博格曼教授长期从事图书馆和信息科学的研究、政策制订及项目规划方面的工作,由于具有很深的图书馆学功底,作者在对大量文献分析的基础上(该书有长达40页的参考文献),从图书馆机构、用户特征、用户利用信息、知识产权以及经济学角度向读者展示数字图书馆的基本框架。这非常不同于主要从技术的角度来讨论数字图书馆的、同一时期出版的其他数字图书馆著作。

在对数字图书馆的定义问题上,作者通过对大量文献的分析后认为,当时的数字图书馆无非是从两个角度去定义的,一是从研究的视角,一是从图书馆实践的视角。作者倾向于认为数字图书馆是信息检索系统和多种信息机构的扩展、提高和集成(图书馆只是其中集成的一分子),全球数字图书馆相互连接在一起便构成全球信息基础设施(GII)。

存取是该书讨论的核心。作者从可用性和公共政策的视角讨论了存取问题,包括通过改善信息存取来丰富人们的生活、提高社会公平性以及加速商业化等。

在名为“图书、比特和行为”的一章中,作者分析了包含在信息产生、查询、使用和获取的各环节中的主要因素,以此作为理解信息的电子化分布趋势和可能的未来情况的基础。作者在此对信息的讨论,超越了信息系统中的“对象”这个简单的层次,而把其放在了社会生活的大视角去认识。因此作者认为这样可以更全面地理解人类的行为,从而有利于引导数字图书馆朝着更有用的系统方向去设计。

在名为“为什么数字图书馆难以使用”的一章中,作者在用了大量实例说明用适合于系统用户的术语和特征来描述信息资源的困难性后,深入探讨了信息系统得以成功利用的一些主要(知识)范畴:信息检索处理的概念性知识、系统提问界面的语义和句法知识、执行提问的技术技能等。这一章充分体现出作者是少有的几个能把数字图书馆面临的用户和设计问题与传统图书馆和联机书目检索系统的经验联系起来的人之一。

该书从总体上回答了“数字图书馆要在什么样的环境下和

以何种方式来实现和获取?”“知识存取的需求将要解决了吗?”“谁来设计信息基础设施?”“谁来管理系统所依赖的元数据?”“谁来控制我们的信息资源?”“这种控制怎样来监控?”“我们希望谁来控制关于我们自身的信息?”等问题。

三、评论

图书馆学基础理论关心数字图书馆,是因为数字图书馆的出现和发展意义重大。从我们研究国外数字图书馆过程中所接触到的大量资料看,数字图书馆研究与开发高潮是 MARC 开发成功以来图书馆发展中最重要的事件。尽管当前的数字图书馆建设尚未出现 MARC 这样明确的标志性成果,但数字图书馆的意义已不亚于机读目录的研制成功。因为数字图书馆将要改变的不仅仅是图书馆的管理与工作方式,还将对图书馆的社会职能与服务方式产生极大的影响,甚至可能改变未来图书馆的生存形态。

从理论图书馆学的角度看,20 世纪 90 年代数字图书馆研发高潮出现的意义在于:

(1)数字图书馆是现代信息技术与图书馆的完美结合,这种结合可能使图书馆的信息服务能力得到极大的提升,最终将创建一种全新的图书馆形态。

当前,信息技术的发展异常迅速,图书馆应用信息技术的能力也飞速提高。信息技术发展史表明,目前人们尚难以准确地预料信息技术还会有什么突破,因而也不可能准确地预料技术的发展与应用将给图书馆带来什么变化。不过,即使从我们现在可以得到的资料看,数字图书馆也完全可能具备许多现有图书馆所不具备的能力。数字图书馆的服务手段、服务质量、提供信息的广度和深度等方面都能达到一个全新的高度。比如说,信息资源的数字化生产能够大大降低图书馆搜集信息的成本,从而从根本上解决数十年来书刊价格持续上涨给图书馆带来的巨大经济压力;数字化的信息更便于加工处理,图书馆能够以它们为原料生产出更加丰富多样的信息产品;网络化的传递使用户获取信息更加迅速、准确,不受时间与空间的限制;读者对数字图书馆的访问,除非某些个别的恶意行为(如"黑客"入侵),一般不会使经过有序化处理的信息遭到破坏,产生如"乱架"或"遗失"一类问题。对图书馆员而言,上述所有改进丝毫不增加他们的工作压力,并且使他们的工作角色从图书馆"看门人"转变为网站或数据库的管理者(Webmaster)。数字图书馆除了能使图书馆的原有工作得到极大改进外,还为图书馆开辟了新的资源。例如,美国数字图书馆首创计划第二期(DLI-2)资助了一个"医生信息搜寻行为"项目,该项目研究医生利用数字化病历的前景。由于病历的信息量大而复杂,空间分布极为分散,如果不是通过数字化处理,这些信息无法变成可为医生普遍利用的"图书馆"资源。

数字图书馆不但具备现有图书馆的所有职能而令图书馆界倍感宽慰,而且其效率与便捷也使那些对图书馆服务不甚满意的用户看到了希望。以往用户对图书馆的抱怨无非两个方面,要么是图书馆难以提供他们所需的信息,要么是图书馆的制度或员工不适应他们获取信息的行为方式。数字图书馆通过网络将许许多多图书馆的资源连接起来,并提供对这些资源的有效检索,从而使图书馆的信息提供能力产生了跨越式的提高。用户为获取信息与数字图书馆的交往主要发生在用户终端,这种交往方式最终消除了用户对图书馆开放时间、借阅限制或图书馆"看门人"素质等方面的抱怨。

(2)数字图书馆的美好前景改变了图书馆人对图书馆未来的悲观看法,它坚定了图书馆人在变革中寻求新的发展的信心。

自计算机出现以来,飞速发展的信息技术在不断改进图书馆服务的同时,也引起人们对图书馆未来的悲观。信息技术的每一次进步，几乎都要引发人们对“图书馆消亡”问题的思考。20世纪90年代初因特网迅速发展之时，人们又一次重提“图书馆消亡”问题。这时的“图书馆消亡”论者得到了比以往更多的论据，因而响应的声音更强，而反驳的声音更弱。但是，数字图书馆的出现与发展却导致一种新的结果：图书馆事业获得了向纵深发展的新的能量，而人们对图书馆未来的担心却逐渐消失。

目前仍有人固执地认为数字图书馆不能称之为图书馆。他们认为若出现了数字图书馆取代传统图书馆的现象，仍可看作是图书馆的终结。但执这种看法的人显然低估了图书馆这一古老的社会实体在现代社会中的多样化的功能，例如其维护社会信息公平、提高社会信息服务能力的功能。我们知道，数字图书馆的研发高潮出现在20世纪90年代，此时网络技术已达到相当高度，电子期刊等网络信息产品、搜索引擎等网络信息检索工具已非常成熟。因此，数字图书馆是社会已经较清楚地了解了一般网络信息服务的优点与缺点以后才出现的，它是人们有意识地将网络信息服务技术与现有图书馆的基础体制和核心能力（包括信息处理技术与信息服务精神）结合起来的产物。数字图书馆所要解决的问题，是网络世界中搞好信息服务时必须借助图书馆的人文精神与服务传统才能真正解决的问题。

在我们所知道的数字图书馆研究者中，有一些人在开始技术开发时存在较强的脱离“图书馆”的倾向，他们潜心于技术开发，以为技术的发展可以解决信息服务所面临的各种问题。但一旦进入应用层面后，他们的立场却向“图书馆”的立场回归。从理论图书馆学的角度看，数字图书馆研发高潮的出现不仅仅是图书馆领域对数字化技术的需要，同时也是网络世界对“图书馆”这样一种强大的信息存储、处理和服务体制的需要。在未来的数字图书馆进程中，图书馆可能因数字化技术的“入侵”而或多或少地改变其存在的外在形式，但保留了图书馆的基础体制与核心能力的数字图书馆,仍然能在未来的社会中体现图书馆一贯的价值与理想。

(3)数字图书馆吸引了社会对图书馆的关注,吸引了大量的资金、设备、技术、研发人才进入图书馆领域。

社会对图书馆的关注是图书馆生存与发展的重要基础。在图书馆发展早期,社会对图书馆关注程度很高。但随着图书馆普及程度的提高,以及其他社会信息服务机构的形成,社会对图书馆的关注程度呈逐年下降的趋势。在 1970—1990 年世界图书馆事业总体滑坡期间,社会对图书馆的关注日益淡漠,资金投入不足,图书馆优秀人才流失,大学对培养图书馆人才不再有往日的兴趣。更为可怕的是,图书馆界也习惯了社会的淡漠而将自己封闭在一个狭窄的圈子里,图书馆学成为一个沉闷而缺少生气的学术领域。

网络时代对数字图书馆的需求为图书馆带来了前所未有的生机与活力。数字图书馆现已成为国家信息基础设施建设的一个重要组成部分。1990 年以来,数字图书馆的研究与开发在世界各地呈不断升温的态势,其关注者也早已超出了“图书馆”的范围。数字图书馆成为一切关心网络时代信息资源利用模式的人们的一个共同的研究领域。

数字图书馆在很短的时间内风靡世界,吸引了政府、研究基金会、信息技术研发制造和标准制定者、大学或其他研究机构、信息服务商及包括图书馆在内的社会公益性信息服务机构的高度关注。如美国数字图书馆首创计划(DLI-1)的资助者是大名鼎鼎的美国国家科学基金会、国防部高级研究计划署和国家航空航天局,DLI-1 所资助的 6 项计划的领导者,多数是著名大学的计算机科学家。IBM 等著名计算机公司也参与了数字图书馆建设。数字图书馆研究与建设高潮也调动了图书馆界的热情,如美国 DLI-2 的资助者中增加了美国国会图书馆、美国医学图书馆等。

数字图书馆的研究、开发与管理是一项具有挑战性的工作，其技术难度远远高于传统图书馆工作。由于这一工作的挑战性，也由于有较多的资金、技术的聚集，它吸引了许多优秀的图书馆学和计算机人才投身这一领域。这在1970—1990年期间的图书馆发展史上也是见不到的。数字图书馆建设还涉及技术问题外的其他许多问题，如管理体制问题、经济问题、法律问题等，这些问题的研究与解决要依靠社会各界的共同努力，也吸引了多学科人才对它的关注。因此，数字图书馆领域也就成了将图书馆与社会更加紧密地结合起来的一个领域。如阿蒙斯在《数字图书馆》一书前言中所说："数字图书馆研究已成为计算机科学家、经济学家、社会学家、律师和图书馆员共同参与的活跃的学科分支，它正在成为汇集多方经验的交叉学科。"[9]

第三节　文献资源建设与共享

一、文献传递

早期出现的文献资源共享活动主要是合作藏书与馆际互借，它们虽然是有效的，但无法解决文献资源共享活动中一些非常现实的问题，例如，在馆际互借活动中，用户如何克服空间距离障碍方便地获取文献？在网络时代，人们找到了解决这个问题的方法，这就是文献传递。

文献传递是一个与现代文献资源建设关系十分密切的概念，《图书馆学与资讯科学大辞典》对文献传递的定义是："文献传递服务是应使用者对特定已确知的出版或未出版文献的需求，由图书馆或商业服务单位等资料供应者将需要的文献或其代用品在适当的时间,以有效的方式和合理的费用,直接或间接传递给使用者的一种服务。"[10]国外甚至已经出版了研究文献传递的专著[11]。文献传递可以包括图书馆传统服务,但主要是指那些新的服务,如远程的传递、需结算或收费、传递者对传递物不具有所有权。图书馆文献传递服务的出现是20世纪70年代新信息技术(如计算机技术、传真技术、复印技术、缩微技术等)的产物。在信息技术不够发达的情况下,馆际互借是最好的模式,但随着信息技术的不断进步,尤其是网络化、数字化技术的发展,文献传递所具有的更加灵活、更加高效的优点显现出来,并成为当代文献信息资源共享的主流模式。如果没有文献传递系统,用户通过文献存取系统检索到文献的信息后,或者无法得到原始文献,或者必须以很高的成本获取原始文献,这样存取的价值就会大大降低。

文献传递可用于实现馆际合作,其运作模式一般以各种馆际合作组织或图书馆之间签署有关的合作协议为基础,有合作关系的图书馆均可以按照协议,代表自己的用户向藏有用户所需文献的图书馆提出文献传递请求,由对方提供所需文件的原件或各种形式的复制品。目前此类馆际文献传递手续较为复杂,传递效率不理想,所需费用也较高。图书情报机构或者致力于采用新技术改进文献传递,开发了一些系统(如美国研究图书馆开发的Ariel数字传输系统),或进行体制创新引入商业化机制(如建立互利互惠的书目共同体),这些努力部分改善了馆际文献传递效率。

20世纪90年代以后,网络技术的发展大大改善了文献传递的环境,文献传递的商业运作成为可能,商业化文献传递(CDD)出现了。一批原有商务运作的信息服务商如DIALOG继续发展文献传递服务,新型文献传递公司如UnCover也参与进来。

CDD的出现对图书馆服务的冲击是显而易见的。CDD以良好的服务质量、灵活的营销策略,为读者提供快速便捷的优质信息服务。以UnCover为例,它在短短的时间里,达到了提供2万种期刊原文的规模,这个规模已超过一般发展中国家大型图书馆的外文期刊收藏规模。UnCover每向读者提供一篇期刊论文原文,收费约10美元。这个费用对于真正希望得到文献的用户并不算贵。因此,CDD的存在对图书馆而言是一种竞争对手。千百年来,图书馆是社会唯一的公共信息服务中心,它搞文献服务的竞争对手只有它自己。而CDD的出现使图书馆第一次遇到了对手。这个对手的存在,逼迫图书馆要改善服务质量,降低服务成本。

另一方面,CDD的服务为图书馆提供了多种选择。图书馆一方面积极探索利用CDD拓广文献资源,利用CDD的资源为读者服务;另一方面,图书馆也在向CDD学习,在读者服务中引入了CDD机制,作为馆际互借(ILL)的一种补充。尽管有不少研究认为CDD不能取代ILL[12—14],但Kleiner和Hamaker的文章报道了多起文献传递成功的案例,[15]说明了图书馆在网络化环境利用CDD的必然性。

二、存取与拥有

合作藏书与馆际互借无法很好解决的另一个问题是:图书馆用户如何知道各个不同的合作藏书协议馆中有自己需要的文献。这一问题对传统合作藏书模式也许是致命的。按照法明顿计划,许多图书馆在采购上进行分工,这样就从理论上保障了这个合作藏书协议馆中拥有了这一系统所需要文献。但对于用户,他们一般不可能为一种不知是否存在的文献经常到异地图书馆去查目录,而联合目录的生产周期又太长,这就使合作藏书协议馆的许多馆藏成为专供日后使用的“档案性”馆藏,其利用效率大为下降。解决读者获取馆藏文献信息的问题,直接导致了“存取”概念的出现及其在文献资源共享理论体系中地位的上升。也就是说,在现代文献资源共享活动中,人们将对各种文献,包括异地文献或虚拟文献的存取能力,看得比拥有文献更为重要。

1975年,随着文献资源共享实践的发展,在美国《图书馆杂志》《图书馆趋势》等重要学术期刊上,出现了讨论“存取”与“拥有”关系的论文。[16—17] DeGennaro 写道:“过去的重点是强调发展大规模的研究收藏,现在应该将重点转移到发展优秀的本地收藏和为用户提供真正有效的获得所需材料的途径……”[18]这一论述实际已经非常清楚地表达了存取的思想。但在网络技术高度发达之前,DeGennaro 和 Schmidt 等人发展的“存取”理论在实现技术方面存在问题。例如,书目信息集成时滞太长,远程存取成本过高,存取终端设备太少,等等。因此,在此后十多年时间里,存取概念一直未能进入文献资源建设理论领域,也未能引起图书馆学主流理论界的关注。

进入20世纪90年代,随着互联网技术的迅速发展,存取理论有了新的发展空间。互联网从两个方面推动了存取理论的发展:第一,互联网导致虚拟信息资源迅速增加,虚拟资源使用越来越方便。大量采购与使用虚拟资源的必然结果,就是在文献资源建设中必须更多地考虑虚拟资源的存取问题。第二,互联网方便了馆际文献传递,从而推动了馆际合作,联机编目系统及 WebOPAC 的成功应用使书目集成的时滞缩短为零,存取终端大普及。人们对文献资源共享问题的研究,也出现了从重分工收藏到重有效利用的转变。

20世纪90年代初是存取理论迅速发展的时期。1991年在美国明尼苏达召开了一个采购工作会议,会议论文集中出现了许多关于存取的论文(主要讨论“存取与采购”)。同年,《图书馆管理杂志》刊出了《从拥有到存取:图书馆管理者的两难选择》。1993年是存取理论发展的最重要一年,Hoadley当年在《图书采购》发表了《存取VS拥有:神话还是现实?》[19]的论文,该文高度评价了存取的概念的理论意义,详尽论述了存取理论的发展过程。该文将“存取VS拥有”的讨论引入理论图书馆学范畴,它标志着“存取VS拥有”理论讨论的开始。同年还有Rutstein、Higginbotham和Bowdoin等撰写的重要论著[20—21]。1999年,“存取VS拥有”的词条被收入了图书馆学情报学领域最有影响的大型工具书《图书馆学情报学百科全书》第64卷(增补27卷),该词条超越了应用图书馆学的概念,完全从理论图书馆学的理论范畴论述存取问题。从20世纪90年代大量文献对存取概念的讨论看,存取已经成为网络时代图书馆学的最重要概念之一。

存取是在文献资源建设这一应用图书馆学领域产生的概念,但它却对理论图书馆学产生了很大的影响。

1991年,“存取VS拥有”研究刚刚起步之时,Tyckoson就在《参考图书馆员》上撰文,认为它改变了图书馆员的职能。[22] Hoadley将“存取VS拥有”讨论引入“图书馆未来”的研究,使图书馆未来的研究在“图书馆不变”论与“图书馆消亡”论之间有了一个建立于现实的图书馆活动基础上的假设。Kane在为《图书馆学情报学百科全书》撰写的词条“存取VS拥有”中,更是将“拥有”与“存取”当作两种对立的图书馆理论模式,该词条从公元前7世纪的亚述巴尼帕图书馆开始谈“拥有”,从古希腊时期的亚历山大图书馆开始谈“存取”,并将拥有与存取这两个概念分别当作传统模式与现代模式的代名词,如下表所示[23]:

传统模式(拥有)	现代模式(存取)
图书馆是个信息仓库	图书馆是个信息入口(Gateway)
图书馆员是信息收藏人	图书馆员是信息看门人(GateKeeper)
越大越好(强调藏书的数量)	关键是可获取(强调信息的可获取与传递)
图书馆是个"独立"实体(有多重综合藏书)	图书馆是资源共享网络的一个节点

从理论图书馆学的视角看,存取思想的出现至少具有以下意义:

(1)建立了更加积极的图书馆发展观念。自20世纪70年代以来,有关图书馆消亡的讨论一直没有停息。尽管图书馆界对种种消亡论不屑一顾,但面对图书馆越来越严重的虚拟化(如藏书的虚拟化、读书场所的虚拟化,甚至读者的虚拟化,等等),的确需要新的发展观。建立在存取理论上的发展观就是这样一种新的发展观。存取理论的出现使人们认识到图书馆不仅是一个藏书场所,更是一个信息存取的场所。未来图书馆是一个高效的信息存取中心,文献传递服务的中心。它维系着图书馆的基本理念,依靠图书馆的基础体制与核心能力服务于社会并向社会获取发展的资源。

(2)改变了图书馆学的藏用观。藏与用一直是图书馆活动的矛盾,从以藏为本到以用为本的发展,是数千年图书馆史的主线索。近代图书馆确立了用的观念,阮冈纳赞的图书馆学五原则阐述了这一观念。然而,阮冈纳赞的"书是为了用的"这一原则的出发点仍是"书"或收藏,是首先有"书",然后再"用"。所以,无论人们怎样提倡"用"的原则,在存取观念出现之前,图书馆的中心工作实际始终无法摆脱对大量文献的搜集整理等事务,也始终无法真正转移到读者服务这一核心工作上来。存取理论的出现使图书馆可以考虑利用书目共同体或CDDS,通过业务外包、委托管理，使自己从非核心业务中解放出来，专注于发展读者服务工作。

(3)改变了图书馆合作或协作的模式。图书馆合作历史悠久，但仅限于图书馆之间的合作，仍然是一种封闭式的合作。图书馆服务的资源不可能仅仅存在于图书馆内部，发展对外合作应该是现代图书馆服务的出路之一。存取的理论将图书馆合作从图书馆内部解放出来，将合作的思路扩大到了信息生产机构、商业化信息机构、物流机构等。这种改变也迫使理论图书馆学调整自己的理论范畴。

三、书目共同体

“书目利用共同体”(Bibliographic Utility)在美国文献资源共享历史上具有划时代意义，它是由存取导致的新文献资源模式。之所以称书目利用共同体，是因为早期的这类网络性的图书馆协作组织的中心活动内容是通过联机联合编目来共享书目资源。其中最有名的，就是 20 世纪 90 年代出现的 OhioLINK。

OhioLINK(Ohio Libarary and Information Network)是一个 90 年代才开始建立起来的州规模的图书馆协作网络。它的成员目前包括了 17 个公立大学、23 个社区/专科学院、33 个私立学院的图书馆以及州图书馆。主要的服务对象是大学的 54 万名师生员工。

1989 年，该州的高等教育委员会经过几年的调查发表了一份关于该州资源共享方面的研究报告。这份报告中分析了 1970 年以来文献出版的基本情况以及该州图书馆购书经费的情况，认为图书馆的预算增长总是赶不上文献增长和发展，因此，该州的文献信息资源所能覆盖的只能是世界知识总量的一个部分。但是另一个方面，多样化信息资源获得与选择的能力，对于高等教育而言日益重要。在这样一种大背景下，构建一个州规模的信息资源共享和利用的环境，对于缓解图书馆财政压力,提高服务水准,发展高等教育是很重要的。根据这份报告的建议,1990 年以后,OhioLINK 开始委托 Innovative Interfaces Inc. 公司开发中心目录的软件系统,委托 Digital Equipment Corporation 公司建立计算机硬件设备,并与 UMI 签订了协议引进 4 个数据库。在此基础上,1992 年正式网络开通。1996 年开始在 WWW 上提供服务。现在 OhioLINK 拥有一个综合性的地区图书馆目录和 OhioLINK 中心目录,一个联机馆际互借系统、各个学科的数据库和 48 小时的文献配送系统。

OhioLINK 拥有一个中央联机图书馆目录。各个成员馆在编制本馆的图书馆目录时,也把书目记录输送到中央图书馆目录中。与此同时,除了这个中央目录以外,这个网络本身可以连接各个成员馆的 OPAC 以及该州以外的地区的图书馆书目资源。目前整个网络的藏书量超过 2000 万册以上,令人惊奇的是,该网络的藏书的 60%(1997 年 8 月数字)是不重复的。[24] 该网络并没有刻意进行藏书分工,但取得的效果却好于许多通过行政手段分工收藏的网络。

OhioLINK 的中央目录不仅记录了主要的书目信息以及该书的藏书所在,而且提供了即时性的出借情况。这样读者在需要借书的时候,可以直接将申请经过网络送达所属图书馆,并同时直接转送到 OhioLINK 中去处理。馆际互借申请中常见的填表申请的手续就可以省略,而且寻找其他馆的复本的工作也是由该系统自动处理。

1993 年 11 月,OhioLINK 开始建立文献配送系统。最初参加的图书馆是 50 馆左右,实行的是 48 小时配送制度。但是到了 1995 年以后,由于实施的图书馆已经超出 100 家,配送时间有所延缓,但总体上 70%—80% 的文献外借可以实现 3 天之内送达的服务标准。

除了书目信息共享与图书馆际互借外,OhioLINK 还提供数据库检索和全文数据库、期刊论文的电子传送等服务。它能提供的A&I数据库的数量是53个,基本上覆盖了全学科的核心数据库。这些数据库的一部分是储存在OhioLINK的计算机中心的,一部分则是通过因特网直接连接到数据库的提供商。它通过因特网提供的全文数据库的数量是11个,主要是一些著名百科全书等工具书的联机版。提供电子文献传送服务的主要的商业性公司有十多家,一般是由该共同体集体与商业性公司签约购买,通过网络提供期刊论文电子信息的传送。

由于OhioLINK代表54家图书馆,所以所有的电子信息资源是以全州性的图书馆利用作为前提的。由于契约的总金额比较大,订购的数量整体有保证,而且数年作为一个契约单位,不必担心中途中止停刊,所以一般的电子期刊出版商可以提供优惠价格。另外,由于这种集体性的契约,对于大多数的读者来说可以以非常低廉的价格利用这些信息,所以随着检索数量的剧增,平均的检索单位成本迅速下降。

书目利用共同体是一种新型的文献资源共享协作组织。与传统的图书馆网相比,它有两个基本特点:

第一,以现代信息技术为基础,在文献资源共享活动中保持非常高的效率。传统文献资源共享虽然卓有成效,但它的效率较低,图书馆需要花费不少人手,而读者得到图书却要花费许多时间。书目利用共同体充分利用了计算机技术进行用户认证、馆际结算以及整个共享活动的管理,利用计算机网络提供高效的书目查询,同时利用现代物流技术传送图书,使图书馆协作达到了前所未有的水平。

第二,实行自愿的、互利互惠的协作原则。传统的图书馆协作是行政式的,由地方或行业的主管出面组织,以行政方式协调藏书采购。事实表明,对于一个较大的网络,这种行政协调方式很难达到好的效果。而书目利用共同体则以经济结算制度形成对协作馆的一种约束。一个馆对一种文献,选择购入还是利用互借,取决于该馆对该文献的利用率。利用率高的文献,多次向他馆互借的话,成本可能高于自我购入。这就很好地解决了以往馆际互借过程中大馆"吃亏"的问题。

引用文献:

1. 黄纯元. 变与不变之间——读伯克兰德的《图书馆服务的再设计》[C]//黄纯元图书馆学情报学论文集. 上海:上海科学技术文献出版社,2001,213—217
2. Buckland M. Redesigning Library Services: A Manifesto[EB/OL]. http://sunsite. berkeley. edu/Literature/Library/Redesigning/html. html
3. 黄纯元. 政治经济学视角中的未来图书馆论——读哈里斯和翰奈的《走向未来:后工业时代的图书馆情报服务的基础》[J]. 图书馆杂志,1999(2):31—34
4. F W Lancaster's Reviews of"Future Libraries: Dreams, Madness & Reality"[J]. LISR 17,1995:407—424
5. F W Lancaster's Reviews of"The Myth of Electronic Library: Librarianship and Social Change in America"[J]. Journal of Documentation, 1995(2): 178—179
6. Arms W Y. Digital Libraries[M]. Cambridge. MA: MIT Press,2000
7. Borgman L. From Gutenberg to the Global Information Infrastructure: Access to Information in the Networked WorldChristine[M]. Cambridge, MA: MIT Press,2000
8. Svenonius V. The Intellectual Foundation of Information Organization[M]. Cambridge, MA: MIT Press,2000
9. Arms W Y. 数字图书馆概论[M]. 北京:电子工业出版社,2001
10. 胡兆述. 图书馆学与资讯科学大辞典[M]. 台北:汉美图书有限公司,1995
11. Elizabeth Finnie. Document Delivery[M]. London: Aslib,1998
12. Pederson W, Gregory D. Interlibrary Loan and Commercial Document Supply:

Finding the Right Fit[J]. Journal of Academic Librarianship,1994(Nov)

13. Everett D. Too Little,Too Late? [J]. Online,1993(Mar)

14. Schroeder R. Access vs. Ownership in Academic Libraries [EB/OL]. http://edfu. lis. uiuc. edu/review/summer1995/schroeder. html

15. Kleiner J P,Hamaker C A. 2000 年的图书馆:采用文献传递、需求评估和网络化资源的转型中的图书馆[J]. 大学图书馆学报,1998(2):1—11

16,18. De Gennaro R Austerity. Technology and Resource Sharing: Research Libraries Face the Future[J]. Library Journal,1975,15(May)

17. Schmidt J. Resource allocation in university libraries[J]. Library Trends, 1975(April)

19. Hoadley B. Access vs. Ownership: Myth or Reality? [J]. Library Acquisitions: Practice & Theory,1993,17(2):191—195

20. Rutstein S,et al. Ownership versus Access: Shifting Perspectives for Library [J]. Advances in Librarianship,1993(17):33—60

21. Higginbotham B,Bowdoin S. Access versus Assets[M]. Chicago: American Library Association,1993

22. Tyckoson D. Access vs. Ownership: Changing Roles for Librarians[J]. The Reference Librarian,1991,15(34):37—45

23. Kane T. Access versus Ownership[G]//Encyclopedia of Library and Information Science. New York: Marcel Dekker Inc. ,1999,67

24. Kohl F. How the Virtual Library Transforms Interlibrary Loans-the OhioLINK Experience[J]. Interlending & Document Supply, 1998, 26(2): 65—69

第二部分

20世纪中国的图书馆学

第六章　嬗变与萌芽(1900—1916)

20 世纪初,在中国文明史上最耻辱日子里,中国近代图书馆从古代藏书楼嬗变中诞生。三所“图书馆”功不可没:

1902 年,绍兴乡绅徐树兰办起了古越藏书楼。起名藏书楼但藏书对社会公众开放,使它具有了近代公共图书馆的性质。古越藏书楼因此而成为中国近代图书馆出现的标志。

1902 年,京师大学堂藏书楼建成。具备现代图书馆服务模式的大学图书馆的出现,对于近代图书馆的诞生显得更加重要。

韦棣华的文华公书林,管理上充分吸收了西方近代图书馆的先进模式,但一个西方人创办的公书林对于社会民众的影响却不会太大。文华公书林的实验、示范意义,远远大于其社会意义。

古越藏书楼和文华公书林都是个人的产物,一批公共图书馆的建成,标志着我国近代图书馆翻开了崭新的一页:

1904 年,以“输入文明,开通知识”为宗旨的湖南图书馆建成。以此为起点,我国开始了一个建设近代图书馆的高潮。

1912 年京师图书馆建成开放,中国的近代图书馆制度完全建成。而从图书馆学史的角度看,与此相关的《京师及各省图书馆通行章程》的立法精神更值得理论界关注。

辛亥革命后,我国图书馆发展方向开始发生转变:

随着通俗图书馆等普及性基层图书馆的建设,图书馆开始向中小城市普及,服务对象从传统文人转而向普通公众,藏书利用被放到了更重要的位置:

辛亥革命后以普及服务为主的通俗图书馆、巡行文库和公众阅报所,对近代图书馆意义深远。

近代图书馆事业的发展,催生了近代图书馆学理论的萌芽:

20世纪之初的图书馆学在传统藏书观念的影响下,保存国粹是它更重要的任务。

1909—1910年,晚清秀才孙毓修的《图书馆》一书带来了真正的图书馆学观念。

梁启超、鲁迅、李大钊,社会名流们对图书馆事业发展功不可没。

20 世纪初,中国近代图书馆从古代藏书楼嬗变中诞生。而催生近代图书馆的思想武器,则是 19 世纪末中国社会的变化对一种新的文明的追求。19 世纪末中国处于旧的文明逐渐解体而新的文明尚未形成的状况,当时西方文明势不可挡地进入了古老国土,民主的思想在中国文化界备受推崇。作为中国文化重要阵地的藏书楼不可避免地受到了强烈的冲击。面向大众的图书馆就这样艰难地产生了,与西方文明相契合的中国图书馆思想也在图书馆的实践运动和中国新文化运动的催生下萌芽了。

第一节　从藏书楼到公书林

19 世纪末,维新派人士在中国各地建立了许多学堂学会,如京师大学堂、长沙时务学堂、南洋公学、上海强学会等,这些机构借鉴西方大学图书馆或专业图书馆的做法,设立了具有借阅功能的藏书楼或图书馆。因而傅璇琮、谢灼华认为,“在 19 世纪末的中国,以公众阅览为核心的西方公共藏书楼制度及其以书育才的实际功用已经深入人心,并且落实在开明士绅的言行之中”。[1]

一、徐树兰和古越藏书楼

1900—1902 年(清光绪二十六至二十八年),乡绅徐树兰独家捐资“银三万二千九百六十余两”,在其家乡绍兴府城古贡院创办了古越藏书楼。在藏书之风盛行的江南,办一所藏书楼并非惊天动地的大事,但徐树兰的古越藏书楼却必然永载中国图书馆史册。

虽然古越藏书楼起名藏书楼,似乎与古代藏书楼有着千丝万缕的联系。但是,古越藏书楼的藏书却是对社会公众开放的,这又使它具有了近代公共图书馆的性质。古越藏书楼实际上是中国第一所具有公共图书馆性质的藏书楼,它的建立成为中国近代图书馆出现的标志。古越藏书楼的这种名实两重性,也清楚表明了它是一个从古代藏书楼到近代图书馆的变革时期的产物。

徐树兰(1838—1902),字仲凡,号检庵,清山阴人,光绪二年(1876)举人,授兵部郎中,改知府,因母病告归。徐为清后期绍兴名门望族,世称"会稽徐氏,世多贤者,藏书亦有名于时"。徐树兰是个具有维新思想的人物,曾在上海发起创办农学会,翻译西书,创办农场,入会者颇多。还在上海黄浦江畔购地百亩,求植各国果树,又至昆山购地开荒,以兴农业。一生中最突出的贡献,是捐资创办绍郡中西学堂和古越藏书楼。他借鉴国外"藏书楼与学堂相辅而行"的经验,光绪二十三年(1897)绍郡中西学堂成立后,自任校董,设文学、译学、算学、化学等科,开新式教育风气之先。又捐银 32 960 余两,于光绪二十八年(1902),在绍兴城古贡院内,创建了古越藏书楼。[2]

古越藏书楼占地 1.6 亩(合 1067 平方米),建屋四进。1902 年 6 月 15 日徐树兰逝世。其次子徐尔谷仰承遗命继续经办古越藏书楼。1904 年(清光绪三十年),古越藏书楼正式向公众开放。1911 年(清宣统三年)徐尔谷游宦离乡,古越藏书楼停办。1916 年(民国 5 年)徐尔谷报经教育部批准,续办古越藏书楼。1924 年(民国 13 年)古越藏书楼停止开放。1926 年(民国 15 年)徐树兰之孙徐世南,重新开放古越藏书楼。1930 年(民国 19 年)徐世南游皖,古越藏书楼再度停办。1932 年(民国 21 年)绍兴县教育局报教育部批准,将古越藏书楼收为公办,改名绍兴县立图书馆,并遵照"厅令"将流通书库纳入图书馆管理。[3]

徐树兰申明创建古越藏书楼的宗旨是"一曰存古,一曰开新”。古越藏书楼所藏文献除徐树兰家藏经史大部及一切有用之书外,还购备了近代译本新书、图画、标本、雅训报章,藏书达七万余卷。藏书楼形成了古今图书兼收、东西新学著作并蓄的藏书格局,并导致了图书分编技术的革命。古越藏书楼编印过两个书目,第一个是徐树兰生前手编,将藏书分为经、史、子、集、时务五部,编为35卷,订成6册,由古越书楼刊行。此书目除继承四库分类的传统之外,将四库未能包容的新学书籍归入增设的“时务”部,这是一个创新。1904年,慈溪孝廉、绍兴府学堂总教习冯一梅,应邀为古越藏书楼再编了一个书目,改编为20卷,装为8册,由上海崇实书局印行。冯氏书目,吸收了徐氏书目的优点,彻底冲破四库分类的樊篱,将藏书分为政、学两部,以适应新旧书籍的类分,并将新学之书与“经”并列,这是一个很大的改革和创新。在编目方法上著录详明,有分析、互著、参见,充分揭示了馆藏。姚名达先生对此书目评价颇高,说:“谈最早改革中国分类法,以容纳新兴之学科者,要不得不推《古越藏书楼书目》为最早也。”又说此书目“规模完备”,“分类精当”,“系统分明”,是新旧“混合庋藏、统一分类派的登峰造极者”。徐、冯二氏所编古越藏书楼书目,前者已佚,后者尚存,对中国图书分编技术的改革、进步,起到了借鉴作用。

与同时代的藏书楼相比,古越藏书楼的管理明显得完善周全,且引入了近代图书馆人文关怀的管理理念。徐树兰“参酌东西各国规制”,制定了一份非常详细的《古越藏书楼章程》,这可算我国较早成文的有关图书馆管理的规章制度。分析《古越藏书楼章程》可以发现,古越藏书楼在对外服务方面有十分具体的规定,比如在人员安排上,对藏书楼监督、司书、司事、门丁等不同层次的管理人员接待读者的职责做了明确规定。在开放时间、借阅方式、手续等方面也有详细的规定,此外还提供膳食茶水等很多服务,以更好地方便读者阅读。为了保证藏书楼的正常运作,徐氏父子还“每年认筹常年经费”。古越藏书楼的开办做到了“凡其书一若郡人之书”,“推惠于乡人”,可以说已经基本具备了公共图书馆的形态。由于徐树兰父子是以一家之力创办为公众开放的藏书楼,与官办和集资合办的藏书楼相比显然更加难能可贵,故在当时备受推崇,“欲效先生之所为”甚多,[4]影响很大。

南通人张謇在光绪三十年(1904)曾作《古越藏书楼记》,盛赞徐树兰“举其累世之藏书,楼以庋之,公于一郡,凡其书一若郡人之书”。“楼成,其乡之人大欢”。并自称“亦欲效先生之所为,而亦欲海内藏书家皆仿先生之所为也”。以后张謇即创办南通图书馆。1903 年,杭州建立了浙江藏书楼。在古越藏书楼建成后的十年间,办公共藏书楼、公共图书馆蔚然成风,这都是与徐树兰建古越藏书楼有直接关系的。古越藏书楼的诞生,推动了中国图书馆事业从封闭的古代藏书楼向近代公共图书馆的过渡。

古越藏书楼的诞生是中国图书馆史上一次重大文化创新,不仅对中国近代图书馆事业具有开创意义,而且对中国近代教育,特别是社会教育事业也产生了积极的影响。古越藏书楼的创办过程,是徐树兰及其后继人学习并融会古今中外文明成果,创造所处时代先进文化的过程,这个过程是通过理论创新、制度创新和技术创新来实现的。

二、京师大学堂藏书楼

我国现代意义的大学建于 19 世纪末,1895 年,北洋大学在洋务运动中诞生。与此同时,北洋大学图书馆也诞生了。北洋大学图书馆的管理者聘自美国,采用了与当时国外大学图书馆基本相同的管理方法,它可以说是 19 世纪我国最高水平的图书馆。但由于是外国人管理,它对中国近代图书馆的影响不如后来的京师大学堂藏书楼。

京师大学堂建于1898年,因当时藏书很少,未设专门藏书管理机构。1900年八国联军侵占北京,图书被毁。1902年复校后,始设立藏书楼。1903年改名京师大学堂图书馆,但当时人们仍沿用京师大学堂藏书楼的名称,直到1912年才正式改名北京大学图书馆。

京师大学堂藏书楼的建设体现了维新派人士兴办现代图书馆的一贯理想。1898年梁启超代总理衙门起草《京师大学堂章程》,把藏书楼放置在十分重要的位置上。1902年建藏书楼时,该章程中关于设立藏书楼的主张大部分都付诸实施了。京师大学堂藏书楼的意义正如教育部副部长袁仁贵在北京大学图书馆建馆一百周年庆祝大会上所说,"藏书楼的设立,使京师大学堂初步具备了近代综合性大学的气象。从那时起,'办大学先建图书馆'成为我国高等教育界的共识。可以说京师大学堂藏书楼的诞生,在中国图书馆事业史和中国高等教育发展史上都具有十分重要的意义"。[5]

京师大学堂藏书楼的出现对中国近代图书馆的形成也有重要意义。在西方,从古代图书馆向近代图书馆过渡过程中,大学图书馆曾起着十分重要的作用。西方的大学图书馆早于公共图书馆出现,尽管它只是为本部门读者服务的图书馆,但大学图书馆对读者的开放性仍体现了真正的图书馆精神,它的发展成为促进近代图书馆事业产生的一个重要因素。在我国,由于早期公共图书馆的服务缺少法理支持,社会服务并不十分规范,因此京师大学堂藏书楼一类大学图书馆的出现就显得更加重要。但对于这类大学图书馆在催生中国近代图书馆中的作用,特别是它们对形成新的图书馆服务理念的作用,图书馆史学家研究还不够。

三、韦棣华与公书林

韦棣华女士(Miss Mary Elizabeth Wood,1861—1931),1861年8月22日诞生于美国纽约州附近的一个名叫埃尔巴的小镇。1889年,韦棣华女士走出家门,开始从事社会工作,担任纽约州“理奇蒙特纪念图书馆”(Richmond Memorial Library,Batavia,New York)的第一任馆长;1899年,由于义和团运动的原因,韦棣华女士只身赴中国武昌探望其幼弟韦德生(Robert Wood)牧师,后因怜惜武汉民众的疾苦和教育条件的不足,遂决定留在中国,立志发展中国图书馆事业,提高民众的智识。这年冬天,她开始为约翰中学藏书室整理图书,并建立起比较完善的编目制度。[6] 此后,她的一生都与中国图书馆事业联系在一起了。

1903年,韦棣华在武昌文华学校筹办阅览室,开展多种图书宣传活动。1910年扩大馆舍,命名为文华公书林(Boone Library),1920年与沈祖荣先生共同创办了中国第一个图书馆学教育机构——文华图书馆学专科学校(Boone Library School,简称“文华图专”);1924年她促成美国政府退还庚子赔款用于发展中国图书馆事业,并因此于1925年发起并促成了中华图书馆协会的成立。韦棣华为新兴的中国近代图书馆带来了现代图书馆理念和具体的工作方法,对促进我国图书馆的转型发挥了作用。更重要的是,韦棣华挑选、推荐了一批青年到美国留学,为我国图书馆即将来临的飞跃准备了人才。经韦棣华推荐赴美留学的有沈祖荣、胡庆生等。为表彰韦棣华女士对中国图书馆事业的贡献,中华民国第二任总统黎元洪称誉她为“中国现代图书馆运动之皇后”。[7]1931年5月1日,韦棣华女士因病在武昌逝世。

如果说古越藏书楼体现了古代藏书楼向近代图书馆过渡的特征,那么文华公书林则更多的是直接学习西方近代图书馆的产物。该馆向社会开放,学校师生可借阅图书,社会人士也可借阅图书。它设有巡回文库,选择良好读物寄存于武汉各学校,供师生借阅,定期交换。韦棣华女士基本按照西方先进的公共图书馆的模式建造文华公书林,武昌文华公书林系二层砖木结构的房屋,铁皮屋顶,内部的设计具有典型的图书馆功能,馆办设有编目室、参考室、阅览室等,开架阅览。公书林也是后来的文华大学图书科学生实习的图书馆,对中国近代图书馆教育的发展起到了很好的促进作用。

历史地看,韦棣华女士创办的文华公书林更像一所试验性公共图书馆。它的建筑、内部设备、藏书管理与阅览方式充分吸收了西方近代图书馆的先进模式,可以说是当时中国最先进的。但它毕竟是一个西方人创办的公书林,对于社会民众的影响并不大。对于中国图书馆事业,它的影响也远不如古越藏书楼。因此,文华公书林对图书馆建设的实验、示范意义远远大于其社会意义。

第二节　公共图书馆出现与普及

一、从藏书楼到图书馆

我国对现代图书馆的认识起自于西方,最初,郑观应等介绍的都是“泰西”的情况。日本“明治维新”以后,特别是甲午战争后,中国对日本图书馆的介绍开始多了起来,进入 20 世纪后,日本更成为我国创建图书馆的主要楷模。这与当时我国“新知识”翻译几乎集中在日本有直接的关系。我国西学东渐早于日本,明治维新前日本是通过中国来了解西方的。但明治维新后,情况发生了逆转,特别是甲午战争后,译自日文的中译西学后来居上,1900 年后,每一种日本教科书都被译成中文,影响很大的《编译普通教育百科全书》,包含了知识的各个领域,使用标准的日本术语,对我国各类学科的术语规范化起了很大的作用。[8] 日本名词"图书馆"也由此被移植过来逐渐代替了藏书楼等名词,成为我国社会文献收藏与利用机构的正式名称。我国刚开始介绍西方图书馆时,没有另创新词,使用最多的是藏书楼这个传统名词,间杂有藏书院、书楼等称谓。图书馆在 19 世纪末才出现,在一段时间内与藏书楼等称谓并用。1902 年罗振玉提出《京师创设图书馆私议》,表明图书馆这个名词在我国已能够与藏书楼并用。徐树兰在《为捐建绍郡古越藏书楼恳请奏咨》中对日本"图书馆"的由来做了具体介绍,"日本明治维新以来,以旧幕府之红叶山文库、昌平学文库初移为浅草文库,后集诸藩学校书,网罗内外物品,皆移之上野公园,称图书馆,听任众庶观览"。徐是当时思想比较进步的维新者,而且对图书馆认识也很清楚,但他把自己创建的收藏文献供公众利用的机构仍定名为藏书楼。结合 1901 年安徽、1903 年浙江开办对外开放的藏书楼情况看,显然藏书楼称谓在 20 世纪初较图书馆更为普遍。1904 年我国出现了省级图书馆,而后清政府考察大臣奏请各省筹建图书馆作为预备立宪的具体工作,我国开始掀起创建图书馆的高潮,图书馆一词开始取代藏书楼。尽管 1906 年刘师培已经很清楚"今考东西各邦,均有图书馆",仍将自己的文章定名为《论中国宜建藏书楼》,表明藏书楼这一名称仍有使用,但主要只是一些国粹派的习用而已。清学部兼管图书馆后,筹建京师图书馆,制定《京师图书馆及各省图书馆通行章程》,随着我国省级图书馆的全面创建,有着悠久历史的藏书楼一词终于成了历史用语。

光绪三十一年(1905),清政府派遣以载泽为首的五大臣赴欧美和日本考察,图书馆也在考察内容之列。期间考察人员参观的欧美、日本图书馆多达几十所。次年回国后,考察大臣即上书请求开办图书馆,进一步促进了图书馆的建设。1905 年 12 月,学部奉旨成立,教育行政系统正式从礼部独立出来,图书馆事务亦由其兼管,我国图书馆建设由此开始正式列入国家管理的范围。全国的图书馆管理体制终于架构起来。

知识界与国家对图书馆功能的认识,成为推动近代图书馆建设高潮的最直接动力。

从零星出现私人或地区公开开放藏书楼,到 1910 年基本建设完成国家图书馆和遍布全国的省级公共图书馆,我国近代图书馆真正的建设时间只有短短的几年,发展不可谓不快。这种快速发展态势与清政府的政治变革有直接的关系。自 1901 年慈禧宣布实行"新政"后,两江总督刘坤一、湖广总督张之洞联衔提出的"育才兴学"得到清政府赞许后,作为"育才兴学"重要方面的图书馆,也就自然受到了重视。考察大臣则把各省筹建图书馆作为立宪的具体措施来推行,《学部奏分年筹备事宜折》也是配合清政府宪政计划而制定的。故在地方官员看来,"是此馆之设,未可置为缓图"。[9] 不少省更多的是将其视作必须完成的上级任务。所以基础较好的省固然比较容易完成,但一些偏远落后的省难免会仓促草就,有的将原有几个书院的藏书合并移置一起,利用学堂旧址改办而成,不少则是借助私人捐助为主建成的。各省图书馆在很多方面都不统一,差异很大。如山东馆附设有金石保存所,"凡本省新出土之品与旧精品,博访兼收,以表山东古文明之特色"。山西馆则专门有"标本陈列所五间",将"本省土产,亦搜为标本,分所列陈"。云南图书馆除设有售书处外,还计划"附设教育博物馆,以资考证而扩智识"。[10] 藏书多寡差异也很大,如江南图书馆 1911 年已有藏书八十万卷,浙江图书馆创办时藏书为 7 万卷,1912 年文澜阁藏书并入后达二十四万,[11] 但同期少的全馆只有"古今中外新旧图籍千六百余种,为卷轴四万三千有奇”。[12]

这一阶段的图书馆一般实行闭架借阅方式。图书馆都辟有阅览室,开展对外服务,有的还根据文献载体将阅览室分为“阅图书”和“阅报纸”两种。对读者除了在数量上有所控制外,没有更多的限制,但有不少图书馆实行收费服务。从整体看,当时图书馆仍留有浓重的藏书楼痕迹。事实上,那时各省图书馆建设重点是筹措经费,收藏文献,寻找馆舍,在服务管理方面则大都以最早建成的几个图书馆章程为蓝本。浙江图书馆的管理在当时属于比较完备的,但该馆就是“参酌江鄂等省成法,妥订藏书及观书章程”,所以当时各省图书馆的服务管理则相差无几。

古越藏书楼和文华公书林都是个人的产物,它们在理论史上有非常重要的意义,但是在当时所产生的影响却不可能太大。而京师图书馆的建立,省级公共图书馆的全面建成,则得到了政府以及《京师及各省图书馆通行章程》这类准法律文件的支持。因此,它们产生的社会影响是巨大的。这批公共图书馆的建成,标志着我国近代图书馆翻开了崭新的一页。

二、省级图书馆建设高潮

就全国范围而言,藏书楼的嬗变与图书馆建设并没有截然的界限,在古越藏书楼对外开放的同时,我国也开始出现正式以图书馆命名的专司文献收藏与利用的社会机构,并且很快形成了第一次全国性的图书馆建设高潮。

湖南图书馆始建于1904年3月。由湖南巡抚赵尔巽倡设,梁焕奎、龙绂瑞等具有西方民主思想的青年人募捐集资兴办,以“输入文明,开通知识”为宗旨,初名湖南图书馆兼教育博物馆,馆址在长沙定王台(现长沙市图书馆所在地)。1905年,时任湖南巡抚的端方、庞鸿书先后增拨库银,扩建馆舍,派人采办图书,10月定名为湖南图书馆。[13]一般认为我国最早的省级公共图书馆是湖南图书馆。1912 年 1 月,更名为省立图书馆。以湖南图书馆的建立为起点,我国开始了一个建设近代图书馆的高潮。

在我国图书馆的实际创建中,日本图书馆的影响也比西方图书馆更大。徐树兰《古越藏书楼章程》是“参酌东西各国规制”拟定的。其实西方图书馆的章程在我国很少看到,而日本图书馆章程由于中日相邻,文字“同文”,而且留日学生又很多,徐可能较易获得,是制定《古越藏书楼章程》的主要参考依据。在我国图书馆具体创建过程中,主要借鉴日本模式,奉天图书馆创建就“参照日本成法”。湖南图书馆的扩建更是专门派人前往日本考察。光绪三十二年(1906)湖南巡抚庞鸿书《奏建设图书馆折》中明确提到,“上年升任抚臣端方始委员前赴日本调查图书馆办法,并购求书籍”。湖南图书馆是我国最早建成的图书馆之一,在我国图书馆建设中有过很大的影响,不少图书馆建设都引用了湖南图书馆的做法,对比《湖南图书馆章程》和《云南图书馆章程》可以清楚地看到这种沿用的痕迹。而湖南图书馆建设则借鉴了日本的“办法”,这些“办法”又通过湖南图书馆为其他省图书馆创建所借鉴。

1908 年 8 月 27 日清廷颁布《钦定宪法大纲》拟定用九年时间筹备宪政。按这一时间,学部制定了全国图书馆建设的计划,在上呈给清帝的《学部奏分年筹备事宜折》中明确宣称,宣统元年(1909)“颁布图书馆章程”,“京师开办图书馆(附古物保存会)”,宣统二年(1910)“行各省一律开办图书馆”。其实在学部计划之前,全国大部分省都已建成了图书馆。学部命令下达后,尚未设立图书馆的省加快了建设速度,至宣统二年(1910),我国几乎达到了每省都有图书馆。

考察 20 世纪初图书馆建设,私人捐助的因素也不可忽略。在清末省级公共图书馆建设中,私人捐助是一种普遍现象,很多图书馆都是在私人捐助的基础上创建起来的。湖南图书馆最初就是"绅士魏肇文等在省垣汉长沙定王台创设图书馆,由各绅捐置图籍"创建起来的。在一些比较贫穷的地区,私人捐助的作用就更大了。对一些金额比较大的私人捐助,一般由地方政府推荐,清政府给予褒奖,如直隶图书馆创建提学司卢靖本捐银五千两"赏给二品顶戴",贵州图书馆创建就举人乐嘉藻捐助图书和银两总计价值四千多两"奖给主事"。[14]对金额相对较小的,则由各馆给予奖励和优待,重视和鼓励私人捐助成了我国图书馆早期管理制度中的重要内容。《湖南图书馆章程》第五章为专门的"捐助章程",共六条,从各个方面对私人捐助做了详细的规定,如将私人捐助的书报分"永久捐"和"暂时捐"两种,分别制定了不同的具体接受手续,并按照捐助金额的多少给予不同的奖励优待,"捐财产至千金以上者,随时详抚宪照例奏奖,并推为名誉赞成员,另致送纵览券",对"捐书估值至三百金以上者,亦推为名誉赞成员,并致送纵览券。不及此数者,亦致送纵览券"。重视和褒奖热心捐助图书馆创建者成了我国图书馆管理思想的一大特色。

湖南图书馆的建立在中国近代图书馆史上有着特殊的意义。著名图书馆史学家严文郁对湖南图书馆的评价是,"该馆为新式图书馆的先声,亦是我国近代图书馆事业的发端。从此清廷对图书馆的建立,有了积极的支持行动,各类型图书馆次第产生"。[15]从理论上分析,世界上近代图书馆出现的标志是建立免费对社会公众开放的、有公费支持、立法保障的公共图书馆。早在湖南图书馆建立之前,古越藏书楼已对公众开放,走出了从古代藏书楼到近代图书馆的重要一步。但古越藏书楼的建立基本是一个乡绅个人的行为,并不能代表一种新的信息保障制度的建立。而湖南图书馆则更向前跨出一步:首先,它是政府主办性质的图书馆,更加接近公共图书馆的"公费支持"的要求;其次,虽然湖南图书馆建立之时没有法律保障,但一批省图书馆的相继建立却促成了事后的图书馆立法；第三，它正式使用了“图书馆”这一名称，这虽然只是形式上的一个变化，但对近代图书馆完全摆脱古代藏书楼的影响，却有非常重要的意义。可以说，在中国近代图书馆史上，古越藏书楼和文华公书林的建设更多的是个人的行为，而湖南图书馆等省一级公共图书馆的建立却具有制度意义。因此，将湖南图书馆建立的1904年看成中国近代图书馆基本形成的年代，是有理论根据的。

三、京师图书馆与图书馆立法

1. 京师图书馆

20世纪初，在变法图强和西学东渐的背景下，有识之士力奏请清政府兴办图书馆和学堂，以弘扬民族文化，吸收先进科学。1909年（清宣统元年）学部奏请建立“京师图书馆”。《学部奏筹建京师图书馆摺》中称：“图书馆为学术之渊薮。京师尤系天下观听，规模必求宏远，搜罗必极精详，庶足以供多士之研求，昭同文之盛治。”[16]这一文件所表达的思想是在国家首都建设收藏完备、具有最高学术水准的中央图书馆，以支持国家学术研究。它非常接近现代图书馆学对国家图书馆的认识。在整个20世纪，这一思想始终是国家图书馆的建设思想。同时，各省级图书馆的建设也以支持地方学术研究为基本目标。

1909年9月朝廷准学部奏请，开始兴建京师图书馆。由四品翰林院编修缪荃孙为首任监督，馆舍设在北京广化寺。缪荃孙（1844—1919）是江苏江阴人，中国近代图书馆的创始人之一，著名目录学家。缪荃孙深受张之洞赏识与之编书，并先后在江苏南菁书院、山东泺源书院、钟山书院、常州龙城书院等处讲学刻书。1907年他受命于江南总督端方，开始筹办江南图书馆，1908年正式被聘为江南图书馆总办。1909年又被任命为京师图书馆正监督，负责筹办京师图书馆，直至辛亥革命爆发。江南图书馆与京师图书馆是我国20世纪初最著名的两所图书馆，而这两所图书馆的建设都与缪荃孙有直接的关系。作为文献学大家，缪荃孙在图书馆古籍善本收藏和整理方面成就辉煌，他亲自主持收购杭州丁氏八千卷楼藏书更是传世佳话，广受赞誉。同时在京师图书馆期间编成的《清学部图书馆善本书目》和《清学部图书馆方志目》都堪称开端之作。又是近代著名的藏书家和校勘家，长于金石目录之学，著有《艺风堂藏书记》《艺风堂金石文字目》等。

辛亥革命后，京师图书馆由北京政府教育部接管，并于1912年8月27日正式开馆接待读者。京师图书馆建成开放后，中国的近代图书馆制度就已完全建成了。1916年京师图书馆按规定正式接受国内出版物呈缴本，标志着它开始履行国家图书馆的重要职能。

京师图书馆于1926年10月改名为国立京师图书馆，运用庚子赔款有100万元分配建馆，其中5万元用于建馆舍，25万到30万元购置图书；在此期间，又筹备建立北海图书馆。国立京师图书馆于1928年7月正式归属南京国民政府大学院，由方家胡同迁至中南海居仁堂。1929年1月开馆，改名国立北平图书馆。1929年9月北平北海图书馆并入，原名未动。教育部聘任蔡元培为正馆长，袁同礼为副馆长。1931年6月25日，文津街新馆落成，将两馆馆藏荟萃一处，7月1日开放阅览。新中国成立后，它改名北京图书馆，成为国家图书馆。

2.《京师及各省图书馆通行章程》

京师图书馆创建后不久，1910年，学部颁布《京师图书馆及各省图书馆通行章程》。章程明确规定图书馆的目的是“图书馆之设，所以保存国粹，造就通才，以备硕学专家研究学艺，学生士子检阅考证之用。以广征博采，供人浏览为宗旨”。[17]该章程还对图书馆的收藏范围、职责、管理制度，以及流通方法等做出了详细的说明。这是中国近代社会第一个官方的图书馆法规,它以相当于法律的形式支持了包括京师图书馆在内的近代公共图书馆建设,明确了它们的社会地位与职能。特别值得一提的是,它在第一条写入了"供人浏览"的图书馆宗旨,在第五条明确了图书馆应设"阅书室",在第七条规定了图书馆收藏的图书有保存和阅览两大功能,在第九条中规定"凡中国官私通行图书、海外各国图书,皆为观览之类。观览图书,任人领取翻阅"。[18]这些规定相当于以法律的形式明确图书馆对社会开放的职能。此外,《京师及各省图书馆通行章程》也明确了"图书馆"名称的法定地位,从此"图书馆"正式取代"藏书楼"。

从近代图书馆学史的角度看,颁布《京师及各省图书馆通行章程》的理论意义甚至大于兴建京师图书馆。蒋复璁对该《章程》的评价是:"章程的内容精当周密,入民国后图书馆法规屡经订定修改,但其立法精神不变。"[19]严文郁评价该《章程》"可说是我国图书馆事业重大创举。对于图书馆事业的推动,有极大的贡献"。[20]

当然这一法规性文件也存在许多缺陷,其中之一是没有提及公共图书馆精神的核心——对全社会成员"无区别服务"。这表明它还没有达到19世纪中后期西方公共图书馆立法的思想水平。更为遗憾的是,由《京师及各省图书馆通行章程》产生的思想缺陷,在整整一个世纪的中国图书馆事业发展进程中,始终没有机会得到弥补。当然在一个民主化程度极为低下的社会中,人们对图书馆的认识也只能如此。《京师及各省图书馆通行章程》在中国图书馆发展史上的积极意义,足以弥补它的不足。

第三节　图书馆建设重心下移[21]

清末图书馆建设局限于首都和省府，由于图书馆主要宗旨为“保存国粹，造就通才”，所以尽管已经注意到藏书的利用问题，但藏书楼痕迹还十分明显，图书收藏仍是图书馆的第一要务，读者利用藏书的限制很多，而且服务的对象主要是传统文人，面非常窄。辛亥革命后，随着通俗图书馆等普及性基层图书馆的建设，我国图书馆发展方向开始发生转变，图书馆开始向中小城市普及，服务对象从传统文人转而向普通公众和少年儿童，藏书利用被放到了更重要的位置。

一、通俗图书馆

通俗图书馆顾名思义以普及服务为主，是文化普及性的基层图书馆，对比《通俗图书馆规程》与《图书馆规程》可以很清楚地发现它的这一特点。在藏书方面，通俗图书馆更强调藏书的普及性，明确规定“储集各种通俗图书”，一般图书馆“储集各种图书”，不强调“通俗”。在服务方面，“通俗图书馆不征收阅览费”，“图书馆得酌收阅览费”。在设施方面，《通俗图书馆规程》第九条规定“通俗图书馆得附设公众体操场”，《图书馆规程》中则没有这一规定。通俗图书馆的实际运作也很好地实践了这些规定。当时具体主管图书馆工作的鲁迅先生在致友人信中谈到图书馆工作时就曾指出，“惟于通俗图书馆，则鄙意以为小说大应选择；而科学书等，实以广学会所出者为佳，大可购置”。[22] 1914年有人在参观了普通图书馆类型的京师图书分馆与京师通俗图书馆后，具体描绘了两者的区别：前者“入门，须购券，每张铜币二枚”，图书馆“旧书占大多数，而经史等又占旧书之大多数”;通俗图书馆“阅览者领券入场,无庸纳资”,“正门之内有运动场一小区,浪木、铁杠、秋千架咸备”,藏书分普通与儿童两大类,从列举的类目看,大部分应该是新出版的书籍。[23]显然,相比而言,通俗图书馆在藏书与服务方面都更强调普及性,注重为一般大众和少年儿童服务是通俗图书馆的特点。

正因如此,通俗图书馆服务的面比普通图书馆更为广泛,读者的数量也远多于普通图书馆。“京师图书馆阅书人数,本馆不如分馆,而分馆又不如通俗图书馆”。京师通俗图书馆日均阅览人数约620人,全年超过了20万,据该馆1916—1918年三年的统计,阅览人数分别为266 900、254 349、237 520人次,这一数字远远超出了当时一般图书馆的阅览人数。以同样隶属民国教育部社会教育司的京师图书馆分馆为例,该馆1914年接待读者1355人次,平均每日5人次强;1915年为3443人次,平均每日12人次弱;1916年为7386人次,平均每日27人次;1917年首次超过万人,为10 640人次;1918年在1917年的基础上又增加5067人次,达到15 707人次;1919年接近两万,为19 685人次。尽管读者人数逐年上升,但与通俗图书馆相比,差距悬殊。这是一种普遍现象。据教育部1916年的调查,在普通图书馆中读者最多的为云南省图书馆,月均接待读者三千又数百人,按3500人计算,全年为42 000人,而同期云南6所通俗图书馆日均接待读者180人,全年为65 700人,比前者多了一半多。如果与接待读者最多的湖北省通俗图书馆相比,差距就更大了。湖北省通俗图书馆日均接待读者1800人,全年共计65.7万人次,比云南省图书馆多了15倍多。

与读者数量数倍于普通图书馆相比,通俗图书馆的经费支出则远低于普通图书馆。“创办通俗图书馆,比之省立图书馆,用款不及什之一,阅书人数则多至数十倍”,因此创办的机构很多,如浙江省立公众运动场附设通俗图书馆。此外还有不少私人创办的，如在浙江，私立的通俗图书馆数量甚至超过了公立的。更重要的是通俗图书馆顺应了当时重视平民教育的社会潮流，“通俗教育以启发一般人民普通必需之知识为主，故通俗图书馆之设，实关紧要”。不少通俗图书馆就是由负责通俗教育的人员主管的，如黑龙江的通俗图书馆就由当时的通俗教育社社长创办。所以教育主管部门对通俗图书馆建设非常重视。民国初期图书馆由教育部社会教育司领导，该部于 1915 年颁布了《通俗图书馆规程》和《图书馆规程》两个法规。就规程的内容看，《通俗图书馆规程》很多地方注明“适用”《图书馆规程》，显然这两个规程是一起制定的。但颁布却是《通俗图书馆规程》早于《图书馆规程》，表明在当时的主管者看来，通俗图书馆的推广更为迫切和重要，因此通俗图书馆发展很快。最早成立的通俗图书馆为京师通俗图书馆，据鲁迅先生的日记记载，1913 年 10 月 21 日“午后通俗图书馆开馆”，“为各省倡”。次年 9 月，直隶省图书馆在天津成立，也附设通俗图书馆。11 月 9 日，直隶又制定了《通俗图书馆章程》。1915 年 10 月 18 日教育部也颁布了《通俗图书馆规程》，对通俗图书馆的普及起到了极大的促进作用，据 1916 年教育部的统计，当时分布在全国 21 个省的通俗图书馆共有 237 所，最多的湖北省已达 44 所。根据 1918 年的《中国全国图书馆调查表》的分类，当时的“图书馆类别”有三种：学校（包括大学和学校）图书馆、普通图书馆和通俗图书馆，通俗图书馆已是当时图书馆的主要类型。

辛亥革命以后，国民政府教育部有社会教育司管理图书馆、博物馆等事，类似清学部专门司的工作。当时任教育部佥事的鲁迅直接分管图书馆之事务。考察《鲁迅日记》1913 年至 1914 年部分，记有多次到京师图书馆所属通俗图书馆之事。1914 年 3 月，庄俞参观京师通俗图书馆，称“普通书籍分十类：（甲）教科书，（乙）文学及英文，（丙）经传，（丁）实业，（戊）理科，（己）法制,(庚)小说,(辛)图画,(壬)杂书,(癸)杂志。儿童用书分四部分:(子)教科书,(丑)童话,(寅)图画,(卯)小说、杂志”。作者称京师通俗图书馆隶于教育部社会教育司。“询之馆员,每日到馆阅览图书领用器械者,可平均三十人左右,而儿童居多数”。

二、巡行文库和公众阅报所

巡行文库类似现在的流动图书馆,在我国的历史可以追溯到1891年。该年上海租界工部局在讨论上海图书馆预算时有位董事曾提出,如通过上海图书馆该年的预算(该年预算比上年增加很多),该馆应在各个警务署举办“免费的巡回文库”。在20世纪10年代,巡回文库一度十分盛行,《东方杂志》在1912年曾发表过谢荫昌的《巡回书库普及方法议》一文,对这种简便易行的借阅方法的推广起到了积极的作用。1914年,武汉的文华公书林设立过巡回书库,将馆藏图书装箱送到学校等机构陈列,让公众就近阅览。北京教育部门设置过“京师小学教员巡回文库”,以满足小学教师对教学参考书籍的需求。作为普及性图书馆的巡行文库是一种组织比较正规的乡村图书借阅机构,“由各县设通俗文库总部一所,采集人民必需而易晓之各种图书,输送城镇乡各支部,再由支部转送各村落阅览所,限定日期阅毕,由各处送回总部收存”。这种乡村流动图书馆当时在辽宁最为盛行,据教育部1916年统计已有17所,每星期由总部分送一次图书到各支部,日均阅览多达7400人次。此外在江苏、四川、甘肃、云南等省也有一些巡行文库。巡行文库较好地弥补了当时我国图书馆数量难以满足社会需求的不足。

公众阅报所是专门的报刊阅览室,大多由团体机关附设,一般陈列有十余种报刊,供社会公众阅读。在当时这种阅览室非常普遍,据不完全统计在1916年全国24个省市共有1820所,在传播新知识方面发挥了很大的作用。

三、评论

虽然我国自清朝末年开始创办新型图书馆,在一批开明人士的推动下,出现了一个令人鼓舞的省级图书馆建设高潮,这批新建的省级图书馆部分采纳了西方近代图书馆的管理和服务体系,特别是对文献分类、排架、阅览的管理,已经非常接近近代图书馆,但是从管理章程和实际运行状况看,这批图书馆普遍定位于为知识界和精英阶层服务,限制进入者的身份,采取收费服务,与19世纪中叶以后西方国家出现的公共图书馆相比,仍有不小的距离。

民国政府教育部在20世纪10—20年代兴办各省通俗图书馆、巡行文库、公众阅报所,《通俗图书馆规程》规定设立通俗图书馆是为了"储集各种通俗图书,供公众之阅览",并规定省治、县治,即省会和县城均应设立。又规定"私人或公共团体,公私学校及工场,得设立通俗图书馆",明确规定"通俗图书馆不征收阅览费"。因此,通俗图书馆、巡行文库、公众阅报所的社会效益非常显著。一方面,由于不收押金、阅览费用,比较适合当时民众的经济能力;另一方面,多放置为民众适合阅览之书报,故备受欢迎。通俗图书馆、巡行文库、公众阅报所促进图书馆建设重心下移和服务模式的转变,它们的出现大大缩小了我国图书馆事业和西方国家的距离。

1928年,国民政府通令各省、县设立民众教育馆,民众教育馆虽设有图书阅报室,但实际上取消了通俗图书馆之独立建制,直接影响了事业发展。1936年,李小缘先生在总结十年图书馆事业时,提出"民众教育事宜,应交由民众图书馆办理"。提出图书馆事业发展主要教训在于通俗图书馆之撤销这一失当之举。

通俗图书馆和巡行文库、公众阅报所等公共设施的出现,改变了清朝末年图书馆为精英服务或收费服务的服务模式。虽然通俗图书馆、巡行文库和公众阅报所建设时间不长,其影响也远不如省级图书馆,但它们在我国公共图书馆发展史上留下了非常重要的、值得图书馆学家们挖掘和弘扬的理论财富。正如谢灼华教授所指出的:“某种意义上,我国通俗图书馆的发展,促进了20年代‘新图书馆运动’的形成,我国国民的新图书馆意识和对旧藏书楼观念的突破,都应肇源于通俗图书馆的普及。”[24]

第四节　世纪初的图书馆学

一、传统藏书观念的影响

我国的图书馆理论在最初萌芽时即受到了中国传统藏书观念的影响,中国的图书馆从开始创建起,就不仅仅只重对外开放,保存国粹是它更重要的任务。这种观点先有罗振玉提出,他认为图书馆的功能有二:“保固有之国粹,而进以世界之知识”。[25]在他看来,图书馆保存国粹的任务要先于对外开放。罗振玉是清末有一定影响的人物,后又任职学部。学部是主管图书馆的行政机构,他的观点显然会对清政府的图书馆政策产生一定的影响。清学部在《奏请筹建京师图书馆折》中就明确提出,“兹者京师创建图书馆,实为全国儒林冠冕,尤当旁搜博采,以保国粹而惠士林”。次年,在《奏拟定京师及各省图书馆通行章程折》中又再次重复,“臣等伏查图书馆之设,所以保存国粹,造就通才”。这两个折子经御批后,即成为国策,以后各省在创建图书馆的折子中,也屡屡以保存国粹自命。山东图书馆开办

"以开民智而保国粹",山西图书馆"以保国粹而惠士林",安徽馆"以存国粹",云南提到如不开馆,"将何以保国粹而开民智",广西建馆"以期国粹保存",黑龙江馆则是"国粹藉之保存"之所,归化认为建馆"似与保存国粹"。[26]在现存的湖南、云南两图书馆的章程中也很清楚写明,"本馆以保存国粹,输入文明为主义"。显然,在清政府的官方观点中,创建图书馆应该以保存国粹为第一位,其地位更在对外开放之前。这种思想在当时其实已经非常普遍。古越藏书楼的创办者徐树兰是个具有维新思想的人,但古越藏书楼"设之宗旨有二:一曰存古;一曰开新",也把保存国粹放在了首位。

这种对图书馆功能认识的细微转变,并不意味着对图书馆基本性质认识的改变,图书馆是公益性教育机构,清政府对此的认识很清楚,一些捐赠银两和书籍兴建图书馆的人清政府褒奖称为"热心公益"。在充分肯定图书馆独特的社会教育功能方面,文献介绍者和正式创建者更是一以贯之的。只不过 19 世纪后期的文献介绍者鼓吹图书馆,是希望通过图书馆的对外开放来传播西方的"新学",而正式创建者无论是保守的官方或具有维新思想的个人都更强调保存传播中国古籍。造成这种转变除了传统藏书楼观念的影响绝不能低估外,最根本自然是社会因素。徐树兰在解释古越藏书楼的宗旨时说:"往者士夫之弊,在详古略今;现在士夫之弊,渐趋于尚今蔑古。其实不谈古籍无从考政治学术之沿革;不得今籍,无以启借鉴变通之途径。故本楼特阐明此旨,务归平等,而杜偏驳之弊。"[27]徐树兰很清楚地告诉我们,"存古"是为了消除"现在士夫之弊",是一种时代的需求。两年后,另一个力主保存国粹的著名人物刘师培在《论中国宜建藏书楼》一文中有同样的感叹,"国学保存,收效甚远。乃惟今之人,不尚有旧,图书典籍,弃如土苴"[28]。显然,我国的图书馆建设从一开始就受到了特殊的社会政治环境的影响。

根植于中国传统文化的我国图书馆与西方图书馆相比,在创建伊始就形成了自己鲜明的特点,对图书馆的理性认识也明显地打上了中国烙印。由于我国图书馆与学校教育的密切程度远远超过了西方,因此我国最早的对图书馆的理性认识是依据图书馆的教育功能建构起来的。图书馆与教育有千丝万缕的联系,在初接触西方图书馆时国人已经认识到,“泰西各国讲求教育,辄以藏书楼与学堂相辅相行。都会之地,学校既多,又必建楼藏书,资人观览”,“泰西之有公用之图书馆也,导源于埃及、希腊,迨罗马而益盛,今则与学校并重”。但我国的图书馆引进和创建与国家教育制度的改革同步展开,最早出现的也是学校图书馆,清政府实质上是将图书馆创建与兴办新式学堂联系在一起的,不少图书馆具有学校教育功能,与最初的西方图书馆有很大的区别。如古越藏书楼是“为地方劝学起见”而建,并“兼购藏理化学器械及动植矿各种标本,以为读书之助”,[29]湖南图书馆最初也定名为“湖南图书馆兼教育博物馆”。重视保存国粹,事实上也是源于图书馆的教化功能。保存国粹观念的进一步延伸,使得我国图书馆十分重视突出地方特色。不少图书馆在创建时就非常重视本地文献的收藏,尤其是一些文化渊源悠久的省更是如此。山东是“圣人桑梓之邦,为我国数千年文明之所出”,故图书馆附设金石保存所,“以表山东古文明之特色”,“亦存国粹之一”。安徽“夙为人文渊薮”,著名文人很多,图书馆计划对“凡有关政界、学界诸书,及金石之已未著录者,先行汇集全编”,“其孤行之本,手钞之书,则录其副上”。山西图书馆专门开辟陈列本省特产的标本陈列所。

由于与学校的密切结合并强调地方文献的收藏,所以我国图书馆的范围比西方图书馆更为广泛,服务形式也更为多样。但这并不意味着国人对图书馆认识的模糊,事实上徐树兰对西方图书馆有着清楚的认识,并且知道理化器械及动植矿标本不属于图书馆收藏范围，认为“将来经费补充，即另辟教育博物馆，将此项裁去”。[30]但因这些东西有“读书之助”，而西式学堂“规模未备，故附入藏书楼”，从而形成了早期中国特色的图书馆模式。

二、孙毓修与《图书馆》

孙毓修（1871—1923），江苏无锡人。南菁书院肄业，清末秀才。因屡试不中，放弃科举，学习英文和各种西学，并决心从事著译，实现自身价值。他 1907 年进入上海商务印书馆编译所。编译所所长张元济是位优秀的出版家，学识渊博，又洞悉世界潮流，很早就注意图书资料的收集，以供编译所同仁使用。孙毓修国学根底深，又懂英文，进馆不久，张元济购进大批书籍，筹建该所的图书馆涵芬楼，选孙毓修为筹建图书室的主要助手。孙毓修由此开始研究西方图书馆学。他“援仿密士藏书之约，庆增纪要之篇，参以日本文部之成书，美国联邦图书之报告”，于 1909 年写成《图书馆》一书，并在商务印书馆的《教育杂志》上连载。先是在《教育杂志》1909 年第 11—13 期、1910 年第 1 期上连载 4 次，然后在 1910 年第 8—11 期连载 4 次。可惜的是，《教育杂志》只连载到第四章末尾，戛然而止，后来也未结集出版。这是中国学者对图书馆系统论述的第一部专著，具有开创性的意义。

孙毓修还有分类学和其他应用研究。1909 年，他 在《教育杂志》上发表了一个分类“新学”的图书分类表。1910 年，他又在该杂志上著文介绍杜威《十进分类法》。孙毓修是名副其实的涵芬楼首任“馆长”，尽管那时还没有这一名称。他从选购旧书、鉴别版本，到联系配抄、组织修补事宜，做了大量工作。在张元济的支持下，孙毓修还制订了涵芬楼《借阅图书规则》和最初的一份善本书目。

尽管自19世纪后期起，不断有维新进步人士为建设图书馆进行呼吁，但针对图书馆自身建设的理论研究，在1909年以前一直相当薄弱。而孙毓修的《图书馆》一书，针对当时图书馆理论相当滞后的现象，第一次系统回答了图书馆建设的理论问题。《图书馆》全书分七章：一、建置；二、购书；三、收藏；四、分类；五、编目；六、管理；七、借阅。从结构看，它是一部完整的图书馆学概论性著作。严文郁指出："该书之撰述，曾参考美日的图书馆专书及报告，内容已赅括一切图书馆的学术和技术。"[31]

孙毓修《图书馆》一书尽管没有连载完成，但仍可称得上是近代图书馆学的开山之作，该书对"事方草创，前乏师承"的中国图书馆事业，起了理论启蒙与奠基的作用。1912年孙毓修为江南图书馆驻兵一事致函当时的教育部部长蔡元培，蔡元培的复函对孙毓修在图书馆事务方面的成就评价很高，柳和城由此推断蔡元培读过孙的《图书馆》。[32]此事也从一个方面说明孙毓修在当时的学术地位。

孙毓修在《图书馆》中首先提出了"保旧而启新"的办馆宗旨。他说："欲保古籍之散亡，与集新学之进境，则莫如设地方图书馆。"他从开启地方文明新风、帮助著作家"博览深思"、增进青少年知识、提高市民道德修养等方面，论述了图书馆的功能。中国的公共图书馆应该如何设置？他主张向欧美学习，建立包括国立图书馆、都会图书馆、学会图书馆和乡镇图书馆在内，多层次、多类型、遍及全国范围的图书馆网。孙毓修在《图书馆》一书中首次向国人系统地介绍了欧美通行的杜威"十进分类法"，并在此基础上"量为变通"，制定出了一部适合中国国情的新书编目分类法。这部分类法把传统古籍之外的新书，分成哲学、宗教、教育、文学、历史地志、国家学、法律、经济财政、社会、统计、教学、理科、医学、工学、兵事、美术及诸艺、产业、商业、工艺、家政、丛书、杂书共二十二部，各部下又分若干大类。他在介绍新式分类法后，还尖锐地指出："今天开图书馆者，大率意在保旧，汲汲遑遑，以其竭蹶之经费，广搜宋椠旧钞……而新书则不屑一顾。呜呼！误矣！"这里作者显然是批评当时"奉旨"开办而实为官藏的图书馆因循守旧、排斥新书的陋习。孙毓修讥讽说，这种地方只能称"国粹保存处"，根本不配叫它图书馆！

孙毓修的《图书馆》在近代图书馆学史上具有开创性地位。严文郁评价该书是"国人对近代图书馆学术作有系统著述的端始"。但不知为何缘故，我国当代图书馆学家并未认可孙毓修的这一地位。尽管一些图书馆学概论性教材均在中国图书馆学史中提及孙毓修及《图书馆》，但对他的开创性的理论工作的评价并不充分，往往是一笔带过。提及《图书馆》一书，总不忘说该书是"综合各家"之作。[33]《中国大百科全书图书馆学情报学档案学》中收录了40多名中国图书馆学家，却没有为孙毓修列一个词条。

实际上，孙毓修的图书馆学研究，不论是基础理论还是应用研究，都是相当出色的。在基础理论方面，孙毓修大胆批评"保存国粹"的图书馆学思潮。在同一时间颁布的官方文件《京师各省图书馆通行章程》中，"保存国粹"放到了"造就通才，以备硕学专家研究学艺、学生士子检阅考证之用，以广征博采，供人阅览"等宗旨之前，可见当时"保存国粹"的图书馆学思潮是主流思潮。孙毓修作为一个清末知识分子，大胆批评了"奉旨"开办的官藏图书馆的做法，理论上是很有见地的，也是很有胆略的。在应用图书馆学方面，孙毓修首次公开介绍了杜威十进分类法，并编制了改进的分类法在涵芬楼使用，这在当时也是第一人。可以认为，尽管孙毓修是偶然涉足图书馆学，并且其主要成就也不是图书馆学，但我们对其在图书馆学领域的开创性地位，应该给予充分的肯定。

三、图书馆管理

随着我国第一批图书馆的建成,图书馆管理也提到了议事日程,并且初步形成了我国图书馆的最初的管理思想。

首先是藏书的分类管理。我国藏书历来重视分类,从刘向《七略》的六分法到被誉为永制的四部分类法,图书分类一直为藏书家所看重。藏书家重视藏书分类,为的是"辨章学术,考镜源流",因为"类例既分,学术自明",所以重在分类书目的编撰,藏书组织可能更多的是按各自的方便、习惯或书籍的贵重程度,不一定严格按分类体系分类排架。图书馆的藏书要方便读者借阅,则必须分类排架。从《古越藏书楼章程》可知,该楼文献进行了系统的分类,书籍分为政、学两大类,另有三类图书:教科书、地图、实业图,此外还有报刊,虽然是否分类排架管理没有明示,但从"本楼购备日报数种,另储一处。欲阅日报者,可至此自行翻阅"的规定中推论,对所藏文献实行分类管理似可肯定。稍后的湖南图书馆则完全实行了藏书分类排架管理,该馆章程第三十七条明确规定"所藏图书,必须区别种类,分架陈列,并于图背书头,端楷标识,以便依次收发"。湖南图书馆是我国最早建立的公共图书馆之一,以后创建的图书馆很多都参照了它的管理规程,如三年后制定的云南图书馆章程第八条前面的文字与前引的湖南图书馆章程的就完全一样,只是在后面补充了"并须随时登簿,载明庋藏第几架,第几层,以便易于收取"。显然,藏书分类排架管理已经是当时图书馆的基本形式。

其次是强调对图书馆的全方位管理,尤其重视读者管理。传统的藏书楼以秘惜珍藏为主,关注的只是藏书,基本上没有其他方面的管理。对外开放的图书馆,日常的管理工作相对就多了许多,我国的图书馆在创建之时都制定有章程。徐树兰"参酌东西各国规制"制定的《古越藏书楼章程》共有 6 章 30 节,

《湖南图书馆章程》9章44条,《云南图书馆章程》更多达55条。这些章程从创办宗旨到藏书管理、借阅方式、行政管理等规则,涉及图书馆的各个方面。从这些章程中可以看到,当时的图书馆管理非常细致。如由于当时图书馆以馆内阅览服务为主,而且有些图书馆是利用其他设施改建的,因此所有的章程都规定必须保持阅览场所的安静,并且具体例举了禁止事项。考虑之周到,甚至超过了现在。比如,当时图书馆都“供给茶水,另有职役照料”,“以免自由出入而乱定规”。章程对读者借阅书刊的规定尤为具体严密,在章程中占的比重很大。如《古越藏书楼章程》涉及读者管理的“阅书规程”有15条,占了全部章程的一半,内容从读者进楼注意事项、如何借阅书刊到最基础的“不得在座中随意谈”,一应俱全。有些图书馆章程的规定甚至详细到烦琐的地步。综观这些规定,很多显然是针对当时社会现状的,如“有欲自行钞录所阅图书,其笔、墨、纸砚,均归自备”“不得携带僮仆幼孩”等,但总的来说规定偏于琐碎,似乎对读者不是平等相待。在清末能阅读书报者都不是普通百姓,但图书馆仍给人居高临下之感,这除了因为图书馆在我国新近出现,创建者唯恐读者不能正确利用外,一个重要的原因是当时图书馆均为官办的,来阅读的大都是民,官对民,自然是官为上了。

第三,已经形成了比较完整的个馆管理体制。官办图书馆的衙门性质在个馆管理体制上表现得最为明显。当时图书馆的负责人称谓并不统一,有称馆长的,如云南图书馆;有叫督办的,如浙江图书馆;有叫总理的,如奉天图书馆;也有的叫监督,并有正副之分,如缪荃孙1909年5月便被“奏派京师图书馆正监督”。但不管称谓如何,图书馆负责人均为朝廷命官,而且官衔还都不低。如浙江图书馆的督办(馆长)为总管全省教育的提学司,具体负责的坐办为知府。缪荃孙任京师图书馆正监督时为“翰林院编修”“四品卿衔”。“到馆任事”后不久,便“传旨召见养心殿……以学部参议候补”。[34]由于按照官员制度，所以图书馆创建之时，人员配备就十分整齐。湖南图书馆有“监督主持全馆事物，会办辅佐监督”“提调兼收支管理全馆事物”，以下为“收掌收发”“各司事”“书记”，最下等为照料茶水的“职役”。云南图书馆“设馆长一员”“稽查兼书记员一员”“司事二人，一管图书，一管报纸”“设司书生一名……设杂役三人”，另有兼职“委员二员”。对各级人员的职责，所有章程也都有明确规定。奉天图书馆1908年落成开馆时“设总理、庶务、会计、管理各一员，书记二员，藏书楼司书二员，阅览室司事二员，发售室经理司事各一员，陈列室司事一员，公役若干名”。[35]从上述情况可见，尽管各省图书馆人员配备有所不同，甚至管理人员的称谓也不尽相同，但都根据各馆的实际情况，有了比较完善的配备，各类工作人员层次分明，职责明确，从而保证了图书馆的正常运作。

四、推动图书馆运动的社会活动家

20世纪初，图书馆事业是全社会高度关注的事业。许多一流的社会活动家十分关心图书馆事业，他们的关注大大推进了近代图书馆事业的发展。

1. 梁启超与近代图书馆启蒙

梁启超1873年出生于广东省新会县，是近代中国资产阶级政治家、思想家。梁启超在宣传维新变法新思想时了解了世界近代图书馆思想，此后大力宣传新图书馆思想，影响极大。梁启超的后半生更是直接参与中国图书馆事业建设，成为中国近代图书馆史上重要人物。1925年5月，中华图书馆协会在北京成立，梁启超出席并在会上作《演说辞》(正式发表名为《中华图书馆协会成立会演说辞》)，在本次会上，中华图书馆协会举行董事会第一次会议，公选梁启超为董事长。1925年梁启超兼任国立京师图书馆(馆址在方家胡同)馆长和北京图书馆(馆址在北海庆霄楼)馆长,至1927年6月卸任,秉馆长职一年有余。从1925年起到1929年梁启超病逝前,梁启超为中国图书馆事业做了大量实际工作,其中重点还在于"建设中国图书馆学"和"养成管理图书馆人才"两件事项上。在争取图书馆办公和购书经费方面,梁启超更是费尽精力。

梁启超的名字与中国近代图书馆事业紧密相连。其理由有五:

其一,19世纪末他就把"办书籍馆"作为培育人才的三大要事之一来宣扬。在维新派的号召和宣传影响下,20世纪初的二十年里新式图书馆纷纷建立,成一时之盛。

其二,亲撰《西学书目表》。该表于1896年9月由上海时务报馆出版,为后来人们废弃旧法、改用新法类分图书开拓了局面,是为中国近代图书馆学的先声。

其三,他是中国近代图书馆的先行者和实践者之一。1916年12月,梁启超发起创办松坡图书馆,自任馆长。1926年又被任命为北京图书馆馆长。

其四,他积极参加中华图书馆协会的组织工作和多种学术活动。1925年5月他被选为中华图书馆协会首任董事部部长,还是该协会分类委员会主任,这并非虚职,而是实至名归,是对他贡献的公认。

其五,率先提出建设"中国的图书馆学"的号召。1925年6月2日他在中华图书馆协会成立仪式上发表演说,他说:"学问无国界,图书馆学怎么会有'中国的'呢?不错,图书馆学的原则是世界共通的,中国诚不能有所立异;但是中国书籍的历史甚长,书籍的性质极复杂,和近世欧美书籍有许多不相同之点。我们应用现代图书馆学的原则去整理它,也要很费心裁,绝不是一件容易的事。从事整理之人,须要对于中国的目录学(广义的)和现代的图书馆学都有充分智识,且能神明变化之,庶几有功。

这种学问,非经许多专门家继续的研究不可,研究的结果,一定能在图书馆学里头成为一独立学科无疑。所以我们可以叫它做'中国的图书馆学'。"[36]

梁启超是一位才华横溢的大学者,其文章在当时的学术界和青年知识分子中有极大的号召力。梁启超关于图书馆和图书馆活动的讲话是极富影响力的。例如,在描述英国公共图书馆时,他写到,"举国书楼以千百计,凡有水井处,靡不有学人;有学人处,靡不有藏书,此所以举国皆学,而甲富天下也"。这种激情四溢的文字,使他所宣传的近代图书馆能很快为人所接受。梁启超对启蒙时期的中国图书馆事业的影响,超过了同时代的任何其他人。而梁启超关于建设"中国的图书馆学"的论述,更是成为20世纪中国图书馆学始终不懈的追求。

2. 鲁迅与中国近代图书馆

鲁迅(1881—1936),浙江绍兴人,原名周树人,中国现代伟大的文学家和翻译家,新文学运动的奠基人之一。鲁迅与图书馆管理相关的活动有:1912年3月,鲁迅受当时教育总长蔡元培之邀赴南京,在教育部负责社会教育工作。当时临时政府教育部社会教育一项主要任务,就是广泛搜集各种图书资料筹建中央图书馆。临时政府迁到北京后,鲁迅于同年5月被任命为教育部社会教育司第一科科长。该科业务包括领导、管理全国的博物馆、图书馆、美术馆及调查和搜集各种文物,所以实际上是国家直接管理全国文化艺术事业的领导机构。在这个直接领导、管理全国图书馆工作的岗位上,鲁迅先生参与了我国特别是北京市图书馆建设的许多工作,如组织京师图书馆的搬迁开馆,参与筹办京师图书馆分馆和通俗图书馆,具体负责创办了中央公园图书阅览所等。尤其在通俗图书馆建设方面,身为通俗教育会的重要成员鲁迅发挥了重要作用。通俗图书馆非常重视为儿童服务,这与鲁迅当时的进化论思想显然有直接的关系。查阅鲁迅这一时期的日记，可以看到许多有关图书馆建设的记载，据不完全统计共有94次之多，内容涉及馆址选择、藏书建设、人员配备等各个方面，其为我国现代图书馆事业的发展倾注了大量的心血。

3. 李大钊与中国近代图书馆

李大钊（1889—1927），河北乐亭县人，中国最早传播马克思主义的先驱者、中国共产党主要创始人之一。李大钊1913年留学日本，1916年回国，1918年任北京大学图书馆主任，并参与编辑《新青年》，先后任北大评议会评议员，经济、历史等系教授。在辛亥革命后我国图书馆发展方向转变中，李大钊发挥了重要的作用。如果说鲁迅先生是从行政部门的角度来推动图书馆发展方向的转变，那么李大钊则是以图书馆实际工作者的身份直接参与了这一转变。李大钊的图书馆活动主要发生在"新图书馆运动"期间，但因其与梁启超、鲁迅一样，属于参与了图书馆建设的社会名人，故将李大钊的相关活动内容放于此。

李大钊1918年1月出任北京大学图书馆主任后，对原北大图书馆进行了全面整顿，重点是改革重藏轻用的陋习。上任伊始，他便公布《图书馆主任通告》，呼吁师生大胆提建议，"以期切实整顿"；4月1日，宣布图书馆延长开馆时间；7月9日，决定暑假照常开馆，并进一步延长了开馆时间；同月，允许中文书和复本书外借；10月，依据杜威十进分类法建立卡片目录，同时按工作流程改组机构，设立购书、登录、编目、典书4个部门，增开了6个阅览室。这一年，在《北京大学日刊》上，有关图书馆改革的公告多达15次。这些措施今天看来或许都很平常，但在当时却是革命性的，而且由于北京大学图书馆的特殊地位，这些改革对近代图书馆管理理念的传播产生了很大的影响。

李大钊在对北京大学图书馆进行改革的同时，也非常注意加强与其他图书馆的联系。他发表演讲进行社会宣传，努力扩大图书馆改革的影响,希望对我国图书馆水平的提高有所助益。李大钊任图书馆主任后,与清华大学图书馆建立了密切的联系,率领图书馆工作人员到清华大学图书馆参观学习,并与之建立了实质性的馆际协作关系。在李大钊的努力下,以"图谋北京各图书馆之协作互益"为宗旨的北京图书馆协会,于 1918 年 12 月在北大成立。大会通过了"北京图书馆协会章程"及"附则",李大钊当选为中文书记。[37]这是我国第一个图书馆专业组织,它的成立在某种程度上表明,在我国图书馆工作人员中新的成员已经成为中坚力量。正因为李大钊在中国图书馆建设中的杰出贡献,美国图书馆协会编著的《世界图书馆和情报工作大全》在介绍世界各国对图书馆事业发展起过重大作用的图书馆家时,称李大钊是"中国现代图书馆之父"。[38]

李大钊对中国图书馆事业的贡献可归纳为[39]:

其一,他把北大图书馆办成了宣传马克思主义的阵地。他的办馆思想和实践,为后来者树立了光辉的榜样。

其二,亲自讲授图书馆学课程。1920 年 8 月 2 日至 23 日,北京高师举办图书馆讲习会,特聘李大钊等 5 人为教员,为来自全国各省和各大学的百余位图书馆人员讲授图书馆学。李大钊于 8 月 3 日、4 日和 14 日上午讲授图书馆教育问题。又据《北大日刊》1920 年 10 月 1 日报道,李大钊在北京女高师、朝阳大学、中国大学等校讲授"史学思想史""社会学""图书馆学"等课程。

其三,对图书馆学有深入研究。《在北京高等师范图书馆二周年纪念会的演说辞》集中体现了他的图书馆学思想,在当时堪称一篇图书馆学重要文献,即使在今天也具有借鉴的意义。此外,他还在《劳动教育问题》《北京市民应该要求的新生活》等时论中,论及了图书馆对平民生活的意义,提出了"多办图书馆"的主张。

其四,极为重视和关注图书馆人员的培养和训练。先后发表了《图书馆教育》等论文，他在《晨报》上发表的《美国图书馆员之训练》，分别介绍了美国17所大学开设图书馆学专业的情况，提出应向先进国家学习，加强自己的训练。

其五，积极推动北京图书馆协会的成立。1918年12月21日该协会成立，李大钊被推举为中文书记。

凡此种种，奠定了他作为中国现代图书馆事业的奠基者之一的地位。

引用文献及注释：

1. 傅璇琮，谢灼华. 中国藏书通史[M]. 宁波：宁波出版社，2001：1053
2. http://hk.icchina.com/city/personality/getinfo.asp? ID = 18426
3. http://www.library.sx.zj.cn/bngq/sjlc.html
4. 张謇. 古越藏书楼记；教育部批审计院核算官徐尔谷呈请续办故父捐设绍兴藏书楼文；徐树兰. 为捐建绍郡古越藏书楼恳请奏咨立案文；古越藏书楼章程[G]//李希泌，张椒华. 中国古代藏书与近代图书馆史料（春秋至五四前后）. 中华书局，1982：12—118
5. 袁贵仁. 在北京大学图书馆建馆一百周年庆祝大会上的讲话[J]. 大学图书馆学报，2002(6)：2
6. 任继愈. 中国藏书楼（叁）[M]. 沈阳：辽宁人民出版社，2001：2077
7. http://www.uschinasc.org/mag51/mag5103b.htm
8. 雷颐. 从张之洞厌恶"日本新词"说起[N]. 光明日报，2002-12-03
9. 云南提学司叶尔恺详拟奏设云南图书馆请准奏咨立案文[G]//李希泌，张椒华. 中国古代藏书与近代图书馆史料（春秋至五四前后）. 北京：中华书局，1982：58
10. 山东巡抚袁树勋奏山东省创设图书馆并附设金石保存所折；山西巡抚宝棻奏山西省建设图书馆折；云南图书馆章程[G]//李希泌，张椒华. 中国古代藏书与近代图书馆史料（春秋至五四前后）. 北京：中华书局，1982：143—163
11. 转引自傅璇琮，谢灼华. 中国藏书通史（下）[M]. 宁波：宁波出版社，2001：1103，1088

12. 河南图书馆书目跋[G]//李希泌,张椒华. 中国古代藏书与近代图书馆史料(春秋至五四前后). 北京:中华书局,1982:146
13. http://www. library. hn. cn/gqgm/gqgm10. htm
14. 见湘抚庞鸿书奏建设图书馆折;贵州巡抚奏乐嘉藻慨捐图书请奖给主事片;直隶总督奏前署提学使卢靖捐建图书馆请奖折[G]//李希泌,张椒华. 中国古代藏书与近代图书馆史料(春秋至五四前后). 北京:中华书局,1982:15—164
15. 严文郁. 中国图书馆发展史:自清末至抗战胜利[M]. 台北:枫城出版社,1983:22
16. 任继愈. 中国藏书楼(叁)[M]. 沈阳:辽宁人民出版社,2001:2086
17. 李希泌,张椒华. 中国古代藏书与近代图书馆史料(春秋至五四前后)[M]. 北京:中华书局,1982:129
18. 李希泌,张椒华. 中国古代藏书与近代图书馆史料(春秋至五四前后)[M]. 北京:中华书局,1982:129—130
19. 严文郁. 中国图书馆发展史:自清末至抗战胜利[M]. 台北:枫城出版社,1983:39—40
20. 严文郁. 中国图书馆发展史:自清末至抗战胜利[M]. 台北:枫城出版社,1983:41
21. 本节如未加说明,均引自:谢灼华. 论 20 世纪前半叶的中国图书馆[J]. 大学图书馆学报,1999(6):22—28
22. 鲁迅致许寿裳等人书;鲁迅致宫竹心书[G]//李希泌,张椒华. 中国古代藏书与近代图书馆史料(春秋至五四前后). 北京:中华书局,1982:171—172
23. 庄俞. 参观北京图书馆纪略[G]//李希泌,张椒华. 中国古代藏书与近代图书馆史料(春秋至五四前后). 北京:中华书局,1982:209
24. 谢灼华. 论 20 世纪前半叶的中国图书馆[J]. 大学图书馆学报,1999(6):22—28
25. 罗振玉. 京师创设图书馆私议[G]//李希泌,张椒华. 中国古代藏书与近代图书馆史料(春秋至五四前后). 北京:中华书局,1982:123
26. 学部奏拟定京师及各省图书馆章程折[G]//李希泌,张椒华. 中国古代

藏书与近代图书馆史料(春秋至五四前后).北京:中华书局,1982:129
27. 徐树兰.古越藏书楼章程[G]//李希泌,张椒华.中国古代藏书与近代图书馆史料(春秋至五四前后).北京:中华书局,1982:113
28. 刘光汉.论中国宜建藏书楼[J].国粹学报,1906(7)
29. 张謇.古越藏书楼记;徐树兰.为捐建绍郡古越藏书楼恳请奏咨立案文;古越藏书楼章程[G]//李希泌,张椒华.中国古代藏书与近代图书馆史料(春秋至五四前后).北京:中华书局,1982:112—114
30. 徐树兰.为捐建绍郡古越藏书楼恳请奏咨立案文;古越藏书楼章程[G]//李希泌,张椒华.中国古代藏书与近代图书馆史料(春秋至五四前后).北京:中华书局,1982:114
31. 严文郁.中国图书馆发展史:自清末至抗战胜利[M].台北:枫城出版社,1983:37
32. 柳和城.近代图书馆学奠基者孙毓修[EB/OL].http://www.unity.cn/2737/cc2.htm
33. 武汉大学图书情报学院.中国图书情报工作实用大全[M].北京:科学技术文献出版社,1990
34. 学部奏准派编修缪荃孙等充图书馆监督的各差片[G]//李希泌,张椒华.中国古代藏书与近代图书馆史料(春秋至五四前后).北京:中华书局,1982:134—135
35. 见湖南图书馆章程;云南图书馆章程;奉天图书馆简史[G]//李希泌,张椒华.中国古代藏书与近代图书馆史料(春秋至五四前后).北京:中华书局,1982:153—166
36. 中华图书馆协会成立会梁启超演说[N].时事新报(沪),1925(6):6—7(第2版)
37. 李兴权.李大钊研究辞典[M].北京:红旗出版社,1994
38. ALA. ALA World Encyclopedia of Library and Information Services (2 ed.),1986
39. 罗德运.应认真开展对中国图书馆学人的研究(上)[J].图书馆杂志,2002(3):7—10

第七章 新图书馆运动(1917—1936)

能够持续推动理论进步的动力,来自一种由科学组织、人才培养、学术成果发表组成的图书馆研究体制。这种体制创建于新图书馆运动时期:

“新图书馆运动”对于推动我国近代图书馆事业的发展,推动图书馆服务观念的更新,推动图书馆学理论的繁荣,是起到了非常重大的作用的。

1920年,依照纽约公共图书馆学校的制度而建的文华图书科成立。尽管它当时规模不大,但我国正规的图书馆学学校教育从此起步。

1925年,中华图书馆协会成立。该协会宗旨:“研究图书馆学术,发展图书馆事业,并谋图书馆之协助”,至今仍令人敬畏。

在大量产生的学术刊物中,《图书馆学季刊》和《文华图书馆学专科学校季刊》影响最大。两种刊物对中国近代图书馆学的繁荣,起到了极为重要的推进作用。

一批职业图书馆学家出现了。他们的出现不仅直接促成了这一时期的理论高潮,对20世纪前半叶中国的图书馆学也产生了决定性的影响,有些人的影响甚至延续到20世纪末:

沈祖荣,"新图书馆运动"的旗帜,中国出国学习图书馆学的第一人,也是学成回国的第一人。

杨昭悊,我国第一部以图书馆学命名的著作《图书馆学指南》的译者,我国第一部图书馆学概论性著作《图书馆学》的作者。

洪有丰,图书馆学本土化方面真正具有里程碑意义的著作《图书馆组织与管理》的作者。

杜定友,充满理论创新精神的一代大家,近代经验图书馆学集大成者。

还有刘国钧、李小缘、马宗荣……

中国特点的图书馆学理论,色彩缤纷,气象万千:

理论总体特点有:由"取法日本"转而"追逐美国"、理论研究与事业发展同步、学习与创新并重、基础理论与应用研究并重。

基础理论体系形成,表现为新的图书馆发展观形成、理性地探讨图书馆的本质、完整地剖析图书馆要素、尊重公共图书馆精神、构建起完整的图书馆学体系。

应用图书馆的发展亦不逊色,图书馆管理理论立足实际、读者研究从无到有、分类编目领域更是一派繁荣。

第一节　图书馆学体制的形成

一、"新图书馆运动"

辛亥革命后，具有西方近代图书馆特征的"新式图书馆"成批建成，中国近代图书馆事业建设出现了一个高潮。中国社会有着非常强大的藏书楼观念，新式图书馆建设高潮一般必然伴随新旧图书馆观念的激烈碰撞，但当时新式图书馆的建设却十分顺利，几乎没有遇到旧观念的实质性的抵抗。这是因为，除了"五四"时期新文化运动带来的强大改良动力外，在图书馆事业内部，是由一批热心于新式图书馆的近代图书馆学家推出了一场"新图书馆运动"。"新图书馆运动"在我国近代图书馆建设起步的关键时刻，起到了宣传、普及近代图书馆知识，宣扬新的图书馆观念，培养新型图书馆人才的作用。"新图书馆运动"影响深远，它奠定了中国近代图书馆和图书馆学发展的基础。

1904 年湖南图书馆建成后，各省级公共图书馆纷纷建立。但此时的图书馆带有浓厚的衙门习气，有的馆门口甚至挂有"书籍重地，闲人免进"的虎头牌。图书馆管理沿袭藏书楼的很多做法，"以保存国粹"具体表现为保存古籍为主要任务。随着"五四"新文化运动的兴起，各种新的学术思潮不断涌现，反映各种新思想新观点的书刊资料迅速增加，不少有识之士开始认识到我国传统的藏书楼模式的图书馆不能适应社会需求，并努力地试图加以改变。我国图书馆发展开始出现了转变。但那时国内真正学有专长的图书馆学人缺乏，有识之士的努力只是零散、局部、实践层面的探索。人们尽管已经看到了旧式图书馆的弊端，深知改革的重要和必要，但具体如何改，特别是改革后的图书馆究竟什么形态无从知晓。我国第一批图书馆学留学生的归来改变了这种状况。由韦棣华选送至美国留学的沈祖荣成为我国留学美国回国的第一人。1917 年,沈祖荣开始宣传现代图书馆理念,大力抨击我国图书馆当时还残留的藏书楼陋习。随后,另一位赴美留学回国的胡庆生也加入这一行列。在 1917—1919 年三年间,沈祖荣携带各种资料奔赴各地宣讲,行程遍及湖北、湖南、江西、江苏、浙江、河南、山西、直隶等地。沈祖荣等人的宣传、演讲帮助人们认识了图书馆的社会地位与功能,推动了我国图书馆事业的转型。这一历时三年的活动形成一个推动图书馆发展的运动。

"新图书馆运动"的一个高潮与退还庚子赔款有直接的关系。1909 年起,美国开始退还庚子赔款。1924 年,经过韦棣华等人的努力工作,美国参众两院通过议案并经美国总统批准,退还庚子赔款用于发展中国教育文化事业,中美双方专门成立中华教育文化基金董事会来管理和使用退还庚款。图书馆建设是退还庚款的重要用途。中华教育文化基金会的首次年会对退还庚款的使用做了大致的规定,其中第二款明确指出应用于"(二)促进有永久性质文化事业,如图书馆之类"。[1] 中华教育文化基金会当时有 15 位董事,中方董事有 10 位,其中 7 人参与了中华图书馆协会的发起。[2]

在 20 世纪 20 年代初期,我国图书馆的经费来源五花八门,为了给图书馆的发展寻找一个比较稳定的经费来源,韦棣华积极谋求退还庚款用于图书馆建设。在 1923 年中华教育改进社的第二次年会上,她代表文华大学图书科提出"呈请中华教育改进社转请政府及美国政府以美国将要退还之庚子赔款三分之一作为扩充中国图书馆案",主张在今后二十年内,在退还庚款中每年提取 20 万美金用于图书馆建设。当退还庚款成为事实,韦棣华又亲赴美国,试图借助美国图书馆协会的力量,促成退还庚款能最大限额地用于图书馆事业。她在美国图书馆协会第46届年会上呼吁美国图书馆协会派专家来华,“这位代表应(在中国)努力掀起一场真正的图书馆运动”,并最终促成了美国图书馆协会派遣圣路易斯公共图书馆馆长、美国图书馆协会前主席鲍士伟博士(Dr. Arthur E. Bostwick)来华考察。鲍士伟在我国一些著名图书馆学家的陪同下,花了近2个月的时间,对上海、南京、武汉、长沙、北京及河南等省市的图书馆状况进行了考察,最后向中美双方各提交了一份报告,对中国图书馆建设提出了不少建议和要求。[3]

在我国图书馆数量迅速增加的同时,其整体性质职能开始发生质的转变。这一时期图书馆的兴建是在接受过现代图书馆学专业教育的图书馆员主导下进行的,因此图书馆管理以采用现代图书馆管理方法和技术为主,比如现代图书分类编目技术就比较普遍地应用于藏书整理。特别是现代图书馆理念开始普及,在1920年前后,我国图书馆发展尽管开始重心下移,已经注意到加强服务的问题,但就整体看,藏书楼痕迹犹存。沈祖荣在1918年曾做过一个调查,发现在服务方面存在很多问题,比较突出的是我国公共图书馆基本上实行收费服务,“各馆阅书证券取资”,读者需要购买阅书券之类的证券才能入馆,“阻碍来学之心”。而且藏书大半只供馆内阅览,不能外借。[4]随着“新图书馆运动”的开展,这种状况得到了改变,免费服务开始流行,服务形式日渐丰富,省级公共图书馆提供外借服务成为主流,浙江省立图书馆实行了通信借书,参考咨询服务在一些高校图书馆中也开始出现。总之,“图书馆从偏重于保存文化,而渐渐趋向于公开流通”。[5]

由于这一时期图书馆蓬勃发展的态势和服务水平质量的提高改变了图书馆的社会形象,从而也使图书馆的社会地位得到了极大的提高。政府部门对图书馆比以前更为重视,有关的图书馆法规不断出台。1927年,国民党政府成立负责全国教育行政及学术研究的大学院,专门设立图书馆组,负责全国各级各类图书馆工作,同年颁发了《图书馆条例》和《新出图书呈缴条例》。1928年的全国教育会议上,大学院又通令各学校设置图书馆,规定每年学校经费的5%为购书费。1930年教育部又先后颁布了《新出图书呈缴规程》和《图书馆规程》,并针对当时私人办图书馆的热潮专门制定了《私人图书馆立案办法》。这些法规颁布促进了图书馆事业的建设,同时也是社会重视图书馆的具体表现。沈祖荣在1933年对"新图书馆运动"推行后我国图书馆面貌和社会地位的改变曾有一总括性的描述:"全国各高等教育机关,其收藏丰富,馆舍美丽完备者,几成为必然之通例。学者与教育家,常以其本乡本土完备之图书馆设施自豪。富人者流,亦常思捐款以为建图书馆用。政府方面,就各部图书馆言,固亦愿竭力图谋图书馆设施之完善。捐资兴办图书馆者,亦经明文规定例应奖励。《中华图书馆协会会报》《图书馆学季刊》刊行以来,各处图书馆刊物之产生,如雨后春笋。"[6]

由此可见,"新图书馆运动"对于推动我国近代图书馆事业的发展,推动图书馆服务观念的更新,推动图书馆学理论的繁荣,是起到了非常重大的作用的。

但是,现代图书馆学对"新图书馆运动"的界定,存在较大分歧。首先是一些理论家怀疑存在这样一场"运动",如有相当多的图书馆学教科书、专著或工具书在论述近代中国图书馆或图书馆学起源时,不使用"新图书馆运动"这一术语。在使用"新图书馆运动"术语的学者中,又存在"泛指说"与"确指说"的分歧。"泛指说"将"新图书馆运动"当作一个与欧美学者称呼西方近代"公共图书馆运动"相类似的术语使用,即将自清末以后各地建立与普及新式图书馆的过程统称为"新图书馆运动"。如王振鹄认为"我国新图书馆运动发轫于清而创立于民国”。[7] 而“确指说”则认为“新图书馆运动”是一个有明确的起始时间的运动。在“确指说”中,对该运动的发生时间说法也很不一致。主要观点有两类,一类是将1917年沈祖荣开始赴各地宣传图书馆作为“新图书馆运动”的起点,在20世纪80年代中后期出版的一些教材中,还将该运动的结束时间规定为1927年。如认为“1917年—1927年的‘新图书馆运动’,对于近代图书馆学的发展起了重要的促进作用”,[8]“为中国近代图书馆学的发展奠定了基础”。[9] 但各种文献中并未说明以1927年作为“新图书馆运动”结束的依据。还有一种说法认为“新图书馆运动”发生于1925年前后,如《中国藏书通史》中说“1925年前后,旨在效法欧美公共图书馆制度以改革和发展中国近代图书馆事业的‘新图书馆运动’,以庚子赔款施用于图书馆事业的问题为契机,逐渐由北平而南京,向全国展开”,[10] 而将1925年以前的图书馆宣传活动称为“新图书馆运动”的萌芽阶段或早期。

我们的看法是:①“新图书馆运动”的确存在,这一术语也产生于当时。1926年中华图书馆协会编辑的《图书馆学季刊》创刊号上,在刘国钧先生所写的办刊宗旨中说道:“本新图书馆运动之原则,一方参酌欧美之成规,一方稽考我先民对于斯学之贡献,以期形成一种合于中国国情之图书馆学。”[11] ②“新图书馆运动”存在两个高潮:一个是1917年起,韦棣华携沈祖荣、胡庆生在长江中游各省演讲宣传图书馆,介绍美国图书馆事业,此高潮延续了约三年;第二个高潮是1925年的全国性宣传,由于有明确的目标(庚子赔款施用于图书馆事业),有众多图书馆学家参加,范围也是全国性的,故1925年的高潮更像一场“运动”。③由于当时图书馆界并未指定这一运动的起始时间,亦可将自清末到抗战这一近代图书馆产生的全过程当作泛指的“新图书馆运动”。

二、图书馆学教育的产生

在辛亥革命后近代图书馆事业大发展期间，韦棣华最早意识到发展中国图书馆教育的重要性。她先后派出沈祖荣、胡庆生赴美国学习图书馆学。二人回国后，经过一段时间的筹备，1920年，韦棣华在武昌文华大学创办了图书科。尽管该图书科规模不大，但它在我国图书馆事业发展中的地位非常重要，我国图书馆学正规的学校教育由此起步。

文华图书科是依照纽约公共图书馆学校之制度建立，最初是从文华大学二年级以上的学生中招收兼修图书馆学课程的学生，本科毕业除授予文学学士学位外另发给图书馆学专科证书。文华图书科兴办的指导思想非常明确，不能照搬西方，必须坚持走中西结合的道路。正如沈祖荣所云：海外留学，远涉重洋，谈何容易？所学之用，在外国虽称合法，在中国不能完全采用。因此，“欲推广图书馆之事业，务必在中国组织培养人才机构，将来学业有成，可以充图书馆之应用”。[12]韦棣华和沈祖荣在创办文华图书科时，就希望将文华图书科办成独立的图书馆学校。因此，他们在进一步完善文华公书林，使之充分发挥其公共图书馆功能的同时，也令其成为文华图书科的办学依托和教学实习基地，他们还倾注全力促使文华图书科向正规化和制度化迈进。1929年8月，经教育部批准立案，文华图书科正式更名为私立武昌文华图书馆学专科学校，成为中国第一所独立的高等图书馆学专门学校。[13]

文华图专早期名称、学制经常变化，改为专科学校后的课程有中国目录学、中文参考书举要、西文参考书举要、西文书籍编目学、西文书籍分类学、图书馆经济学（管理学）等。

文华图专创立后，上海国民大学和南京金陵大学也都开展过图书馆学专业教育。上海国民大学于1925年在教育科内设立图书馆学系,由杜定友任系主任。该系的课程比文华图专更加理论化一些,增加了图书馆学概论、图书馆原理、研究法等理论性课程。可惜一年后该校停办,图书馆学系亦随之结束。金陵大学1927年设立了图书馆学系,由刘国钧、李小缘等著名图书馆学家任教授。

至1936年,我国图书馆工作人员中图书馆学专业的毕业生已有100多人。[14]

除了开设正规专业以外,20世纪20年代,国内还举办十多次各种形式的图书馆学讲习班,较早的有1920年北平高等师范学校开设的暑期图书馆学讲习会,由著名高校的图书馆馆长李大钊(北京大学图书馆主任)、沈祖荣(文华大学图书馆馆长)、戴志骞(清华学校图书馆馆长)、程伯庐(北平高等师范学校图书馆主任)等主讲。规模较大的有1922年杜定友在广州创办的广东图书馆管理员养成所,南京东南大学于1923、1924年开办由洪有丰主讲的暑期图书馆讲习科等,1920—1949年全国各地举办的图书馆学讲习会(班)、养成所等共30多次。杜定友、刘国钧、李小缘等专家不辞劳苦,到全国各地培训图书馆业务人员,接受培训的人达1000多人。[15]正如李小缘在《中国图书馆事业十年来之进步》一文中所说的,"其他大学附设专科或训练班,亦有相当成绩,分道扬镳,各贡献所长于社会国家,方克有底于今日所谓图书馆界地位"。[16]

三、图书馆协会的创建

一般而言,现代图书馆学的研究体制的形成与图书馆学教育、图书馆学专业协会及图书馆学专业刊物的建立是密不可分的。除了图书馆学教育之外,在"新图书馆运动"时期,中国的图书馆协会与刊物也取得了突破性的发展。

中国近代史上最早进行图书馆学学术活动的组织是中华教

育改进社下设的“图书馆教育组”。该组织每次年会邀请图书馆人士参加，讨论图书馆改进问题。第一次年会于1920年7月在济南召开，出席者有戴志骞、沈祖荣、洪有丰、杜定友等著名图书馆学家。在1921年召开的第二届年会上，图书馆教育组通过了一项议案，其中有一条“组织各地图书馆协会”。可见当时的理论家们已经意识到建立图书馆协会的必要性。1912年中华教育改进社举行常委会，议决各地需组织地方图书馆协会，并通知到各地。于是到1924年，北京、天津、上海、南京、广州等地纷纷成立了地方性图书馆协会，为成立全国性图书馆协会奠定了基础。

1925年，北方图书馆界在北京筹备成立全国图书馆协会，同时上海方面也在发起成立全国图书馆协会。4月24日，18个省的代表聚集上海交通大学商议成立中华图书馆协会，次日即在广肇公学召开了成立会，并定于6月在北京正式举行成立仪式。1925年6月2日，中华图书馆协会成立仪式在北京欧美同学会举行，各省图书馆界与会代表100多人，著名社会活动家梁启超、美国图书馆协会代表鲍士伟及文化图专创始人韦棣华先后发表讲话。

中华图书馆协会是中国第一个全国性现代图书馆专业学术团体，总事务所设在北京。宗旨是“研究图书馆学术，发展图书馆事业，并谋图书馆之协助”。前期设董事部和执行部，第一任董事部部长为梁启超，书记为袁同礼；执行部部长为戴志骞，副部长杜定友、何日章。1937年董事部更名监事会，执行部改名为理事会，袁同礼任理事长（1937—1944）。该协会设有分类、编目、索引、出版、图书馆教育、图书馆建筑等专门委员会。协会会员有机构会员、个人会员、赞助会员和名誉会员。

该协会曾先后于1929年（南京）、1933年（北平）、1936年（青岛）、1938年（重庆）、1942年（重庆）和1945年（重庆）召开了6次年会。编辑出版有《图书馆学季刊》(1926—1937)、《中华图书馆协会会报》(1925—1948)两种刊物,并出版了目录学丛书、《关于中国图书馆概况的报告》以及图书馆学专题论文集等。该协会曾对全国、各省、重要城市和中学图书馆的发展情况以及书店、新书、期刊、善本、雕版印刷文献的版片等进行过调查。1925年与国立东南大学、中华职业教育社等合办了一期暑期学校,培养图书馆专业人员。它是国际图书馆协会和机构联合会(IFLA)的发起单位之一,曾派人参加了该会1927年的发起大会,1929年和1936年两次参加了国际图书馆及目录学会议,并派代表赴英、美等国参加图书馆协会年会。中华图书馆协会还曾组织过国际图书交换工作。1949年中华人民共和国建立前夕,中华图书馆协会无形解散。

1925年6月,在中华图书馆协会成立大会上,被推选为董事部部长的梁启超发表演讲,明确地提出要建设"中国的图书馆学"的命题。他认为当时中国图书馆界面临两大任务,"第一,建设'中国的图书馆学'。第二,养成管理图书馆人才"。并且具体设想建设一个大规模的开放式模范图书馆,"全国图书馆学者都借他作研究中心","在这个模范图书馆内,附设一图书馆专门学校。除教授现代图书馆学外,尤注重于'中国的图书馆学'之建设"。[17]次年,由中华图书馆协会主办的《图书馆学季刊》创刊,时任中华图书馆协会出版委员会主任的刘国钧为编辑部主任、执行主编。这是一份以发表海内外图书馆学研究成果为主的学术期刊,其创刊词再次表明了中国图书馆学者计划吸收西方图书馆学,结合中国传统的文献收藏整理传统和学术,"以期形成一种合于中国国情之图书馆学"的决心。"中国以文字有特色故,以学术发展之方向有特殊情形故,书籍之种类及编庋方法皆不能悉与他国相同……能应用公共之原则,斟酌损益,求美求便,成一'中国图书馆学'之系统,使全体图书馆学之价值缘而增重”。[18]尽管因为学识、经历的缘故，当时的图书馆学家对图书馆学发展中国化的具体依据和内容不尽相同，但努力创建中国图书馆学则是图书馆界共同的心愿和追求。

四、图书馆学刊物的发展

中国图书馆学刊物创建较早，1906年浙江公立图书馆就办了《浙江公立图书馆年报》，该刊1927年改名《浙江省立图书馆报年刊》，1931年后先后改名《浙江省立图书馆月刊》和《浙江省立图书馆馆刊》（双月刊），至1935年12月停刊，整整办了三十年。这是中国近代图书馆学史上创办最早、连续办刊时间最长的一种刊物。1924年，第一种由图书馆协会创办的刊物《北京图书馆协会会刊》创刊，该刊为不定期刊，第2期改名为《北平图书馆协会会刊》，1933年停刊。但在1925年以前，图书馆学学术论文主要还是刊登在一般性学术刊物上。如孙毓修的《图书馆》、沈祖荣的《中国全国图书馆调查表》均在《教育杂志》刊载，沈祖荣的《民国十年之图书馆》、朱家治的《图书馆参考部之目的》刊于《新教育》，查修的《编制中文书籍目录的几个方法》刊于1923年的《东方杂志》。

1925年中华图书馆协会成立后，图书馆学刊物大量出现。这些刊物大体有两类，一类是图书馆协会的会刊，如中华图书馆协会、上海图书馆协会、浙江省图书馆协会均办了自己的会刊，另一类是重要图书馆的馆刊，如北平图书馆、上海市立图书馆、山东图书馆、北京大学图书馆、中山大学图书馆等均办有自己的馆刊。在当时对图书馆学研究影响最大的，则是中华图书馆协会出版的《图书馆学季刊》和文华图专发行的《文华图书馆学专科学校季刊》。这两种刊物对中国近代图书馆学的繁荣，起到了极为重要的推进作用。

《图书馆学季刊》是中华图书馆协会会刊，1926年创刊。该刊与当时其他图书馆学刊物相比,在理论上意义更加重大。第一,当时各馆自办的刊物以介绍馆情与馆藏的文献为主,而该刊则以图书馆学理论文章为主;第二,该刊主编是著名图书馆学家刘国钧,稳定的、高水平的主编保证了该刊的质量;第三,当时的大部分刊物编辑出版不很规范,而该刊每年 4 期,连续出版到 1937 年抗战开始,十分正规。该刊刊登过许多讨论新式图书馆理论与管理、公共图书馆、图书馆教育方面的重要文章,同时对当时期刊较少关注的图书馆技术问题也有较多关注。

1929 年,中国近代图书馆学教育发源地武昌文华图书科得中华教育基金会董事会资助,创办了《文华图书科季刊》,该刊自第 4 卷起改名为《文华图书馆学专科学校季刊》,至 1937 年抗战停刊。《文华图书馆学专科学校季刊》是中国近代图书馆史上另一种最有影响的图书馆学刊物。沈祖荣在该刊发刊号上撰文,对该刊提出七点希望。其中第二点提到应用研究的重要性,沈认为"图书馆学为实用科学",因此,"应特重图书馆实际困难之研究与解决。如中文图书的分类法、中文图书的编目法,汉字排列法等等",而更急切的课题,"则是如何引导民众,使之能够利用图书馆"。第三点提到该刊应坚持实用主义的理论取向,沈认为图书馆学研究应"不避琐细题目",甚至"书脊背之书签,应用胶粘或用浆糊,亦有研究之必要"。第六点提到要介绍英美发达国家的图书馆学名著或应用成果。[19]这些希望也基本成为该刊的办刊风格。

由于"新图书馆运动"期间图书馆协会与图书馆学校的创建,图书馆学刊物的发展,中国近代图书馆学的体制已经完全形成。特别在两种图书馆学刊物创刊后,图书馆学研究者有了发表研究成果、介绍外来新学说的阵地。近代图书馆学进入了空前繁荣的时期。

第二节 图书馆学理论群体的崛起

从19世纪末到1917年之间,一批优秀的中国知识分子在向西方学习的过程中,认识到了图书馆事业对于中国社会现代化的重要性,从而投身图书馆事业。他们为中国的图书馆事业做了许多工作,对中国近代图书馆的产生做出了重要贡献。但是,这一时期的图书馆学家一般不是职业的图书馆人。如在近代图书馆启蒙宣传方面最有影响的人物梁启超是维新变法人士,梁在政治、文学等领域的成就更为人所知;罗振玉、王国维是近代图书馆事业的实际推动者,但他们的主要领域是中国文史;孙毓修写出了第一部《图书馆》,也做过图书馆馆长,但他是以主编《童话》闻名的编译家,被茅盾称为"中国童话的开山祖师";徐树兰、李大钊虽然做过图书馆工作,但他们的主要职业也不是图书馆工作。在图书馆事业处于萌芽阶段时,这些大学者、社会活动家们的图书馆宣传与工作对图书馆事业发展的确能够起到职业图书馆人难以起到的作用。但是,图书馆学的深入发展,却需要一批职业图书馆人。

"新图书馆运动"期间,中国出现了一批职业图书馆学家,首先出现的是被誉为"中国第一代图书馆学家"的沈祖荣、胡庆生、杨昭悊、洪有丰、杜定友、刘国钧、戴志骞、袁同礼、李小缘等人。他们都有留学经历,以图书馆学为主要学科背景,或以图书馆为主要职业。这批人是"新图书馆运动"的主角,他们或者是早期图书馆组织的发起者与重要成员,或者是早期图书馆教育的推进者、近代图书馆学理论的奠基人。在中国近代图书馆教育创建后,又成长起一代具有"国产化"特征的图书馆学家。由于图书馆学研究重心的转移,他们中大多数人研究图书分类、编目、索引与文献学等图书馆技术问题，但也涉足基础理论领域。裘开明、马宗荣、查修、严文郁、俞爽迷等人在基础理论领域仍有不俗表现。这批职业图书馆学家的出现不仅直接促成了这一时期的理论高潮，同时也对20世纪前半叶中国的图书馆学产生了决定性的影响，有些人的影响甚至延续到20世纪末。

一、沈祖荣

沈祖荣，字绍期，1884年9月11日生于湖北省宜昌市一个平民家中。1914年赴美国纽约公共图书馆学校留学，1916年回国，是中国出国学习图书馆学的第一人，也是学成回国的第一人。1917年以后，沈祖荣活动在中国近代图书馆学舞台上，为近代图书馆学的发展做出了巨大贡献。沈祖荣的主要功绩有：

(1)发起“新图书馆运动”，推动中国图书馆事业发展。沈祖荣是新式图书馆的热心宣传者，他于1917至1919年间大力宣传新式图书馆，演讲图书馆学理论与方法，此举对近代图书馆的发展起到了极为重要的作用。曾任中华图书馆协会第一届季刊编辑部成员的严文郁称沈祖荣的演讲“是为西洋图书馆学派流入中国之先声”。[20]

(2)创办图书馆教育。沈祖荣是文华图书科的创办人之一，1930年该校改名文华图书馆学专科学校后沈是该校校长。该校的建立标志着我国图书馆学教育的正式兴起。在图书馆学教育实践中，沈祖荣特别重视学生的动手能力，文华公书林的所有事务都由文华图专的学生担任。文华图专因此造就了一大批高质量的毕业生。沈祖荣先生毕生致力于中国的图书馆教育事业，是将现代图书馆教育引入中国的先驱，因此有“中国图书馆教育之父”的美誉。

(3)图书分类。沈祖荣与胡庆生合编《仿杜威书目十类法》，于1917年出版，是中国首部仿杜威分类法用标记符号代表类目的新型分类法，其类表虽然比较简单，且类分中国古籍颇为困难，但是，它在学习新技术编制图书分类法方面却是一个划时代的贡献。

沈祖荣是留学美国攻读图书馆学的学者，在国内一直在美国图书馆学家韦棣华身边工作。但他的图书馆学思想并不完全“崇洋”。他亲身体会到中美两国在经济文化等各方面存在的巨大差异，深深感到不能照搬美国的方法来发展中国图书馆事业。在留美期间，沈祖荣就发表了《中国能够采用美国图书馆制度吗?》一文，[21]文中提到“藏书宏富之巨型大理石图书馆建筑实为社区亦或国家之骄傲与荣耀，然此等建筑并非中国目前之必需者，盖因中国经费拮据，而又风气未开，民众智识欠缺，堂皇豪华之外观，反倒令人望而生畏，阻碍图书馆运动之发展。最切要者乃是有得力之馆员将此伟大事业推向前进”。他已经注意到由于巨大的经济差异，两国的图书馆建设应该走不同的道路。1929年他在回忆自己图书馆工作经历时，更是从业务工作的角度具体分析中美两国图书馆工作的不同，“东西国情不同，文字亦异。我国书籍，旧以甲乙丙丁四部分门，彼则用杜威十类法，客特氏展开分类法，国会图书馆分类法；同门同类之书，我则大都依著者时代之先后排列，彼则根据著者姓名字母之顺序。既有如是之差别，自未可一概因袭模仿”。1929年，沈祖荣利用出席世界图书馆第一次大会之际，对欧洲8个国家图书馆事业进行了考察。在更全面地了解了世界各国的图书馆状况后，沈祖荣更坚定了自己应该根据国情选择图书馆事业发展道路的信念。到20世纪30年代，采用西方图书馆管理方法和技术的图书馆在我国已经普遍，沈祖荣对图书馆的中国化问题也随之有了更深层次的思考，逐渐开始透过图书馆具体工作上升到中国文化的高度。他指出：“中国式的图书馆，应有纯粹的中国色彩，合乎中国人性，合乎中国书刊出版物的字形与装帧式样。我们虽然采取了人家的科学管理方法,但应在具体工作上变为中国化的图书馆。如分类、编目、存储和使用设备等等,都以代表中国文化的姿态,从图书馆里体现出来。”[22]他不但认为文献整理技术应该与文献的形式特征相吻合,而且强调了中国式的图书馆采用的技术方法应“代表中国文化”,“合乎中国人性”,已经注意到从文献整理技术、文献(形式)特征和图书馆的文化内涵等不同的方面认识我国图书馆中国化问题。

二、杨昭悊及其《图书馆学》

杨昭悊,湖北谷城人,早年毕业于北京大学,后留校任教并兼职于公私立学校。1920 年,他参加了北京高等师范学校开的图书馆讲习会。当时杨昭悊主张译书,并译出一部质量较高的《图书馆学指南》。这部译作被后人称为“我国最早一部以图书馆学命名的著作”。后来杨昭悊意识到一味译书存在许多问题,因此便着手自撰图书馆学著作。1921 年,杨昭悊被交通部派往美国留学,攻读图书馆学。这时他已完成了《图书馆学》的初稿。在旅美途中,还在为《图书馆学》定稿及作序。1923 年《图书馆学》出版。虽然作者称该书“十分八九是参考各名家的著作,自己也参考十分一二的意见”,但这部著作毕竟是我国第部图书馆学概论性著作,也是国外图书馆学传入中国时期“中国图书馆学自撰书籍之最完备者”。[23]商务印书馆把它作为“尚志学会丛书”之一出版以后,在社会上引起较大反响,其后的许多图书馆学著作、文章多援引该书,蔡元培称之为“我国今日其最应时势的好书”。刘国钧在《现时中文图书馆学书籍评》一文中评介说该书综合了学习日本与学习美国两大潮流,系统序述了图书馆原理与应用。[24]《图书馆学》于 1926 年、1928 年、1933 年先后三次再版。杨昭悊先生也因此书确立了在近代图书馆史上的奠基者地位。

在杨昭悊《图书馆学》出版以前，图书馆学著作存在着分量轻、不成熟的问题，对现实的需要与图书馆学发展的联系缺乏理性的探讨，而只是流于技术方法上的介绍与探讨。即缺乏完善的理论体系，只是一种应时的做法。用杨先生的话说是“语焉不详，偏而不全”，“想求一种原理应用图书馆学，简直没有”。此外，当时中国人对图书馆存在两种谬见：①图书馆没有多大用处；②图书馆没有什么学问。特别是第二种谬见，根深蒂固。杨昭悊写成《图书馆学》一书的主要内容后，带上书稿赴美润色。在编书人自序中，杨先生理直气壮地陈述了他编书而不是译书的理由：①外国图书馆学的著作，属于分科的多，属于通论的少，倘若把它译出来，只合于图书馆员参考，不足供一般人研究；②外国图书馆学的著作，关于应用的多，关于原理的少，若把它译出来，只可供应用不能示提倡；③外国图书馆学的著作，多半是发表自己的意见，或叙述本国的状况，倘若把它译出来，只能供参考，不能资比较。这是杨先生不甘居外国图书馆学理论之后亦步亦趋，而要吸取他国图书馆学经验之长，开拓探索洋为中用的中国图书馆学理论研究的最好宣言。

用历史的眼光来看，在《图书馆学》成书前，中国无一本图书馆学的通论性著作可借鉴。杨书在成书体例、内容等多方面需要独自探索。杨昭悊在《图书馆学》中提出了他自己对图书馆学的理解，认为图书馆是收集有益的图书，随着大家的知识欲望，用最经济的时间，自由使用的地方。整本书跨越幅度很大，涉及图书馆类型的分析、图书馆学与其他学科的关系、图书馆学与图书馆事业的关系、图书馆学与其分支学科、图书馆教育等几个方面的问题。远在七十多年前我国现代图书馆学建立初期，杨先生作为我国早期的图书馆学家，在介绍西方图书馆学理论的同时，结合中国国情，进行了系统而完备的理论探索，并且创立了三分法的成书结构，给20世纪的图书馆学理论做了奠基与开山之功。他的许多图书馆学思想在当时反响巨大,而且在今天仍有可借鉴之处。

《图书馆学》在图书馆学基础理论领域的贡献可归纳为:

(1)它第一次明确了图书馆学基础理论的内容体系。该书"总论"篇探讨了图书馆及其种类、历史,探讨了图书馆学的定义,图书馆与图书馆学的关系,图书馆学的意义、范围及分科,图书馆学研究方法。"图书馆和教育"篇则全面、系统地研究了图书馆的教育功能。这种内容界定和体系安排为以后许多概论性著作所效仿,它提出的这些课题也是20世纪中国图书馆学一直在研究的课题。

(2)它第一次定义了一些基本概念,并提出了一系列基础观点。书中指出,"图书馆是搜集有益的图书,随着大家的知识欲望,用最经济的时间,自由使用的地方",图书馆学"是把关于图书馆的理论与技术知识的总和,为最有系统的研究"。在论述图书馆学与其他学科的关系时,指出图书馆学"简直和一切学科都有关系",但和社会学、心理学、经济学的关系更密切。书中明确了图书馆学的范围,并提出以归纳法、演绎法、实证法作为图书馆学的研究方法。

(3)第一次勾画了图书馆学的体系结构。在描述图书馆学的内容范围所做的"分科"时,该书将图书馆学分为"纯正的"和"应用的"两部分,实际上就是将图书馆学分为了理论图书馆学和应用图书馆学两部分。

三、洪有丰的《图书馆组织与管理》

1923年,杨昭悊的《图书馆学》以编译结合的方式打破了一味译书的局面,走出了图书馆本土化的重要一步。而在图书馆学本土化方面真正具有里程碑意义的事件,则是洪有丰的《图书馆组织与管理》的出版。

洪有丰(洪范五,1893—1963),1916年毕业于金陵大学,1921年在美国获图书馆学学士学位,是继沈祖荣、胡庆生等之后最早回国的留学生之一。回国后担任过南京高师图书馆主任,清华大学图书馆馆长,中央大学图书馆馆长等职,在1925年中华图书馆协会成立大会上,他被选进协会董事部和执行部。

洪有丰是留美专攻图书馆学的专家,归国后又一直从事图书馆实际工作与图书馆学研究,他对图书馆学和国内图书馆建设与研究的认识非常深刻。洪有丰在东南大学讲授图书馆学课程的基础上,编撰了《图书馆组织与管理》一书,1926年8月由商务印书馆出版。《图书馆组织与管理》代表了当时我国图书馆管理研究的最高水平。它于1933年和1935年两次重印出版。一部专业很狭窄的学术著作在短短的数年内多次再版重印,充分说明了它的学术地位和巨大影响。

注重实际是该书的重要特色。这首先表现在内容的取舍编排上。作者在该书"凡例"中指出,"本编权衡轻重为立言之标准,故篇目之分合,叙述之繁简,与他种译著本颇不同"。该书没有沿袭当时已经比较普遍的全面介绍图书馆概貌的著述模式,而是突出图书馆管理的实务,全书十六章,以"图书馆学之意义""图书馆与教育之关系""图书馆沿革""图书馆之种类"四章做了图书馆基础理论的探索,后面的十二章对图书馆创建、日常管理和各种业务工作进行了全面的阐述,较好地达到了著者"本编命名为图书馆组织与管理,列举组织管理必要之方法,俾读者皆瞭然于图书馆之建设与运用,而图书馆之效果,得昭著普及于社会,则编者之望也"的编撰目的。其次表现在阐述的详尽上。全书对图书馆的创立和日常运作都有详细的介绍,大到图书馆创立筹备委员会的设置、人员安排、经费来源,小到书桌、出纳台、报架、书架的具体尺寸、实物图样、专至卡片目录的实物图样,对"私人捐助"表彰的6种方法等,无不详细备至,能够实物显示的都附有图示样张,并标明具体尺寸。

最重要的是全书的阐述立足中国图书馆实际,因此对实际工作有很强的指导性。作者认为“中国图书馆庋藏,当以中籍为多。而晚近译自欧美,或採及东邻者,所述方法,未必尽适用于中籍。本编力矫舍本逐末之弊,于中籍处理方法,叙述尤详,期可有实际之应用也”。比如在藏书整理方面,增加有“鉴别”“装订修补”等章,介绍中国传统的藏书整理经验,这些内容在20世纪20年代我国图书馆有很强的实用性,体现了该书中西合璧特点。为了对图书馆实际有更好的指导,作者对有关中国图书馆建设的指导性法规收集十分全面,如在第三章“图书馆沿革”附《通俗图书馆规程》《图书馆规程》《中华教育改进社第一届年会图书馆教育组议决案》《中华教育改进社第二届年会图书馆教育组议决案》《中华教育改进社第三届年会图书馆教育组议决案》,在论及学校巡迴图书馆时,又专门收录中华教育改进社关于《各市区小学校应就近联合于校内创设巡回儿童图书馆,以补充教室内教育之议案》全文,这些资料对指导当时图书馆实际运作的重要意义是不言而喻的。

作为一位对图书馆学有精深研究的专家,洪有丰对许多问题必然有自己的看法,比如对图书分类编目,作者就认为“中籍之分类装订等问题,近研究图书馆者曾有新意见发表。笔者不愿为极端之主张,于旧法亦不欲过于摒斥,以为此等问题,殊有参酌之余地,但凭理想所及,轻事更张,实事比多阻碍,故不敢苟同也”。但由于对本书的写作有明确的定位,因此对有争议的问题他并没有做正面的阐述,因为他知道“图书馆学在解决图书馆事业设施上之种种问题,与他种学术有各殊之点,故本编不欲多空泛之理论,武断之批评,而关于图书馆学之实事,特广为搜集,以飨读者之研究参考之资料,任其自行抉择,想为明达之所许乎”。由此,不仅铸就了著作论述全面、资料丰富优点,同时也使其成为具有一定理论深度的学术著作。有些章节颇见作者的理论功底,如"图书馆之种类"一章对图书馆的分类就很有特色。特别是"图书馆沿革"一章,从古到今对图书馆发展做了全面的描述,其中专列一节简练介绍我国图书馆发展史,尤其对近现代我国图书馆发展的论述极为详尽,在20世纪20年代能如此关注中国图书馆事业发展实属难能可贵。

四、杜定友的图书馆学思想

杜定友(1898—1967)是我国著名图书馆学家。杜定友原籍广东南海,生于上海。1918年毕业于上海工业专门学校(南洋公学的前身),因成绩优异,被保送到菲律宾大学,攻读图书馆学。1921年毕业,获文学士、教育学士、图书馆学士3个学位。回国后曾任复旦大学、交通大学、中山大学等图书馆教授兼馆长。杜定友回国后致力于"新图书馆运动",创办我国第一所"图书馆管理员养成所",创办上海国民大学图书馆学系,组织上海与全国图书馆协会,创办《图书馆杂志》。在图书馆学理论方面,杜定友辛勤耕耘,著作等身,其图书馆学理论生涯从20世纪20年代到60年代,从不曾中断。在图书馆学基础、图书分类、汉字排检法、校雠学等领域,杜定友均有非常出色的研究成果。

在图书馆学基础领域,杜定友早年出版过《图书馆通论》(1925年)、《图书馆学概论》(1927年)、《学校图书馆学》(1928年)等重要著作,发表过《图书馆学之研究》(《图书馆杂志》1925年创刊号)、《图书馆学的内容和方法》(《教育杂志》1926年9—10期)等重要论文。在这批论著中,杜定友全面论述了图书馆及图书馆学的原理,在许多问题上有创造性认识,并形成了自成一体的图书馆学说。这一时期杜定友的图书馆学思想主要有:

(1)科学阐述图书馆的定义与属性。杜定友在《图书馆通论》中指出，作为图书馆，一是“能保全图籍，作一定之科学方法，以处理之”，二是“能运用图籍，使之流通，任何人士，皆有享阅之利益”，只要能满足这两条，无论大小与藏书多少，都是图书馆。[25]在《图书馆学概论》中，杜定友进一步指出，“图书馆是一个文化机关，利用书籍以发扬文化，是现代新进事业之一”，图书馆要能够做到三点才能称为完善：“(一)要能够积极的保存；(二)要有科学的方法，以处理之；(三)要能够活用图书馆，以增进人民的智识和修养。”[26]在这里，杜定友在杨昭悊的“保存与利用”的图书馆定义之外，增加了“科学处理”的重要的内容。

(2)抽象地认识图书馆的性质、职能。杜定友一再指出图书馆的开放性，除在上述图书馆定义时总是描述图书馆的开放性外，1921年杜定友在广州市民大学讲演时，对图书馆的开放性进行了充分的说明：“今之图书馆，则为公共之机关，为市民之产物。盖书籍，天下之公器也，自当公诸同好，为社会公众求利益。此则图书馆新旧不同也。”杜定友进一步描述了公共图书馆的作用：一是“市民修养之中心点”，二是“市民游乐之中心点”，三是“市民之继续学校”，四是人们的参考咨询机构，即“商人之兵工厂，工人之试验场，工商之询问部，经济家之参考室，各界之俱乐部也”。[27]这种认识与现代图书馆学已非常接近。

(3)在近代图书馆学史上，杜定友是自觉地、系统地考察图书馆与社会的第一人。1928年，他对“图书馆与社会”的命题进行了高度的科学抽象，指出“图书馆的功用，就是代社会上一切人记忆一切的，实际上就是社会上一切人的公共脑子”。[28]他的这一论述甚至早于美国“芝加哥学派”。

(4)探讨图书馆的基本问题。1932年，杜定友在《图书馆管理法上之新观点》中指出：“整个图书馆事业，其理论基础实可称‘三位一体’。三位者，一为‘书’，包括图与书等一切文化记载；次为‘人’，即阅览者；三为‘法’，图书馆之一切设备及管理方法管理人才是也。”[29]这一认识被当代图书馆学家当作关于图书馆学研究对象的“要素说”的源头。杜定友第一次将图书馆学明确定义为“图书馆管理之原则与方法”。在《图书馆学之研究》和《图书馆学的内容和方法》中，杜定友对图书馆学的起源、意义、研究范围、研究方法等进行了探讨。在近代图书馆学家中，杜定友是系统进行此类探讨的第一人。

（5）中国化、实用化的理论价值取向。20 世纪 20 年代的图书馆学家都较为关注图书馆学中国化的问题，而杜定友则更注重从理论的角度来探讨这一问题。杜定友在留学期间就留意到了中国图书馆的特殊性，“外国的图书馆学未必能适应中国的情况”。例如杜定友认为应该对中国传统的藏书整理学术加以光大，他在《图书馆学之研究》一文中指出，“除了一般的图书馆学之外，还有一种同时进行而很有价值的科学，就是我们中国向来所有的校雠之学。这种学问，是图书馆学者必需的，所以我把他归纳在书目学内。其实这种科学，也有独立的价值。这种科学，实先于图书馆学，不过一向没有什么人去做科学的研究。到了现在，一般外国图书馆学者，方着力于是。我国早有是科，我们现在只要继续先贤的事业，比较他们便当得多。不过有一点不同的，他们研究校雠版目之学，是拿世界的科学的眼光研究的，我们往往居于一部分或主观的方法，这是我们要注意的”。[30] 1922 年杜定友编制了《世界图书分类法》，开始了中国图书馆学家在图书分类领域的创新。杜定友首先研究中文著者号码表编制方法，建议增补百家姓，按汉字检字法排列，使每姓有固定号码，并于 1925 年出版《著者号码编制法》，实现他的想法。在中文编目方面，杜定友的《图书目录学》也是当时论述较为详细的专著。

杜定友对图书馆学的研究是全面的、系统的，不论是理论的深度、理论创新程度还是论著的数量、研究的范围，他都明显高出前人，在同时代中国图书馆学中无人可及。杜定友科学、准确地认识了近代图书馆事业的特点与功用,对图书馆学基础理论进行了深入系统的分析,结合中国特点研究应用图书馆学问题。杜定友的理论工作走出了“建设中国的图书馆学”的重要一步。杜定友的基础理论与应用研究基本都是属于当时的理论前沿,在某些方面,他甚至达到了当时世界最高水准。杜定友早期的图书馆学基础理论成就,标志着中国近代图书馆学已经真正形成了。

五、其他人物

“新图书馆运动”时期是图书馆学人才辈出的时期,出现了一大批图书馆学基础理论研究者。除上述人物外,值得关注的还有:与杜定友一样被当作那个时代图书馆学代表人物的刘国钧,以一篇北京高师讲演受到刘国钧高度评价的戴志骞,在图书馆情报服务与公共图书馆立法方面有超前认识的李小缘,以“现代图书馆”系列论著闻名的马宗荣,等等。进入 20 世纪 30 年代,一个活跃的基础理论学术群体已经形成,包括:以《图书馆学通论》全面论述图书馆学理论的俞爽迷,对图书馆学体系做出科学说明的李景新,研究比较图书馆学的程伯群,等等。

1. 刘国钧

刘国钧(1899—1980)是江苏南京人,我国著名图书馆学家。1920 年毕业于南京金陵大学,留校从事图书馆工作,旋即出国,在美国威斯康星大学哲学系、图书馆专科学校及研究生院留学,获哲学博士学位。1925 年回国,任金陵大学图书馆主任兼教授、北平图书馆编纂部主任等职。刘国钧是我国近代图书馆学奠基人之一,他参与了中华图书馆协会的建设,是该协会会刊《图书馆学季刊》的主编。

从 1921 年起,刘国钧开始研究图书馆的性质、特征及近代图书馆的功能,发表过《近代图书馆之性质及功用》等重要论文。1934 年,刘国钧的《图书馆学要旨》由中华书局出版。《图书馆学要旨》是一部以介绍图书馆常识为主的普及性读物,很多内容都是公认的基本原理,还有些刘国钧过去观点的重新介绍。书中也提出了一些新的观点,比如对图书馆要素的分析。因为该书比较系统地讨论了图书馆学基本问题,是刘国钧早期代表作,现代图书馆学将其看作一部经典著作。

在当代图书馆学论著中,刘国钧与杜定友并列,被当作那个时代图书馆学的代表人物。

2. 李小缘

李小缘(1897—1959),江苏南京市人,1921年去美国留学,获图书馆学学士及社会教育学硕士学位。1925年回国后任金陵大学教授及图书馆馆长、东北大学图书馆馆长等职。李小缘是中国近代图书馆学奠基人之一,他参与"新图书馆运动",为近代图书馆的大发展发挥了重要作用。他的《全国图书馆计划书》产生了很大的影响。他是中华图书馆协会创始人之一。1927年,他筹建了我国最早的图书馆学系之一的金陵大学图书馆学系,为近代图书馆教育的发展做出了重要贡献。李小缘的图书馆学研究范围较广,在图书馆学基础领域,有两点贡献特别值得提及。

李小缘在1926年作了"藏书楼和公共图书馆"的演讲,在论述美国公共图书馆的六大意义时,指出图书馆是"传播消息及知识的总机关"。在1927年出版的《图书馆学》一书中又进一步加以阐发。李小缘表述"传播消息及知识之总机关"这一命题时用了英文 Information Bureau。李小缘还表明图书馆应该成立参考部,搜集各种工具书,从事"Public Affair Information Service"。[31]这里用到了现代情报学常用的概念"情报机构""情报服务",这是在现代情报学出现之前,中国图书馆学家对图书馆情报功能的最早表述。

李小缘也是最早关注立法问题的图书馆学家,他在1926年的《公共图书馆之组织》一文中说，公共图书馆建设“首必有法律上之根据，或受法律之许可。关于设立图书馆之规定，多载在各城各省各国之典章宪法”，“既有法律根据，图书馆从而基始”。李小缘还对中国人不重视立法的现象进行了尖锐的批评。关于立法的作用，李谈到了管理体制入法的问题，也谈到了经济，“经济之来源及其筹备方法，皆载在法律”。[32]公共图书馆的“法律保障”是西方近代公共图书馆运动的核心内容之一，而我国早年图书馆学家对这一点的认识总体上说是欠缺的，李小缘对立法问题的关注是非常难得的。

3. 马宗荣

马宗荣（1896—1944）是我国近代著名教育家，图书馆学家。马宗荣是贵州贵阳人，1918 年公费留学日本，先学工科，后改学教育，1929 年学成回国。回国后任过教育部主任秘书、社会教育司司长等许多教育学职务以及贵阳文通书局编辑所所长，马宗荣任图书馆职务不多，只担任过大夏大学图书馆馆长。1934 年由大夏大学图书馆出版过一部《大学图书馆经营之实际：大夏大学图书馆组织与管理》，是早期大学图书馆组织与管理方面不可多得的著作。

在图书馆学基础理论领域，马宗荣 1923 年起动手编撰图书馆学系列著作。他利用长期留学日本的资料便利，系统研究图书馆学基础理论，1928 年出版《现代图书馆序说》（商务印书馆），此后又陆续出版了《现代图书馆经营论》（商务印书馆，1933 年）、《现代图书馆事务论》（中华书局，1934 年）等著作，比较全面地讨论了近代图书馆学基础理论问题。

第三节　理论研究的特点与亮点

实践是理论形成的基础，图书馆学理论源自于图书馆实践活动。随着中国图书馆建设进入一个新的阶段，在清末出现的对图书馆零星的理性认识也逐渐完善发展为比较系统的理论体系，完成了从图书馆理论向图书馆学理论的转变，并且伴随着“新图书馆运动”的掀起和深入，最终形成了具有鲜明中国特色的图书馆学。中国图书馆学的形成不能简单地看作是我国图书馆实践的总结和提高，它是我国第一代图书馆学家自觉选择的成果，是现代图书馆的基本理念和当时先进的图书馆学理论与中国图书馆实践结合的结晶。因此中国图书馆学在形成过程中就不断地指导着图书馆实践活动，对我国图书馆的最终转型起了巨大的指导作用。

一、图书馆学的特点

“新图书馆运动”时期是我国图书馆学理论奠基时期，这一时期的理论特点鲜明，主要有：

1. 由“取法日本”转而“追逐美国”

中国近代图书馆学的两大理论来源地是日本与美国。日本在近代一直积极学习西方图书馆学，创建了非常“西化”的图书馆学。近代史上一批维新变法人士大多有留学或流亡日本的经历，他们回国后热心介绍日本图书馆学，对中国图书馆学的发展具有启蒙作用。但美国毕竟是近代图书馆学的发源地，是图书馆事业最为发达的国家。只有转向直接向美国学习，中国图书馆学才可能站到世界图书馆学的理论前沿。

19 世纪末到 20 世纪初，向日本学习是我国图书馆界的公识。早期热心宣传图书馆的人士如梁启超、罗振玉、王国维、李大钊均有在日本生活的经历，他们向国人介绍的也是日本的图书馆。1918 年李大钊刚上任北大图书馆主任不久，就曾两次专门致函在日本的留学生，详细了解日本早稻田大学图书馆的机构设置情况和具体的管理方法，以为管理北大图书馆借鉴。即便是沈祖荣在留美学成后,还专门赴日本考察,以寻求解决"许多图书管理上的难题",[33]由此可见当年日本图书馆对我国的影响之大。

我国图书馆学形成之初,主体来自于国外,最先转译自日本。1917 年北京通俗图书馆翻译了日本图书馆协会编著的《图书馆小识》,对我国图书馆发展具有一定的影响。通俗图书馆是我国图书馆建设重心下移的具体表现,北京通俗图书馆"为各省倡",[34]在全国通俗图书馆中地位非常重要,该馆翻译此书无疑对推进我国通俗图书馆建设,促进我国图书馆建设重心下移产生了积极的影响。《图书馆小识》1918 年又由顾实以《图书馆指南》为名译出。

1916 年沈祖荣回国后,在国内介绍美国图书馆学的论著逐渐增多。1917 年沈祖荣"仿杜"图书分类法出版,在图书分类领域掀起了学习美国的高潮。1921 年戴志骞在北京高师的讲演,系统介绍美国图书馆方法,使国人学习图书馆学的眼光转向美国。而 1923 年《图书馆学》的出版则是被当作两种潮流的综合。刘国钧说,我国图书馆发展,在民国初学习日本,自戴志骞的《图书馆学术讲稿》后美国图书馆观念逐渐传遍全国,"而综合此两大潮流,为有系统之序述者则杨昭悊之《图书馆学》"。[35] 1925 年返还"庚款"的运动,进一步促使图书馆界将学习图书馆学的眼光投向美国。

2. 理论研究与事业发展同步

图书馆学理论与图书馆事业存在相互促进的关系,图书馆学理论的高潮能够推动图书馆事业的发展,图书馆事业的发展则能为图书馆学提供理论素材。中外图书馆学史表明,理论研究与事业发展的不平衡状况最终难以保证理论与事业的健康发展。1949—1966 年间中国图书馆事业大发展时,而图书馆学理论研究严重滞后。由于缺乏理论创新的支持,中国图书馆事业始终低水平徘徊，直到 20 世纪 80 年代图书馆学理论恢复创新活力，图书馆事业才迈上了新的台阶。20 世纪 30 年代的美国图书馆学，在图书馆事业并不景气时取得理论的突破，诞生了影响深远的"芝加哥学派"。但缺乏事业根基的"芝加哥学派"的理论存在许多缺陷，事后连巴特勒也承认自己"科学得过头了"。

"新图书馆运动"时期的中国图书馆学，理论研究与事业发展相互促进。当时的理论家们十分关注图书馆事业的发展，他们赴各地演讲，宣讲新的图书馆观念，促成新式的公共图书馆与大学图书馆大批涌现。理论家们对新的分类、编目等图书馆学方法的研究，促进了新的图书馆工作方法的创立与工作水平的大幅提高。这种理论与事业相互促进、同步发展的大好局面，在图书馆学史上并不多见。

与图书馆事业相关的图书馆学教育、协会、刊物的出现，同图书馆学理论研究也呈相互促进的局面。近代图书馆学教育的兴起导致新型图书馆人才大批涌现，图书馆刊物与协会出现使理论研究的组织体制得以形成。这些促使学术专著与论文大量发表，理论创新蔚然成风。

3. 学习与创新并重

不论取法日本还是追逐美国，都是学习他国的图书馆学。而对中国图书馆学，更为重要的任务是在学习基础上的理论创新。"新图书馆运动"时期，理论家们意识到了理论创新的重要，开始从努力学习他国先进的图书馆学，转向创建中国图书馆学。

创建中国图书馆学的任务，是在 1925 年中华图书馆协会成立时明确提出来的。《中华图书馆协会组织大纲》称"本会以研究图书馆学术，发展图书馆事业，并谋图书馆之协助为宗旨"。协会第一任董事长梁启超在协会成立会演说中进一步阐述了该宗旨,明确提出建设"中国图书馆学"的任务,他认为适合中国图书馆学应用的图书馆学,应该是在研究外国图书馆学的基础上,应用现代图书馆学的原则去整理中国的图书,为中国学术界开辟出新发展的途径,并产生一种有系统的理论。

实际的理论创新最先出现在应用图书馆学领域。1917 年沈祖荣、胡庆生编制的《仿杜威书目十类法》,从名称看这仅仅是一个学习西方图书分类法的产物,其实它的内容包含着图书分类的创新。杜定友评价它"是第一个为中文图书而编的新型图书分类表","对于中国图书馆的管理方法上,特别是对于分类编目上,起了很大的革新和推动作用"。[36]此后,杜定友、刘国钧、皮高品、王云五等人的分类法也在一步步尝试建立更加符合类分中国文献的新式分类法。在编目领域,杜定友首先研究中文著者号码表编制方法,于 1925 年出版《著者号码编制法》。刘国钧在中文编目实践基础上,1928 年发表《中文图书编目条例草案》。理论创新也出现在图书馆学基础理论领域。杜定友的"要素说""公共脑子"说,就是这种创新的表现。

4. 基础理论与应用研究并重

图书馆学是一门应用学科,应用研究在图书馆学中往往占有很大的比重。但在从古代藏书楼向近代图书馆过渡的历史转折时期,图书馆界有很繁重的理论观念更新与理论体系重建的任务,这时,基础理论的作用就显得非常重要了。"新图书馆运动"时期,理论家们正是在这两个方向同时出击,推动了基础理论与应用研究的同步发展。

基础理论的发展是中国近代图书馆学的重要内容。从 19 世纪末期起,维新变法人士一直不遗余力地宣传近代图书馆,推动古代藏书楼向近代图书馆的变革。这种宣传必然涉及讨论近代图书馆的性质与职能等图书馆学基础理论问题,并为图书馆学基础研究打下良好的基础。"新图书馆运动"期间,随着图书馆学家对近代图书馆认识的深入,理论家们更加清楚地了解了公共图书馆问题在近代图书馆事业中的地位,了解了当时的公共图书馆精神,因而研究与宣传更加有针对性。李小缘发表《藏书楼与公共图书馆》这样系统讨论公共图书馆精神的论文,刘国钧在《美国公共图书馆概况》中也有一定篇幅讨论公共图书馆精神。认识了公共图书馆,理论家们则能从图书馆社会职能的演变研究近代图书馆问题。杜定友在《图书馆学概论》中将图书馆的发展分为3个时期:保守时期、被动时期、自动时期,刘国钧在《图书馆学要旨》中将图书馆的发展分为自动、社会化、平民化,均表现出很高的宏观思维水平。随着基础理论研究的深入,学科体系也逐渐形成。1926年,杜定友曾表明希望在国民大学图书馆学系开设的9种课程中,有"图书馆概论""图书馆学原理大纲""学术研究法"3种理论性课程,及"图书馆行政学"一门具有宏观性质的课程,[37]这一教学体系对基础理论的重视,超过了杜威的教学体系,甚至不亚于后来的芝加哥大学GLS。

当然,"新图书馆运动"期间图书馆学理论的更加本质的进步,是应用研究的大发展。在1917年以前,只有人偶尔介绍了国外的图书馆方法,没有对它们进行深入细致的研究,没有尝试它们的中国化。以1917年沈祖荣、胡庆生《仿杜威书目十类法》编制为起点,应用图书馆学进入大发展阶段。在图书分类领域,在多部图书分类法编制的基础上,出现了金步瀛的《图书之分类》(1926年)、刘子钦的《分类之理论与实际》(1934年)等专著,以及一大批论文。论文内容涉及当时世界图书分类理论的前沿,甚至讨论了冒号分类法等新型分类法问题。除图书分类外,其他应用图书馆学领域也被理论家逐一涉足。仍以上述杜定友希望开设的课程为例,9种课程中有"图书选择法""图书分类学""图书目录学"(即图书编目)、"图书参考法"4种,另

“图书馆行政学”中也有图书馆建筑、图书流通、典藏等应用图书馆学内容。从这一体系中可以看到,当时图书馆学界对应用图书馆学的认识已经非常全面了。

二、基础理论的创新

在“新图书馆运动”的大力推动下,中国图书馆学理论研究走上了自己的发展道路,具有中国特色的图书馆学基础理论体系大致形成。较为能够代表这一时期中国图书馆学特色的理论有:

1. 新的图书馆发展观

经历了从古代藏书楼到近代图书馆的转变,图书馆学家对图书馆发展有了更加清晰的认识,杜定友、刘国钧等人的新的图书馆发展观代表了这种认识。

在《图书馆学概论》中,杜定友将图书馆发展划分为 3 个阶段,认为“图书馆的进化,约略可以分三个时期。(一)保守时期;(二)被动时期;(三)自动时期。各国的图书馆,进化不同。大约东方的图书馆,还在第一第二时期之间。欧洲的图书馆,还在第二时期。美国的图书馆,在第二第三时期之间”。“保守时期的图书馆只是保存,不能在活用”,“当时无所谓图书馆管理法。但是对于保存的方法,很是讲究”;被动时期的图书馆“一切图书管理法都是要解决如何可以适应阅者的需求。想种种方法,使图书馆的书籍,可以公诸于世。所以这时期的图书馆,以公开流通两件事为目标”;“到了近数年,美国人发现图书馆是一个自动的教育机关。图书馆的书籍设备,非但要公开流通;使阅者便于阅览。而且要积极的去教育他们,指导他们”。[38]

1932 年,杜定友在浙江的一次演讲中,以书、法、人“三位一体”的理论再一次展开他的图书馆发展观。杜定友说,“惟因理论与事业随时变迁,故此理论中心乃亦有转移。其变迁约可分为三个时期:第一时期以书为最关注”,“在第二时期中,‘书’乃不见十分重要，而以‘法’为重”，“最近数年来，图书馆事业极其发达。‘书’既丰富，‘法’亦讲究，于是转应着重于‘人’。此即今日应有之新观点也”，“若以人为目标办图书馆，则事业能生动而切合实际，且有继续深潜研究之余地”。[39]

刘国钧在描述近代图书馆特征时，提出了自动（自行用种种方法引起社会上人人读书之兴趣）、社会化（将注重对象由书籍而变为其所服务的人，使图书馆成为社会之中心）、平民化（应为多数人所设）的新观点。[40]其中“自动”一点相当于强调图书馆的主动服务，它较当时强调图书馆的“开放性”“服务性”又进了一步。在分析图书馆构成时，刘国钧将杜定友的人、书、法“三要素”做了适当扩充，并指出对这些要素的研究便成为图书馆的各种专门学问。

2. 理性探讨图书馆的本质

在19世纪末，我国学者羡慕西方图书馆的开放性，他们希望在中国也能建立类似的机构，借此开启民智，改变国家积弱受欺的局面。这时对图书馆的认识仅仅停留在常规服务形式和社会教育功能上，即集中在对图书馆最表层的描述和根据社会现实对图书馆某一功能的理想化推测上。20世纪初期，我国开始创建图书馆，图书馆实践活动的开展促进了图书馆认识的深化，首先是对图书馆的管理活动有了初步的认识，其次是对图书馆功能的认识也更加全面，对图书馆的认识开始从原先的表层形态向内部活动深化，从主要介绍国外情况开始汲取我国藏书楼传统的合理成分，但这些认识仍是感性的经验积累。20世纪20年代前后，我国对图书馆的认识开始进入了理性阶段。

能够从理论的高度比较全面系统地分析图书馆现象，并以此指导图书馆实践，是这一时期的显著特点。这首先表现在对图书馆本质的认识上。我国最初介绍国外图书馆时，往往把西方图书馆与我国传统藏书楼混为一体，我国早期倡导建设图书馆的郑观应、李端棻等都将西方图书馆与中国若干局部开放的藏书楼相提并论。20 世纪初,尽管国人对藏书楼与图书馆的不同尤其是外在形态的区别已经有了清楚的认识,但对这两者的本质区别认识并不是很清楚,事实上清政府仍是按藏书楼的模式来创建图书馆的。这种状况随着我国受过专业学习的图书馆人的出现而得以彻底的改变。李小缘在《藏书楼与公共图书馆》一文中用表格的形式对藏书楼与图书馆的区别就充分显示了对图书馆理性认识的特点[41]:

藏书楼	静	贵族式保存	官府办	注重学术著作	文化结晶的机关
图书馆	动	设在城市	民自动办	注重精神娱乐	文化宣传的机关

对外开放服务是图书馆与藏书楼相比最显著的特点,我国最早对图书馆的描述和赞誉一般都集中在这点上,但经过美国专业图书馆学教育的这代图书馆人明显地将图书馆的这一服务特点与这一机构的本质联系在一起,并且能够对此加以理论的分析。刘国钧在 1921 年非常深刻地认识到,图书馆对社会公众开放服务,表明它不仅仅只是一种机构,而是一种社会保障制度,是"为研究教育或社会学所不可忽视之制度","为社会所不可缺之制度"。因此图书馆不是只为社会某一阶层、团体、阶级服务的,"盖一种制度往往可以应付一切人,而非应付团体或阶级"。[42]1923 年他又概括指出,"近代图书馆以用书为目的,以诱导为方法,以养成社会上人人读书之习惯为指归"。[43]把图书馆对外开放这一外在的服务形态分解为图书馆藏书的目的、服务方法的采用和图书馆设立的根本宗旨 3 个方面加以认识,已显示出相当的理论深度。杜定友将图书馆比喻为社会的"公共脑子",也是对图书馆本质抽象认识的一种学说。

3. 完整剖析图书馆要素

在 1917 年以前,受古代藏书楼思想影响,图书馆被人当作一个实体，一个建筑与文献组成的实体。“新图书馆运动”期间，理论家们从近代图书馆的高度重新认识图书馆，将读者、馆员、图书馆的管理方法等要素纳入图书馆的范畴，使“图书馆”一词不再是一个实体的概念，而是具有了机构的意义。在这种研究中，被使用最多的概念就是“要素”。也就是说，图书馆学家们通过要素这个概念，完整地剖析了近代图书馆。

1932年，杜先生在《浙江图书馆月刊》发表了《图书馆管理法上之新观点》，文中认为图书馆有书、人和法3个要素。书指的是图与书等一切文化记载；人指的是阅览者；法包括设备、管理方法与管理人才。三个要素之间是三位一体的关系。[44]

1934年，刘国钧在《图书馆学要旨》中指出，“图书馆成立的要素，若加以分析，可以说有4种：①图书；②人员；③设备；④方法。图书是原料；人员是整理和保存这些原料的；设备包括房屋在内，乃是储藏原料、人员、工作和使用图书的场所；而方法乃是图书所以与人发生关系的媒介，是将图书、人员和设备打成一片的联络针”。[45]

作为一种研究方法，“要素说”的实质是通过剖析图书馆的各个组成部分来认识图书馆。这种方法在20世纪20年代兴起，完全适应了我国当时的现实需求。从认识论的角度看，通过剖析事物的组成部分来认识该事物是一种从具体到抽象的认识方法，完全符合人们认识事物的一般规律，特别是在对新事物的认识上，要素分析是最直接和最有效的方法。

4. 尊重公共图书馆精神

美国是近代公共图书馆运动发展的中心，我国一代留美学者回国后，带回了他们对美国图书馆事业的了解。这批学者对公共图书馆精神的理解与追求，代表了中国图书馆学最先进的思想观念，使得当时的中国图书馆事业开始融入了世界图书馆事业。这一代图书馆学家中，沈祖荣、戴志骞、杜定友、李小缘、刘国钧等都对公共图书馆精神进行过研究，并不遗余力地进行了宣传。

1921 年，刘国钧在《近代图书馆之性质及功用》一文中对世界图书馆发展做了概括性的介绍，特别提到 19 世纪中叶后，美国图书馆"公立(共)图书馆"迅速发展，办馆方法"逐渐改良"，特别"至一八七二年全美图书馆联合会成立后，新式图书馆之发展一日千里"，这种"新式图书馆"的兴起，对世界图书馆发展产生了深远的影响，"波及世界各处"。[46]两年以后，刘国钧对美国这种新式图书馆又进行了专门分析，撰写了《美国公共图书馆之精神》一文。刘国钧在文章中开门见山地指出，"美国之图书馆于历史上为欧亚之后进……然数十年来成效大著，社会人民之视图书馆渐如其私有书室之不可以一日无。图书馆之数乃日增无已，而其办法亦日趋完密，遂为世界上图书馆最发达之国。欧洲且从而学步焉"。然后他对美国的图书馆理论和公共图书馆精神进行了深入的分析，指出"美国公共图书馆之精神，一言以蔽之，曰：公共图书馆者，公共教育制度中之一部也"，"所谓公共图书馆者，即近代图书馆运动最著之产物也"。美国图书馆理论"在使图书馆中无一社会不读之书，社会上无一不读图书馆中书籍之人"。[47]

这显示出当时图书馆学家对美国图书馆发展史以及公共图书馆特点和性质都有比较深刻的认识。

5. 图书馆学体系构建

在图书馆学基础理论研究方面，图书馆学家积极地探讨图书馆和图书馆学的概念，讨论图书馆学的特点与方法，取得了许多对 20 世纪中国图书馆学产生久远影响的理论成果。当然最能代表当时图书馆学基础理论活跃程度的，还是关于图书馆学理论体系的研究。对图书馆学理论体系的研究能够代表理论家们对图书馆学的整体认识，从理论家们对图书馆学理论体系的研究成果中,能够看到这个时代的图书馆学的成熟程度。“新图书馆运动”时期,理论家们对图书馆学理论体系进行了多方面的探讨,取得了一批成果。这些研究成果表明当时的中国图书馆学已经达到了非常高的水平。

1923年,杨昭悊在《图书馆学》中提出了一个理论体系。它充分考虑到了图书馆学的系统性与科学性,将图书馆学分为原理原则部分(即“纯正的”)和图书馆实施的方法部分(即“应用的”)。1925年,杜定友在《图书馆通论》中对图书馆学理论体系进行了新的探索。杜定友的体系有两大特点:第一,吸收了国内外图书馆学的合理观点,明确提出“理论”与“实用”两部分是“图书馆学之专门学识”。第二,将图书馆学分为“专门的”和“辅助的”两种,强调“图书馆学,不能单独成立;好像医学一样,必需有生理学、心理学、化学、数学等等相辅助的”。[48]这表明杜定友认识到图书馆学是一个开放的体系。该体系尽管有移植西方理论的痕迹,但已突显出中国图书馆学者的创新意识。在《图书馆学的内容与方法》一文中,杜定友进一步把整个学科详列为九大块85个子目。进入30年代以后,尽管他仍然坚持图书馆学应该包括“辅助的”分支学科,但内容大大减少,并加以归纳提炼,将整个学科分为“专研究关于图籍印刷出版等科目”“专研究关于图书馆管理方法之科目”“专研究关于图书馆行政之科目”“其他必修科”。[49]刘国钧在《图书馆学要旨》中,试图通过对图书馆构成要素的研究,构建一个完整的图书馆学体系。

在图书馆学体系构建中,李景新的研究很有创新。李景新于1935年发表了基础理论的重要论文《图书馆学能成一独立的科学吗?》,构建了一个很有特色的图书馆学体系。该体系将图书馆学分为“历史的图书馆学”和“系统的图书馆学”,“系统的图书馆学”再分为“理论的图书馆学”和“实际的图书馆学”。[50]这一体系也突出了“史”的地位和各类型图书馆的研究(在“实际的图书馆学”下的“形式论”中)。李景新的论文距杨昭悊、杜定友关于理论体系研究已有十多年,图书馆学的发展水平及图书馆学家对它的认识水平均上升到了新的高度。因此,李景新的理论体系的概括较为全面合理,它表明中国图书馆学家对图书馆体系的认识已上升到了新的水平。

三、应用图书馆学的亮点

1. 立足实际的图书馆管理理论

图书馆管理研究是图书馆实际工作研究的重要组成部分。尽管单一论述图书馆管理的专著并不多,但研究图书馆实际工作的不少著作或多或少都会涉及管理的内容。由于图书馆管理理论的形成完善必须以现代图书馆建设为基础,因此这一内容研究与“新图书馆运动”相始终,不仅在理论上丰富和完善了我国图书馆学的理论体系,成为中国特色的图书馆学不可缺少的重要组成部分,而且在实践中有力地促进了我国现代图书馆建设。

朱元善的《图书馆管理法》是国内较早的有关图书馆管理的著作,于 1917 年由商务印书馆出版。全书 18 章,讲述了图书馆从创办到日常运作的基础知识。李小缘 1926 年的《公共图书馆之组织》一文便提出人是图书馆管理的关键,并对图书馆工作人员的资格、权利和名衔等提出了具体的要求。[51] 与此观点基本相同的还有马宗荣。马宗荣是国内较早对图书馆实际运作进行全面研究的学者,他的《现代图书馆序说》《现代图书馆经营论》《现代图书馆事务论》等著作系统阐述了他的图书馆管理思想。

随着新式图书馆运动的发展,图书馆管理内容也越来越丰富,对图书馆管理的研究也开始在全面阐述的基础上逐渐向专深发展。杜定友 1927 年在《东方杂志》24 卷 9 期发表《科学的图书馆建筑法》一文,同年在《中山大学校报》22 期上又发表

《国立中山大学图书馆添建书库计划书》,对图书馆建筑进行了阐述。杜定友的《图书馆表格与用品》一书是我国图书馆管理研究深化的又一具体表现。由于中文图书的特殊性,我国图书馆所需的用品有其特殊性,不能完全照搬国外图书馆,因此随着我国现代图书馆的发展普及,解决这些细小问题也就成了当务之急。

到了30年代中期,我国的图书馆管理理论体系基本形成,陈友松、刘伍夫合著《图书馆》可作为这一时期的代表。尽管该书篇幅不大,但论述颇为详细。由于引进了不少现代管理的理论观点,一些章节和论述很有新意。在第三章《图书馆之创设行政及经费》中作者指出了组织和计划在图书馆管理中的作用:"容纳图书实施技术的整体的图书馆,须得有种严密的组织,构成一种灵活的机体,就像壮健人的躯壳一样。创立的方式,行政的系统,经费的筹划与支配等,都须精密的计划,使得图书馆能在一种完善的形式之中,丰富的内容之下……这是图书馆行政必须注意的意义"。[52]

2. 读者研究

图书馆追求主动服务,势必要加强读者研究。这一时期图书馆学者对读者的研究较为重视,进而扩展到对图书馆类型的研究。这是对图书馆本质有了一定认识后研究视野的自然扩展。在以收藏为主要职能的时期,图书馆人往往只重视书的研究,很少有人进行专门的读者研究,对读者的分类研究就更无从谈起了。1926年,杜定友对读者进行了比较详尽的分类,认为图书馆读者可以分成两类:"1. 普通的——儿童、学生、成人。2. 特殊的——各种专业界人士,如农、工、商、医、法、政等等"。[53]尽管杜定友的分类标准今天看来尚不严谨,某些类型读者间有交叉重叠现象,但对读者分类的本身就显示了当时对读者研究已有了一定的深度。图书馆学人从局限于研究书扩大到研究读者和图书馆类型,表明对图书馆现象的认识更为全面完整。如果说对图书馆本质的认识表明当时图书馆人认识的纵向深化，那么对读者和图书馆类型的研究则表明其认识的横向扩度。这是图书馆认识全面深化的第二种表现。

在陈友松、刘伍夫的《图书馆》中有《阅读对象之分析》一章，较早地将读者管理纳入了图书馆学研究范畴。作者高度认识读者在图书馆中的地位，认为"图书馆在新的意义之下，已经不是静的仅止藏书的地方，而是动的推广教育的机关。图书馆要担当这种重要的使命，他必然要采用科学的方法，以定实施的标准和步骤，阅读对象的分析就成为必要的工作"，"如果不经过这种分析，你的种种活动，无论是静的或是动的，都难免陷于盲目的境地"。[54]并且具体分析了依据读者来制定选购图书的标准和开展读者服务。在该章中，对读者进行了详细的分类研究，指出可以按读者的年龄性别、职业情况和居住的地理范围等加以分析，并特别指出应对调查的数据及时汇总分析。

儿童教育是当时的社会热点。顺应这一热点，这一时期的图书馆人对少儿读者的研究尤为深刻。杜定友在普通读者中将儿童与学生、成人并列，单独为一类，应该讲与这一社会热点也不无关系。刘国钧对少年儿童有比较精深的研究，在《儿童图书馆与儿童文学》一文中，他借助教育学、心理学的理论，把少年儿童分为前儿童期、后儿童期和前青年期，并对各年龄段少儿读者的身心特点及男女儿童的性别差异、阅读习惯等做了深刻的分析，要求根据不同年龄段的少年儿童开展服务工作，"苟年龄太幼不能诵读者，则为之备置图画"。[55]

3. 分类编目研究

从技术背景上分析，西方近代图书馆事业的大发展很大程度上得益于杜威法在图书分类技术方面的突破。与中国古代分类法相比，杜威的分类法是一种面向大众的、高效率的分类法。杜威法的采用使近代图书馆面向读者开放的理念在技术上有了支持，同时也提高了图书整理与管理、流通阅览、参考咨询等工作的效率。西方近代图书馆学在中国的传播，就是伴随这种分类技术的传播而进行的。1910年，《教育杂志》介绍了《杜威十进分类法》，以西方学术分类为基础，采用符号标识的现代图书分类法开始被国人认识。20世纪初我国一些外国人主持的图书馆已经开始采用西方的图书分类法，如著名的文华公书林便采用《杜威十进分类法》来类分图书。上海亚洲文会北中国支会图书馆，在1908年编制的卡片目录也著录有《杜威十进分类法》的分类号。[56]

1917—1937年间，随着新图书馆事业的发展，我国涌现出一批“仿杜”“改杜”“补杜”的分类表。刘国钧在1927年曾对我国图书馆使用分类法的状况进行过全面的总结，他把那个时期我国所使用的图书分类法归纳为4种类型，其中三类与《杜威十进分类法》有直接的渊源关系。刘国钧说：“近来图书馆中图书分类之法，约有数种。一为沿用四库之旧制而稍迁就之，以容科学之书籍，如南通图书馆是也。一为将书籍分为新旧二大部。于所谓旧籍者则用四库分类法，于所谓新籍则或用杜威十类分法或自定新类表以处治之。此种办法极为流行。各地公立图书馆，如杭州公立图书馆，无锡县立图书馆，江苏省立第二图书馆等皆是。一为修改之杜威十类分法，如清华学校查修，山东齐鲁大学桂质柏，东方图书馆王云五所发表之分类法，皆属此类。其主要目的在稍修改杜威十类分法，使之能容纳中国之特有书籍。一为另创一种类表，如沈祖荣之仿杜威十类分法，杜定友之世界图书分类法，东南大学图书馆所用之分类法及金陵大学图书馆之法，皆属自创者也。”[57]

但是中国图书馆学家对杜威法没有停留在引进与学习上，而是结合中国文献的分类，开始研究杜威法的中国化问题。1917年沈祖荣、胡庆生编制的《仿杜威书目十类法》，从名称便可看出基本上采用了杜威法的类目体系和编制技术,杜定友认为它"是第一个为中文图书而编的新型图书分类表","对于中国图书馆的管理方法上,特别是对于分类编目上,起了很大的革新和推动作用"。[58]1922年,杜定友编制了《世界图书分类法》,1925年又以《图书分类法》为名出版。杜定友的分类法被刘国钧称为最可表明"解决中国特有问题之趋势"的作品。[59]1928年,王云五编制了《中外图书统一分类法》,1929年,刘国钧编制了《中国图书分类法》。此外,皮高品、何日章、宋孔显、陈天鸿的分类法也很有名。上述分类法的共同特点是结合中国的国情,使分类法能更好地用于中国图书馆事业。这批分类法不但在类目设置上进行了众多的创新,像王云五的分类法还创造了新的符号以便类分中国文献。

在图书编目领域,杜定友首先研究中文著者号码表编制方法,于1925年出版《著者号码编制法》。刘国钧在中文编目实践基础上,1928年发表《中文图书编目条例草案》。理论创新也出现在图书馆学基础理论领域。

引用文献及注释:

1. 各国庚款余额退还情形[G]//教育部编. 第一次中国年鉴(戊编教育杂录·庚款与教育文化). 上海:开民书店,1934:86—114
2. 中华教育文化基金董事史系表[G]//教育部编. 第一次中国年鉴(戊编教育杂录·庚款与教育文化). 上海:开民书店,1934:88
3. 程焕文. 中国图书馆学教育之父——沈祖荣评传[M]. 台北:学生书局,1997:91—94
4. 沈祖荣. 中国全国图书馆调查表[J]. 教育公报,1918,10(8)
5. 谢灼华. 中国图书史与中国图书馆史[G]. 湖北高校图书馆,武汉大学图书情报学院,1985:370
6. 沈祖荣. 中国图书馆及图书馆教育调查报告[J]. 中华图书馆协会公报,1925(2)

7. 严文郁. 中国图书馆发展史:自清末至抗战胜利[M]. 台北:枫城出版社,1983:序3
8. 宓浩. 图书馆学原理[M]. 上海:华东师范大学出版社,1988:297
9. 南开大学图书馆学系等. 理论图书馆学教程[M]. 1986:114
10. 傅璇琮,谢灼华. 中国藏书通史[M]. 宁波:宁波出版社,2001:1067
11. 本刊宗旨及范围[J]. 图书馆学季刊,1926(1):封2
12. 沈祖荣. 民国十年之图书馆[J]. 新教育,1921,5(4)
13. 彭斐章. 文华图专和中国图书馆学教育的发展[J]. 图书馆,2001(2):2—6
14. 谭华军. 回溯欧美图书馆学的中国本土化历程——兼述《南京大学百年学术精品. 图书馆学卷》[J]. 大学图书馆学报,2002(5):82—84
15. 谢灼华. 中国图书和图书馆史[M]. 武汉:武汉大学出版社,2011:361
16. 李小缘. 中国图书馆事业十年来之进步[J]. 图书馆学季刊,1936(4)
17. 中华图书馆协会成立会梁启超演说[N]. 时事新报(沪),1925(6):6—7
18. 发刊词[J]. 图书馆学季刊,1926,1(1)
19. 沈祖荣. 我对于文华图书科季刊的几种希望[J]. 文华图书科季刊,1929,1(1)
20. 严文郁. 中国图书馆发展史:自清末至抗战胜利[M]. 台北:枫城出版社,1983:198
21. 程焕文. 中国图书馆学教育之父——沈祖荣评传[M]. 台北:学生书局,1997:31
22. 沈祖荣. 我国图书馆事业之改进[J]. 文华图书馆学专科学校季刊,1933,5(3—4)
23. 金敏甫. 中国图书馆学术史[J]. 中大图书馆周刊,1928,2(2)
24. 刘国钧. 现时中文图书馆学书籍评[J]. 图书馆学季刊,1926,1(2)
25. 杜定友. 图书馆通论[M]. 上海:上海商务印书馆,1928(再版):38—39
26. 杜定友. 图书馆学概论[M]. 上海:上海商务印书馆,1927:1—2
27. 杜定友. 图书馆与市民教育(市民大学第一期讲义录)[M]. 广州:广州市民大学出版部,1921

28. 杜定友.研究图书馆的心得[J].中大图书馆周刊,1928(1)
29. 杜定友.图书馆管理法上之新观点[J].浙江省立图书馆月刊,1932(9)
30,48. 杜定友.图书馆学之研究[J].图书馆杂志,1925(创刊号)
31. 李小缘.藏书楼与公共图书馆[J].图书馆学季刊,1926(3)
32,51. 李小缘.公共图书馆之组织[J].图书馆学季刊,1926(4)
33. 沈祖荣.在文华公书林过去十九年之经验[J].文华图书科季刊,1(2)
34. 京师通俗图书馆成立之经过.教育公报,1916,3(10)[G]//李希泌,张椒华.中国古代藏书与近代图书馆史料(春秋至五四前后).北京:中华书局,1982:266
35. 刘国钧.现时中文图书馆学书籍评[J].图书馆学季刊,1926,1(2)
36. 杜定友.图书分类法史略[J].广东图书馆学刊,1987(1):1—13
37,53. 杜定友.图书馆学的内容和方法[J].教育杂志,1926(9—10)
38. 杜定友.图书馆学概论[M].上海:商务印书馆,1927,1931(重版)
39. 杜定友.图书馆管理法上之新观点[J].浙江省立图书馆月刊,1932,1(9)
40,42,46. 刘国钧.近代图书馆之性质及功用[J].金陵光,1921,12(2)
41. 李小缘.藏书楼与公共图书馆[J].图书馆学季刊,1926,1(3)
43,55. 刘国钧.美国公共图书馆概况[J].新教育,1923,7(1)
44. 杜定友.图书馆管理法上之新观点[J].浙江省立图书馆月刊,1932,1(9)
45. 刘国钧.图书馆学要旨[M].北京:中华书局,1934:5
47. 刘国钧.美国公共图书馆之精神[J].新教育,1923,7(1)
49. 杜定友.图书管理学[M].北京:中华书局,1932:285—287
50. 李景新.图书馆学能成一独立的科学吗?[J].文华图书馆学专科学校季刊,1935(2)
52. 陈友松,刘伍夫.图书馆[M].上海:商务印书馆,1937:17
54. 陈友松,刘伍夫.图书馆[M].上海:商务印书馆,1937:19—20
56. 谢灼华.中国图书史与中国图书馆史[G].武汉:湖北高校图工委,武汉大学图书情报学院,1985:327
57. 刘国钧.中国现在图书分类法之问题[J].图书馆学季刊,1927,2(1)
58. 杜定友.图书分类法史略[J].广东图书馆学刊,1987(1):1—13
59. 刘国钧.现时中文图书馆学书籍评[J].图书馆学季刊,1926,1(2)

第八章　战乱、重建与动乱(1937—1976)

1937—1949 年间，战争年代图书馆事业的低迷使图书馆学失去了研究的基础。战争也直接打击了图书馆学研究：1937 年，几乎所有图书馆学刊物停刊，文华图专西迁，几乎所有图书馆学家都加入逃难者行列。

即使在重庆召开过三次中华图书馆协会年会，仍难以掩盖战争年代的理论活动的萧条。

与战争有关的图书馆学论述成为抗战时期理论的主旋律。

唯一的亮点是徐家麟，他表述了 1917—1977 年近六十年时间里，中国图书馆学家最精彩的理性化思维。

新中国成立后，图书馆学理论开始了艰难的重建之路：

1957 年，《全国图书协调方案》颁布，它是 1949—2000 年间中国政府颁布的最重要的图书馆工作文件和文献资源建设文件。

1957 年，刘国钧发表《什么是图书馆学》，在完成"要素说"的同时，引发一场大讨论。

应用图书馆学中唱主角的，仍是图书分类研究。

十年“文革”，图书馆学基础理论的研究基本处于停顿状态。直到“文革”后期，理论才有启动的迹象：

1974 年，作为“748”工程配套项目的《汉语主题词表》开始编制。

1975 年，刘国钧发表《马尔克计划简介——兼论图书馆引进电子计算机问题》。

1976 年，中科院图书馆成立计算机组。

从1937年抗日战争开始，中国图书馆学进入了一个大动荡时期。长期的战乱完全摧毁了中国图书馆事业，使得图书馆学失去了发展的基础。1949年新中国成立后，中国图书馆事业迎来了新的发展时期。然而这种发展并未带来理论的同步发展，尽管理论家们试图重建中国图书馆学，但当时的理论环境使他们无法接触到世界先进的图书馆学理论动向。在1949—1966年这一时期，只有第一代图书馆学家零星的研究亮点，使十七年的图书馆学理论不至于完全空白。在"文革"期间，尚未完成重建任务的图书馆学再一次遭受到沉重打击。中国图书馆学与世界的距离，在这四十年中被一步步拉大了。

就图书馆学理论史分期逻辑而言，似乎不应该将1937—1949、1949—1966、1966—1976这3个史学特征差异极大的理论阶段放在一起来讨论。只是因为这3个阶段的创新性理论内容太少，不足以独立成章，故将这四十年理论史一并放入本章。

第一节　战乱年代的理论

1937年"卢沟桥事变"以后，日本全面侵华战争爆发。这场战争直接导致我国20世纪图书馆事业的最大灾难。随着战争的进行，华北、华东、华中和华南地区的图书馆建筑与文献遭到严重的破坏，"新图书馆运动"给中国带来的图书馆事业的繁荣发展势头戛然而止。1945年抗战胜利后，图书馆事业建设环境有所好转。但随着大规模内战爆发，图书馆事业仍难以复兴。

图书馆事业的低迷使图书馆学研究失去了基础。战争也直接打击了图书馆学研究：1937年，几乎所有图书馆学刊物均于当年停刊，文华图专被迫西迁，几乎所有图书馆学家都加入逃难者行列。直到1945年以后，才出现了少许值得关注的理论成果。

一、战争期间的理论活动

1937 年,日本侵华战争直接导致我国 20 世纪图书馆事业发展的最大灾难。日军的入侵使我国的图书馆事业受到了极大的摧残,特别是战火相对集中的华北、华东、华中和华南地区,正是我国图书馆事业相对比较发达的地区,因此有大量的图书馆毁于日本侵略者的炮火,许多珍贵文献散失殆尽。据中华图书馆协会 1938 年 11 月的调查,在"八·一三"淞沪战役期间,日军出动 100 余架次飞机对上海狂轰滥炸,上海市内 173 所图书馆不同程度地遭受破坏,1936 年 9 月开馆的上海市立图书馆新馆舍被炸毁,上海当时最大的区级图书馆——南市文庙图书馆书库被炸,损失藏书近 3 万册。[1] 就全国而言,"据统计,抗日战争时期沦陷区和战区共损失图书馆 2118 所,民众教育馆 835 所,藏书 1000 万册以上"。[2] 杜定友先生主管的广东中山大学图书馆在抗战中的境遇可视为我国图书馆的缩影。杜定友先生 1936 年出任广东中山大学图书馆馆长,至 1938 年中大图书馆撤离广州时已有藏书 30 万册。抗战期间,中山大学辗转粤桂滇黔湘,杜定友先生一直看护着中山大学图书馆,尽管他殚精竭虑百般仔细,但到抗战胜利中大回归广州后,图书馆藏书只剩下 45 000 册,以致他发出了"30 年来一场空,无图无书又无馆"感叹。[3]

为了躲避战火,许多图书馆纷纷西迁入川,陪都重庆因此成为我国图书馆事业新的中心。在此,中华图书馆协会先后召开了 3 次年会:1938 年 11 月 27 日至 30 日中华图书馆协会第 4 次年会在重庆新市区川东联立师范学校举行,1942 年 2 月 8 日至 9 日中华图书馆协会第五次年会在重庆国立中央图书馆举行,1944 年 5 月 5 日至 6 日中华图书馆协会举行第 6 次年会。8 年中 3 次年会,考虑到是在战争期间,中华图书馆协会的活动似乎还算正常,但规模则远不如前了。事实上,自1938年9月,中华图书馆协会加入中国教育学术团体联合办事处,并决定与该会举行联合年会,以后的3次年会都是中华图书馆协会作为中国教育学术团体联合会的下属机构,借全国教育学术团体联合年会的东风召开的。因此年会期间活动甚少,如第5次年会,到会机关会员6个单位,个人会员34人,正式活动只有一次:8日下午会员座谈会。此外就是年会结束的当晚举行的一次会员联谊会。第6次年会召开时抗战胜利已经在望,但中华图书馆协会也只举行了2次会议:5日下午举行全体会议,65人出席,另有23人列席,主要为文华图书馆学专科学校学生;沈祖荣提出培养战后图书馆需用人才案。6日上午会议,讨论修改中华图书馆协会组织大纲案后,选举理事、监事候选人。

当时重庆有沈祖荣、洪有丰等图书馆学家,他们为维持和推动图书馆事业付出了巨大努力。如为筹备1938年的第4次年会,当时在重庆的沈祖荣、洪有丰、蒋复璁等就先后三次召开会议,为保证年会的顺利召开做出了很大的贡献。同时中华图书馆协会与散布在全国各地的图书馆学家也保持着经常的联系,1941年秋,中华图书馆协会"特事主席"袁同礼便请求刘国钧先生"主持编辑"《中华图书馆协会会报》。[4] 杜定友也曾将他的书籍出版收入捐与中华图书馆协会,充作永久会费。[5] 但这3次年会并没有能集中全国图书馆界的精英,抗战前我国图书馆界的许多重要人物因各种原因并没能汇集重庆,如杜定友随中山大学辗转于粤桂滇黔湘,刘国钧先随金陵大学在成都,后又受聘赴西安筹建西北图书馆。

1943年12月8日中华图书馆协会在重庆召开理事会,选举了包括杜定友、刘国钧在内的15位图书馆学家为中华图书馆协会第6届年会筹备委员会委员,并且致函杜定友,邀其参加中华图书馆协会第6次年会,但因种种原因杜先生终未成行。由于缺少了如杜定友、刘国钧这样的重量级学者,中华图书馆协会3次年会的代表性和学术性自然要打上很大的折扣。

其实,即便杜、刘两位先生都能齐聚重庆参加年会,在战火纷飞的年代期望在书斋中安静地从事理论研究也是不可能的。我国图书馆学的论著在抗战期间明显地呈下降状态,与30年代前后的繁荣形成了鲜明的对比。以我国图书馆学最重要的三位大家为例:杜定友先生随中山大学漂泊于粤桂滇黔湘,缺少做学问的基本条件,仅出版有限的三部著作,除《三民主义化图书分类法》有一定篇幅外,其余一为他人记录的讲演稿,另一为油印本。在成都兼任金陵大学文学院院长和图书馆学专修科主任的刘国钧先生则基本脱离了图书馆学,转向哲学研究。作为美国威斯康星大学哲学博士,刘国钧先生在哲学领域有深厚的造诣,对中国道教、老子哲学研究尤深,但在抗战前他的主要研究在图书馆学。而在成都期间,刘国钧先生的研究重点则是魏晋时期的政治思想史,他的大部分哲学论著都是在这一时期完成的,直至1943年3月被教育部聘请去西安筹建国立西北图书馆,在整个抗战期间只有一两篇与图书馆学有关的论文。沈祖荣先生是抗战期间我国图书馆事业发展的主要领导者与推动者,他将文华图书馆学专科学校搬迁到重庆后,除苦心坚持办学外,积极地组织和参与中华图书馆协会工作,但这一时期他的论文也不多,查《中国图书馆界先驱——沈祖荣先生文集》可知,只有寥寥的6篇,其中一篇为《图书学大辞典・序》,一篇《私立武昌文华图书馆学专科学校近况》为情况通报性文字,其余4篇论述的均为图书馆的实际工作。抗战期间图书馆学研究集中在图书馆具体工作上,这从中华图书馆协会的年会主题中也可得到证实。1938年中华图书馆协会第4次年会,以"抗战建国中之各种教育实施问题"为中心议题,1944年的第6次年会以"战后图书馆复员计划和所需人员培养"为中心议题,讨论的都是当时图书馆事业所面临的现实问题。

二、与战争相关的图书馆学论述

在当时,图书馆最重要的现实问题无疑是在抗战中如何发挥作用,因此这也自然成为图书馆学家们论述的中心话题。图书馆学家们满怀报国激情从各个方面阐述了图书馆在抗战中不可替代的地位和作用。刘国钧指出"图书馆本是人们精神食粮的供给所。他供给人们的知识,激励人们的思想,唤起人们的精神,在平时是增进人们治事能力的机关;在战时,更是坚强人们意识的工具","所以在目前战局紧张,需要民众全体动员的时期,图书馆应当尽他的力量,以协助这全体动员的实现。这是他的责任"。[6] 沈祖荣则进一步强调"图书馆亟须适应战时的需要而活动",[7]"在现在和今后二年内的图书馆教育,除一般的目的而外,还要与中央政府的教育政策相一致;随时利用其本身可能掌握的材料及方法,达到辅助这种教育政策的成功。换言之,即是要在化育人民过程中,兼能增强抗战建国的力量"。为此在图书内容方面,"要特别注重选取""政治思想进步的书报。使读者对于国家民族有深切的认识和了解,引发他爱国家爱民族的心理,从而牺牲小我,顾全大局,决意保卫国家,增强抗战的力量"。在服务对象方面,特别注意为军队士兵服务的问题,因为"将士们自己在斗争中,有时反而不知自己斗争的情形;在长期劳顿之下,没有一点精神慰藉或消遣,必感到苦恼和烦躁。在环境允许的情况下,应给以相当的东西和他们排闷解烦,同时也可起到振奋精神的作用。现在的战争,是科学的战争。军事理论知识,战争技术知识,都在日新月异的发展。巡回书库能给他们阅览一些军事理论书和战争技术书,也是适当的"。[8]

沈祖荣根据美国的经验和敌我双方当时的一些做法,认为抗战期间图书馆可在4个方面加以努力,"一、前方将士精神食粮的供给”,他分析到,第一次世界大战时“美国图书馆界人士曾有战地图书馆的组织,取得了很大的效果。日本的侵略军事,自九一八事变起,就有图书馆参加战地工作。我们此次抗战经历了一年,才有战时书报供应所和战时文化服务处的成立。但是力量不够,还希望我们图书馆界大量地动员参加”;“二、受伤将士休闲教育的顾及”,“去年八一三全面抗战开始之后,国立中央图书馆在南京举办流动书橱,文华图书馆学专科学生在武汉组织巡回文库”等都是行之有效的做法;“三、难民的教育”;“四、一般民众的教育”。他“希望图书馆的人员认清个人在全体性战争中所负的使命,不要抱残守缺自慰。图书馆员应争取做读者的向导,并推广业务到前方去,到伤兵医院去,到难民收容所去,到农村、工厂、街道等广大群众中去”,“希望社会人士改变过去‘以图书馆为太平盛世的点缀品,为可有可无的附属品’的错误观念”。[9]

服务是图书馆活动的起点和归宿。服务重点的转变,也就意味着图书馆将随之发生全方位的变化,对此图书馆学家都有清楚的认识。在服务方式方面,刘国钧认为“图书馆关于民众动员的工作自然是以宣传为主”,因此他主张图书馆应该多办壁报、展览会和公开演讲,以加强自己的宣传功能。他推荐采用巡回书车的方法扩大图书馆的服务,认为这种服务形式“设备省而所达到的地方多,利用它去宣传抗敌工作,推进民众动员,自然是最有效了”。他特别强调图书馆应该发挥自身的专业特长,编辑专题书目指导民众阅读,“例如敌国的情况,抗战的经过,防空的方法,自卫的战术,服兵役的意义等等都可作为题目”,并且详细具体地指出了专题书目编制应注意的问题。[10]为了加强对战争期间特殊读者如士兵难民等的服务,沈祖荣构想组建战地图书馆,他认为“伤兵难民难童等,我们应该在他们的住地设立永久的巡回图书馆。今后还要特别重视随营图书馆。

其组织应该以军师旅等可以单独作战的建制单位为主。而系统管辖,应属于军事委员会政治部"。[11]

文献是图书馆服务不可缺少的物质基础。随着图书馆服务范围的扩大和服务重点的转移,图书馆藏书概念也悄悄地发生了变化。藏书概念的变化可视为抗战期间图书馆学理论很少的亮点之一。沈祖荣的观点非常具有代表性,他认为图书馆"从前重视的,是一般的书籍,是以有相当阅读能力的读者为主。但今后二年的施教对象,是以一般民众为主"。他指的"一般民众"是识字不多的士兵、工人和难民,他们难以阅读一般的图书,因此图书馆必须要为他们提供适合他们阅读的比普通图书更加形象易懂的文献。他分析到,"图书馆教育的目的,是供给知识给人民群众。但是,供给知识不一定全靠书刊,尤其是对文化程度太低和不识字的人。于是我们就用文字浅显的通俗读物培养他自学的兴趣。同时,还可放映幻灯、电影,播放留声机、无线电收音机,开办歌咏、讲演等活动,以济其穷……图书馆也可兼办民众学校,推行识字运动"。[12]在"图书的形式方面……于书籍之外,凡属杂志、报纸、地图、歌本、照片、幻灯、电影、抗战标语等等,都可分别利用。这些东西,在传播知识、触动感情的效力方面,就一般群众来说,也许比一般书籍更有用"。[13]沈祖荣依据图书馆服务对象的变化,敏锐地觉察到图书馆应该扩大收藏的范围,增加收藏的品种,以满足服务的需要。

战争不仅造成我国图书馆大量文献的毁坏,而且对我国的文献出版事业的打击可以说也是毁灭性的,因此抗战期间图书馆文献收集极其困难。当时争取国外援助是一条重要途径,国民党政府于1938年12月6日成立了征集图书委员会,统一处理和协调当时的对外文献交流工作。该委员会由国民党中央宣传部、教育部、外交部、中英庚款董事会、国际出版品交换处、中华图书馆协会等机构各出一人组成,张伯苓为执行主委,著名的图书馆事业家袁同礼及蒋复璁都是执行委员，为图书馆获取国外文献做了很多工作。中华图书馆协会和沈祖荣个人也都积极与美国图书馆协会联系，以期能获得美国图书馆界的援助，因此加强文献收集一直是抗战期间图书馆的主要工作。

针对当时文献奇缺的状况，沈祖荣进一步强调，“在这非常时期，种种有时代性的书籍，极为重要。无论图书馆规模的大小，都应在预算中划出一部分专作此项购置之用”，“凡属有关抗战史实的材料，都应该无所抉择，广泛地收集起来，小至一张传单，一张画片，都应用最新的‘裁剪法’和‘序列法’分门别类地归纳起来。这些是目前一般学者专家以至做宣传工作者所急切需要的参考资料，也就是将来史学家和社会学家最宝贵的史料”。[14]杜定友先生不但具有相同的观点，而且还在他主持的图书馆具体地予以实施。1941 年 11 月 11 日，由杜先生任馆长的广东省图书馆在韶关开放。当日晚上杜先生主持文化建设座谈会并发表演讲，他强调“兹者主持省立图书馆，愿对我粤文献之保存，尽其职责，故不论戏票广告，会议录、众卷、传单，以至片断之白纸黑字，莫不搜集珍藏，以为后日之信史，近日置‘文化袋’，即将此项材料，加以整理分类收藏。望大家当图书馆为字纸笠，投之以废纸”。[15]保存文化遗产是图书馆的基本职能，面对战争造成的文献浩劫，沈祖荣、杜定友等先生号召全国的图书馆都要加强文献收集工作，并要用科学的方法整理保管，为后人留下能够真实反映抗战情形的文献资料，充分表现出了我国图书馆学家对图书馆职能的真知灼见和高度社会责任感。

强调为士兵和难民服务，直接的动因毫无疑问是由于战争，是我国图书馆根据外部环境变化而进行的服务范围和重点的适当调整。从更深层面看，是“新图书馆运动”倡导的图书馆为公众服务的理念在特殊环境中的发展。抗日战争是全民族的战争。全民参战的氛围，造成了图书馆直接为社会最底层民众服务的契机，可喜的是我们的图书馆人抓住了这一契机，在用自己独特的方式参与这场全民战争的同时，也推动了我国的图书馆事业进一步地面向公众。正确的行动来源于正确的理论。显然，如果没有前一阶段的理论研究和普及，使现代图书馆理念得到了我国图书馆人的普遍赞同，增强了对现代图书馆活动本质和职能的深刻认识，那么在严峻的战争年代是很难如此态度鲜明并具体可行地开展图书馆服务的。因此，抗战时期尽管是我国图书馆理论研究的寂寞阶段，没有足以称道的文字成果，但图书馆人却以自己的工作实践延续着图书馆学理论追求。

三、理论图书馆学的萌芽

1937—1949年间，绝大部分时间是战争时期。这是理论研究最困难的时期。但在抗战后期，理论环境稍有一些宽松时，中国的图书馆学出现了重大突破：理论图书馆学萌芽了。而代表这一理论突破的文献，就是不太为我国理论界熟悉的徐家麟的《关于图书馆学的认识几点观察》。

徐家麟（1904—1975）是湖北沙市人，1926年毕业于武昌文华图书科，是中国图书馆学自己培养的优秀理论家之一。徐家麟于1935年赴美留学，首先在哈佛大学图书馆半工半读，1936年进入哥伦比亚大学学习图书馆学，获硕士学位。1939年徐家麟回国，到已迁至重庆的文华图专任教。徐家麟在图书馆学基础、编目、缩微复制等领域有很深的研究。

徐家麟很早即开始研究图书馆学基础。1933年，徐家麟发表《论图书馆作业之学术化与事业化》一文，[16]从宏观上探讨了图书馆工作及图书馆学发展的方向。他认为，图书馆作业必须事业化，而事业化的途径“在以图书馆学术所获得之成绩，所启示之方案，为工作之张本，更以现代图书馆服务、免费、公开等高尚原则之实施之力量，进而尽量与其他事业，谋所以借镜，所以协作者,以达到共存共荣之境地,及其他诸端也”。我们知道,当时美国芝加哥大学改进图书馆教育,一个重要目标就是提升图书馆的学术性以促进图书馆行业从一种职业转变为一种专业。徐家麟在1933年提出的“事业化”虽然不尽同于专业化,但已明显提出了对图书馆行业的“职业”认识。他主张以学术推进现代图书馆“服务、免费、公开”新理念实施的思想,至今仍有很强的现实意义。

徐家麟认为,谋图书馆作业之学术化是图书馆学的发展方向。如何实现学术化呢?“一则曰自图书馆自身已有之学术予以整理、累积、系统、实验、发扬之工作;一则曰自图书馆学术以外相关之学术,予以勾通、印证、引用之工作”。徐家麟在这里提出了一个非常重要的图书馆学的理论来源问题,思想相当深刻。徐家麟的文章中既强调了“从图书馆学作业本身着手”,从图书馆自身实践中吸收理论养分,围绕对图书馆实践的“整理、累积、系统、实验、发扬”,开展理论工作,同时又倡导“自图书馆以外学科求材料,以充实图书馆学术事业内容”。实际上,近现代图书馆学正是这样走过来的。徐家麟提倡的后一点,正是打破图书馆学封闭性的最佳途径。可惜直到20世纪80年代,中国图书馆学家才真正认识到这点。

对图书馆学研究方法的认识是徐家麟这篇文章的一大特点。徐家麟说,要谋学术化,“除应用图书馆治学方法外,更须尽量应用科学方法,及各学科独具有效之方法也”。徐家麟还具体论述了图书馆学治学方法,他认为,对图书分类、编目、参考、推广等工作的一切方法“综错而变化之,自可演得我图书馆独具之汉学方法”。总结图书馆学自身的研究方法,并指明途径,这在当时是一个突破。

1935年徐家麟赴美时,芝加哥学派已经崛起。崇尚图书馆学学术化与事业化的徐家麟不可能不去了解芝加哥学派。事实表明徐家麟在美国留学期间已经了解了芝加哥学派,并对巴特勒的科学精神深有心得。1939 年徐家麟回到战火纷飞的祖国,一开始并没有机会讨论自己的图书馆学思想,直到 1945 年,抗战接近尾声,理论有了复苏的迹象,徐家麟才有机会完整表达自己的理论图书馆学观念。这一年,在四川壁山国立社会教育学院的中国图书馆学社创刊了《图书馆学报》,在这期学报中,徐家麟发表了《关于图书馆学的认识几点观察》[17]。

该文的第一个亮点是第一次向国人介绍了巴特勒的《图书馆学导论》。徐家麟说:“关于讨论图书馆学或图书馆业务之科学研究的专著,据作者所知,到现在为止,还只有美国支加哥大学图书馆学院,白特勒氏教授所著的图书馆学导论一书。”该文的前二节标题也分别为“白特勒氏论科学”和“白特勒氏论图书馆学”。从这些可以看到,徐家麟不但了解并欣赏巴特勒的《图书馆学导论》,视其为图书馆学之“科学研究”的唯一专著,而且对它的思想有深入细致的研究。

除此之外,徐家麟还在该文中讨论了图书馆学科学化的理念、科学的研究方法、研究的科学精神这 3 个理论图书馆学的重大问题:①关于“科学化”。徐家麟在文章中开宗明义地表明了他对“科学化”的图书馆学的认识:“所谓‘图书馆学’,是泛指关于图书馆业务的几种研究课题而言,尤其是指此种称之科学化的研究课题而言”,“科学的图书馆问题,可以说是图书馆学是否科学的问题”。徐家麟甚至断言,“图书馆学如能努力于科学化的图书馆学术的创获,则图书馆员们将有一种新天地”。这是中国图书馆学家第一次表明图书馆学科学化的基本理念。②关于科学方法。在“白特勒氏论科学”一节,徐家麟认为科学研究有“三个方面或三个层次。第一,用观察的方法收集事实资料……第二,对此种种事实,作当前因果关系之理解……第三,所探索的事实或现象,再作(原文不清楚,此处漏几个字)的评价”。能如此系统地表述科学的研究方法,这不但在当时图书馆学家中十分罕见,即使用现在的观点来分析,上述论述也是十分精彩的。③关于科学精神。徐家麟说道:“要使图书馆学科学化,图书馆业务之推进,须与现代的科学精神无违背,须将科学研究方法应用到能如此理之种种图书馆业务上面去。”据我所知,这是“科学精神”一词第一次见诸我国图书馆学公开文献,也是中国图书馆学家第一次表述对科学精神的理解。这种理解,直到现在仍可以说是相当精彩的。

徐家麟对图书馆学理论的思考独树一帜,关注图书馆哲学的发展,他的图书馆学基础理论研究几乎成为1937—1949年间唯一的亮点。青年图书馆学家卿家康称徐家麟为中国现代图书馆学基础理论奠基者之一,同享有这一称呼的只有杨昭悊、杜定友、刘国钧和李景新。[18]严文郁在为《图书馆哲学之研究》所作的序言中高度评价了徐家麟对图书馆学哲学的研究:“在我国研究图书馆哲学的人不多,我的好友徐徐行(家麟)兄曾对这个问题下过一番功夫,在社会教育学院同人所办《图书馆学报》创刊号以《关于图书馆学的认识几点观察》为题,发表过一篇文章,以后即未见其它。”[19]

第二节 图书馆学重建

1949年新中国成立后,国家迅速完成了对旧中国遗留的图书馆的改造,并将图书馆事业的发展纳入国家计划,从而使公共图书馆、科学与研究图书馆和学校图书馆的发展有了稳定的资金保障。1956年,中央提出了“向科学进军”的号召后,各类型图书馆加强了为科学研究服务的工作,建立科技阅览室和参考工具书阅览室,编制各种专题目录或联合目录,开展馆际互借。

基层图书馆也以比较快的速度在发展。1956 年 7 月,文化部召开"全国图书馆工作会议",这是新中国政府组织的第一个全国性图书馆会议,会议明确提出公共图书馆承担为科学研究服务和为人民大众服务双重任务;当年 12 月,教育部召开全国高校图书馆工作会议。这两个会议对中国公共图书馆和高校图书馆的发展起到了极大的推进作用,中国图书馆事业进入了一个新的高速发展时期。

一、《全国图书协调方案》

1956 年中共中央发出向科学进军的号召后,图书资料的不足成为发展科学事业一个十分突出的问题。尽管当时有些图书馆形成了一定的科学文献服务能力,但单个图书馆的力量很难支撑国家大规模"向科学进军"的需要。为了改善为科学研究服务的图书条件,必须进行全国范围内的文献资源协调。而当时的国家图书馆管理体制,决定了这种协调是行政化进行的。1957 年 6 月国务院第 57 次全体会议批准《全国图书协调方案》,这是我国政府关于协调图书馆为科学研究服务的一个文件。新中国成立后政府颁布过一些关于图书管理的文件,但针对全国图书馆活动的文件,《全国图书协调方案》是第一个。

在全国图书协调的组织方面,该方案规定,在国务院科学规划委员会领导下,设立由文化部、高等教育部,中国科学院,卫生部,北京图书馆的代表和若干图书馆专家组成的图书小组,负责全国图书馆界为科学研究服务的全面规划和统筹安排。确定了全国性的和地区性的中心图书馆并组成全国第一中心图书馆委员会(北京)、全国第二中心图书馆委员会(上海)和武汉、沈阳、南京、广州、成都、西安、兰州、天津、哈尔滨等 9 个地区性中心图书馆委员会。中心图书馆委员会的任务是:①协助科学规划(或工作)委员会或行政领导部门研究图书馆的统筹安排和全国规划。②研究和解决有关中心图书馆之间的分工合作,包括图书采购、调配、交换、互借等方面的业务问题。③研究有关编制联合目录、新书通报方面的问题并制定计划。④研究有关干部业务提高的问题。

为了解决科学研究人员在了解图书和使用图书方面的困难,该方案对全国图书协调的任务也进行了说明,它规定在全国中心图书馆委员会下,成立全国图书联合目录编辑组,附设于北京图书馆内。它的任务是:①了解、调查全国各图书馆藏书和编目情况;②制订联合目录编辑计划;③起草联合目录编目条例;④加强与各馆在联合目录工作上的联系,布置、检查和督促工作;⑤综合各馆书目做最后的编排、校定、出版等工作,并决定建立卡片目录中心。

《全国图书协调方案》是1949—2000年间中国政府颁布的最重要的图书馆工作文件和文献资源建设文件。它对全国各系统图书馆加强横向联系与协作,进行图书采购协调、图书调拨、统一编目、联合目录、馆际互借、干部培养等,起到了积极的推动作用,推动了20世纪50年代中国图书馆事业的发展。由于该文件的重要性,它成为此后几乎所有图书馆学教科书中必谈的内容。但理论界对它的研究是不够的,例如,《全国图书协调方案》是一个缺乏明确的理论指导的产物,方案中有过多的行政意志,缺乏对图书馆活动内在规律的准确把握。"大跃进"失败后,该方案也实际无法继续执行了。对于这些,理论界很少进行认真的研究。

二、《什么是图书馆学》及讨论

新中国图书馆事业的发展为图书馆学发展提供了一个较好的社会环境。当时的图书馆学一方面继续对以前的图书馆学进行探索,另一方面根据新中国图书馆事业的实际情况对原有理论内容进行改造,并引进苏联的图书馆学理论,初步完成了满足新的意识形态要求的图书馆学理论重建。

这一时期,图书馆学理论研究内容主要着眼于图书馆学比较基础的东西,比如关于图书馆性质、职能的研究,关于图书馆学研究对象的讨论。作为社会主义的新兴国家,基层的图书馆作为人民大众文化学习的重要基地受到了极大的关注,推动了图书馆事业的迅速发展。

以1949年北京大学图书馆学专修科开始招生为标志,图书馆学教育正式恢复。20世纪50年代,北京大学、武汉大学图书馆学系成为图书馆学研究的两个重要基地,它们分别组织(或"进行了许多专题讨论")了许多专题讨论会,形成了一批较高水平的学术论文,内容涉及图书馆学性质、职能、图书馆工作本质、社会主义图书馆建设原则、图书馆事业构成要素、藏书建设、分类、编目、干部培养、读者工作等方面。20世纪60年代初,《图书馆学引论》《藏书与目录》《读者工作》《目录学》等一系列教材陆续编出,图书馆学基础理论、图书分类、图书馆目录、藏书建设、读者工作、目录学等分支学科也随之建立起来。至此,新中国图书馆学的学科体系大致建成。

但是,图书馆学基础理论的发展却并不尽如人意。1949—1978年间,图书馆学基础理论受到多方因素制约:第一,图书馆学基础理论具有一定的意识形态倾向,在当时的政治气氛下,任何创新都有可能引发政治方面的麻烦;第二,由于长期中断了对西方图书馆学的了解,包括对芝加哥学派的了解,20年代传入中国的经验图书馆学体系成为禁锢人们思想的框框;第三,苏联的"社会主义图书馆"的批判式研究对我国图书馆学的影响也是一个很大的负面因素。受到这些不利因素的影响,中国图书馆学不但没有跟上世界图书馆学发展的潮流,在图书馆学基础理论领域,甚至较20年代、30年代的图书馆学也有不小的退步。这一期间图书馆学基础理论的唯一亮点,就是《什么是图书馆学》及该文引发的讨论。

1956年后,图书馆事业的迅速发展,各种图书馆服务的开展,对图书馆学的发展产生了一定的推动作用。在"百家争鸣"的口号下,政治环境出现了短暂的宽松,沉寂多年的图书馆学家们有了参与理论研究的愿望。新中国成立后培养的图书馆学家也走上理论舞台。

1957年1月,刘国钧在《中国科学院图书馆通讯》上发表供讨论用的《什么是图书馆学》一文。刘国钧写这篇文章的目的,是有感于图书馆学被列入全国科学十二年远景规划内,可还是有许多人时常会问什么是图书馆学。这篇文章阐述了刘国钧对图书馆学基础理论的系统思考,提出了许多高水平的理论问题。刘国钧在该文中进一步阐述了由杜定友提出的图书馆要素问题,指出,"图书馆事业有五项组成要素:(1)图书(2)读者(3)领导和干部(4)建筑与设备(5)工作方法","图书馆学所研究的对象就是图书馆事业及其各个组成要素"。[20]这篇文章在国内引起了一场围绕图书馆学对象和内容的大讨论。

1957年5月,北京大学图书馆学系就该文举行了科学讨论会,会上人们对刘国钧的"要素说"提出了一些不同看法,并提出了自己对图书馆学研究对象的认识。几乎同一时候武汉大学也围绕什么是图书馆学展开了学术探讨。探讨的结果是引发了众多研究者对图书馆学研究对象的思考。支持者有之,认为该文是对30年代要素说理论的发展与突破,它一改旧要素说从个体上对构成图书馆诸要素进行描述的方式,开始从"图书馆事业及各个组成要素"的整体上进行系统阐述,体现了刘国钧对图书馆学研究在认识上的进一步深化。反对者亦有之,认为要素一说并不能揭示图书馆研究对象的本质,矛盾说、规律说等理论相继出炉,形成中国图书馆学学术史上关于研究对象讨论的第一次高峰，同时也形成了中国图书馆学史上的第一次高潮。

这场讨论虽然涉及面不够广，规模不大，但意义深远。它不仅为新中国图书馆学基础理论研究开了个好头，而且提出了许多重要课题，打开了人们的思路，活跃了争鸣空气。尽管在当时的历史条件下，这种讨论中有不少意识形态批判的内容，但毕竟也产生了周文骏《我国图书馆学的对象和内容管见》[21]、黄宗忠等的《关于图书馆学的对象和任务》[22]等较有见解的文章。此后黄宗忠的“矛盾说”，也可视为这场讨论的产物。

黄宗忠1931年生于湖南涟源，1958年武汉大学图书馆学系毕业后留校任教，主要研究图书馆学基础与图书馆管理。1960年，黄宗忠发表了《关于图书馆学的对象和任务》，从此在中国图书馆学界崭露头角。1963年，黄宗忠与彭斐章、谢灼华合作发表了《对图书馆学问题的初步探讨》。[23]文中首次提出了通过“矛盾”认识图书馆学的研究对象的想法，认为“图书馆搜集、整理、保藏图书与读者共同使用图书的需要之间的矛盾”是图书馆的特殊矛盾。“矛盾说”的提出其意义不仅在于黄宗忠提出了一个关于图书馆学研究对象的新的观点，更重要的在于“矛盾说”试图运用了马克思主义哲学思想，剖析图书馆工作过程中“藏”与“用”这对矛盾的特征，从一个完全不同的角度来理解图书馆的工作，跳出了原有理论的框架和束缚。这是“矛盾说”很大的一个贡献。这种创新性思维方式，较之以往猛批“资产阶级图书馆学”的做法，显然是上了一个台阶。

三、图书分类的理论与实践

1949—1966年间，图书馆事业的新发展对应用图书馆学提出了新要求。1957年，刘国钧先生等人编著的《图书馆目录》一书由我国高等教育出版社出版。该书对文献著录的原理和具体规则都做了论述，这为创制中文文献著录统一打下了基础。

1958 年,由中国人民大学图书馆、北京图书馆和中国科学院图书馆联合编目组编制的《中文图书提要铅印卡片著录条例》,对当时统一我国中文图书著录工作起了推动作用。20 世纪 60 年代初,藏书建设、读者工作等领域也有突破性发展。但是,应用图书馆学研究的重心,则在图书分类领域。新中国成立后,原有的以杜威分类体系和旧中国思想文化环境为基础的分类法完全不能适应新的要求,因此,图书分类的理论与实践有了迅速发展的迫切要求。

1. 新分类法运动

新中国成立之初,由于政治类书籍的大增,尤其是革命书刊的大量入藏,过去的图书分类法在类目设置、思想观点上远远不能适应新的要求。1950 年,杜定友首先倡议新中国图书分类法的体系结构应该是以马列主义、毛泽东思想为依据。他的这一建议获得了全国图书馆学界广大专家和学者的支持。于是,50 年代初期,东北图书馆、山东省图书馆、中国人民大学图书馆等陆续编制出适应新时代的图书分类法。

1953 年问世的《中国人民大学图书馆图书分类法》是脱颖而出的我国第一部全新的大型分类法,它的出版开创了我国分类法史上的新纪元,即具有中国特色的社会主义新型分类法。《人大法》之后,著家蜂起,影响较大的有《中小型图书馆图书分类表草案》《中国科学院图书馆图书分类法》(简称《科图法》1958 年)等,形成一个编制新分类法的运动。

根据分类法的性质,可以将当时的分类法分为以下几种类型:一是过渡性质的分类法。属于这一种类型的分类法主要有:东北图书馆(今辽宁省图书馆)编的《东北图书馆图书分类法》(1948 年)、山东省图书馆编制的《山东省图书馆图书分类新法》(1950 年)、北京图书馆修订刘国钧编《中国图书分类法》(1950 年修订)等。二是体系全新的分类法,主要有:中国人民大学图书馆编制的《中国人民大学图书馆图书分类法》(1953年)、中国科学院图书馆编《中国科学院图书馆图书分类法》(1958年)、中小型图书馆图书分类表编辑小组编制的《中小型图书馆图书分类表草案》(1957年)、中国图书馆图书分类法编辑委员会编制的《大型图书馆图书分类法草案》(1960年)。

中国20世纪50—60年代分类法编制的特点是:①政府出面组织领导。如1950年6月至9月中央文化部邀请全国各部门专家,召开多次图书分类问题座谈会,出版《图书分类法问题研究资料》,郑振铎副部长呼吁组织全国有关部门的力量,尽快编制一部新的分类法。②向苏联学习分类法的编制技术。苏联杰斯林科主编的《苏联图书分类法草案》对我国现代分类法编制技术影响很大。当时邀请苏联分类专家杰斯林科等来中国讲学,翻译苏联关于分类方面的著作,特别是安巴祖勉的分类法著作形成了中国50—60年代的"苏联热"。③集体编撰为主,吸取各科专家参加。特别是1957年由文化部社会文化事业管理局公布的《中小型表》,它标志着我国分类法走上了由政府出面有组织有领导地动员全国力量参加编制的道路。④突破了十进制、纯数字标记符号制,体系新颖,可以较好容纳新中国的各类文献。

当时的分类法编制也存在着下列一些问题:①许多分类法存在着重政治轻技术的倾向,存在着形式主义的错误。如《人大法》第一版地域复分表按国家性质和社会制度立类。又如《科图法》每个大类之前都罗列:"马克思、恩格斯、列宁、斯大林、毛主席论×××"等。②由于受闭关自守的影响,许多分类法未能吸收国外分类法编制的经验和技术,比如组配技术、综合学科著作的立类等。

2. 图书分类理论新进展

为适应图书分类实践的需要,图书分类理论研究也领先于其他应用学科。刘国钧、杜定友、皮高品为代表的老一辈文献分类学家,发表了《图书怎样分类》《分类原则与分类问题》等一系列著作,对文献分类工作原则和方法做了深刻的论述,为我国文献分类工作的正常开展奠定了基础。

1957 年,刘国钧发表《冒号分类法简述》[24],对阮冈纳赞 1952 年修订的《冒号分类法》第四版进行了详细的介绍与科学的评价。由于冒号分类法第四版在分类技术上大大突破了以前版本,刘国钧的文章非常及时地向中国图书馆学界介绍了一批新的分类技术。可惜由于当时的理论环境不佳,刘国钧的文章没有引起我国图书分类理论界的足够注意。

1962 年,杜定友了解到世界上一些新图书分类法的研究动向,连续发表了《图书馆分类法之路向》《科学分类与图书分类》《图书分类主题目录的建议》等重要论文。在上述文章里,杜先生对于图书分类与目录组织,提出四点新的建议,即分类二元论、分类有限论、分类字顺制、主题标题制。同时提出分类与主题目录合流,创设一种新型的分类主题目录,也即是说,以分类主题一体化的方式,编制新型的图书分类法。这些文章发表后,引起一场关于"图书分类路向"的讨论。

1949—1966 年间,图书分类理论研究十分活跃,公开发表的文章有许多。与那些充满了意识形态讨论色彩的"主流"论文相比,刘国钧、杜定友的研究是比较"另类"的,他们的文章与当时的学术氛围甚至有一些格格不入,因而不是受冷落,就是遭批评。但是,刘国钧和杜定友的研究却代表了当时我国图书分类研究的最高水平。

第三节　动乱中的中国图书馆学

1966—1976 年的"文化大革命"十年中,图书馆事业遭受严重破坏,许多图书馆被迫长期关闭,图书馆杂志普遍停刊,图书馆学教育也停顿多年,众多图书馆学家也被迫停止了理论研究,图书馆学基础理论的研究基本上处于停顿状态。全国没有正式出版一本图书馆学著作,没有一种公开发行的专业杂志,留下了十年的空白,成为图书馆学研究停滞阶段。

"文革"后期,图书馆学研究才有了一些启动的迹象。

1974年,为解决计算机技术发展后的汉字处理问题,国家立项"汉字信息处理系统工程",并以立项时间将此工程命名"748"工程。这一工程也是中国图书馆自动化研究起步的标志。同年,作为"748"工程配套项目的《汉语主题词表》开始编制。这是一部大型综合性叙词表,共收叙词11万条,主要供电子计算机系统存贮和检索文献使用,也可用来组织卡片式主题目录和书本式主题索引。此项工作到"十年动乱"结束后才完成。

1975年,刘国钧发表《马尔克计划简介——兼论图书馆引进电子计算机问题》[25],这篇文章是一个里程碑,它标志着中国图书馆学界在"文革"后期对世界图书馆学进展的重新关注。

1976年,中科院图书馆成立计算机组。中国图书馆事业的视野从传统的工作方式中扩展到了现代新技术手段上,中国图书馆的现代化研究终于艰难起步了。

上述刘国钧的《马尔克计划简介——兼论图书馆引进电子计算机问题》,从内容看,只是一篇以介绍美国MARC为主要目的的文章,研究深度相当有限。但这文章对我们认识刘国钧却非常重要。王子舟认为刘国钧在"文革"后期介绍MARC"表现出开放的视野与伟大的预见",[26]这一评价是十分中肯的。虽然现在一般理论教科书都认为在第一代图书馆学中,刘国钧与杜定友齐名,是那个时代理论家的优秀代表,但据我们的研究,在20世纪20、30年代,杜定友的创新性理论成果、论著数量都远在刘国钧之上,学术声望也高于刘国钧。在50、60年代,刘国钧在基础理论领域完成了“要素说”,在图书分类领域研究《冒号分类法》,在编目领域研究中文图书著录,并广泛涉猎书史、标题法、检索等领域,其创新性成果超过了杜定友,这时的刘国钧才真正成为与杜定友齐名的理论大家。而当1975年刘国钧对MARC和计算机应用进行了创新性研究后,刘国钧已完整地展现了他作为一名最优秀理论家的博学、洞察力和执着。这时的刘国钧,已可称为中国最优秀的世纪性的图书馆学理论大家。

引用文献及注释:

1. 上海各图书馆被毁及现状调查[J]. 中华图书馆协会会报,1938,13(3)
2. 谢灼华. 中国图书史与中国图书馆史[G]. 武汉:湖北高校图工委,武汉大学图书情报学院,1984:376
3. 王子舟. 杜定友和中国图书馆学[M]. 北京:北京图书馆出版社(今国家图书馆出版社),2002:269
4. 金陵大学史料集·文学院;徐雁. “石城虎踞山蟠龙,我当其中”——刘国钧先生述职金陵大学时期业绩[G]//北大信息管理系,南大信息管理系,甘肃省图书馆合编. 一代宗师——刘国钧先生百年诞辰学术论文集. 北京:北京图书馆出版社(今国家图书馆出版社),2002
5. 会员消息[J]. 中华图书馆协会会报,1940(3—4合刊)
6. 刘国钧. 图书馆与民众动员[J]. 教育通讯,1938(24)
7,9,12. 沈祖荣. 图书馆教育的战时需要与实际[J]. 中华图书馆协会会报,1939(4)
8,11,13. 沈祖荣. 今后二年之推进图书馆教育[J]. 建国教育,1939(2)
10. 图书馆与民众动员[J]. 教育通讯,1938(24)
15. 文化新闻,1941(11):16
16. 徐家麟. 论图书馆作业之学术化与事业化[J]. 文华图书馆学专科学校季刊,1933,5(2)
17. 徐家麟. 关于图书馆学的认识几点观察[J]. 图书馆学学报,1945,1(1)
18. 卿家康. 我国现代图书馆学基础理论奠基者事略[J]. 图书馆界,1988(1)

19. 高锦雪. 图书馆哲学之研究[M]. 台北:书棚出版社,1985:iv
20. 刘国钧. 什么是图书馆学[J]. 中国科学院图书馆通讯,1957(1)
21. 周文骏. 我国图书馆学的对象和内容管见[J]. 学术月刊,1957(9)
22. 黄宗忠等. 关于图书馆学的对象和任务[J]. 武汉大学学报(人文科学),1960(2)
23. 黄宗忠等. 对图书馆学问题的初步探讨[J]. 武汉大学学报(人文科学),1963(1)
24. 刘国钧. 冒号分类法简述[J]. 中国科学院图书馆通讯,1957(11)
25. 刘国钧. 马尔克计划简介——兼论图书馆引进电子计算机问题[J]. 图书馆工作,1975(试刊号)
26. 王子舟. 图书馆学基础教程[M]. 武汉:武汉大学出版社,2003:48

第九章　新时期的理论变革(1977—1989)

“文革”结束,新时期图书馆学研究起步了:

起步之初最具有现代图书馆学色彩的研究,是刘国钧对西方图书馆学的借鉴,以及周文骏用现代情报学思想解释图书馆学。

图书馆学体制逐步恢复了:1977 年图书馆学系正式恢复高考招生,1979 年中国图书馆学会成立,一批专业期刊创刊。

1981 年《图书馆学基础》出版,对其批评随即开始。在批判性反思过程中,恢复高考后入学的新一代图书馆学家开始走上理论舞台,最有代表性的是刘迅、张晓林。

20 世纪 80 年代,中国图书馆学经历了一系列令人难忘的理论变革:

1984 年“杭州会议”导致了多元化理论格局的出现,多元化观念的确立使图书馆学在其基础理论层次上真正摆脱了经验图书馆学,因而杭州会议成为新时期图书馆学理论变革史上最重要的一次会议。

宓浩创立“知识交流论”,并形成一个图书馆学学派。“知识交流论”是 20 世纪 80 年代最具有特色的图书馆学理论,它深受青年学者推崇，被称为“对本学科基本理论问题所进行的一次激荡人心的拓展”。

“杭州会议”后，一批风格各异、理论深度大大超过《图书馆学基础》的图书馆学专著问世。

1986 武汉大学召开青年理论研讨会。这次会议标志着青年图书馆学家以整体姿态进入了中国图书馆学基础理论前沿，成为当时冲击经验图书馆学、催生新图书馆学的最积极力量。

理论变革中产生了与经验图书馆学相对立的新图书馆学：

图书馆学研究中的科学思想变革，最有代表性的 4 个方面是：从经验描述到科学精神，从微观研究到宏观研究，从批判式研究到建设式研究，理论格局从一元化走向多元化。

理论变革过程中，一批新的研究领域和应用图书馆学研究取得了很大进展，成为新图书馆学的理论前沿，它们是：图书馆现代化研究，检索语言研究，文献资源建设研究，图书馆事业发展战略研究。

1976年"文革"结束后,国家提出了包括"科学技术现代化"在内的"四个现代化"的宏伟目标。1978年全国科学大会后,科学、教育事业全面复兴。整个社会长期被压抑的读书热情得到释放,中国图书馆事业获得了空前的发展动力,从而进入了一个新的高速发展期。图书馆事业的发展推动理论迅速发展与变革。1978年十一届三中全会后,理论界解放了思想。中国图书馆学冲破了长期制约图书馆学理论发展的各种思想束缚,图书馆学家们以"新图书馆运动"时期同样的热情学习西方先进的图书馆学理论成果,并在学习与借鉴的基础上对中国经验图书馆学进行根本性反思。在20世纪80年代,中国图书馆学完成了从经验图书馆学到新图书馆学的重大变革。

第一节　理论的起步与理论批评

一、起步之初的研究

在1976—1979年期间,随着国家科学研究的复兴,图书馆学理论研究逐渐恢复了。图书馆学研究恢复之初,理论的水平较低,研究的气氛较为平淡。论文中对图书馆工作或图书馆学的一般描述介绍的较多。由于泛意识形态化的影响,即使有"拨乱反正"的口号,图书馆学论文中仍带着不小的"文革"气息。

这一时期真正值得关注的理论成就是:第一代图书馆学家中的幸存者重新活跃起来,尽管他们的思想已不可能如青年人一样活跃,但他们仍保持着良好的理论大局观和对新思想的洞察力;新中国培养的第二代图书馆学家则摆脱了1957年以来的"专业批判家"形象,开始了新的探索。

这一期间最有价值的研究成果，是刘国钧的几篇论文。1977年，刘国钧在《图书馆工作》发表《用电子计算机编制图书目录的几个问题》。这是继1975年刘国钧发表MARC研究成果后，再一次发表此类研究。它对我国图书馆计算机应用研究的起步，有着重要的意义。1978年，刘国钧发表《现代西方主要图书分类法评述》。这篇长篇述评是刘国钧对西方图书分类理论进展长期跟踪研究的产物，是中国图书馆学家研究西方图书分类理论的最优秀成果。文章在评价西方图书分类时，一方面着眼于图书分类技术，从技术角度透彻地解析了西方主要图书分类的优劣，从而为中国图书馆学家研究现代图书分类技术打下了坚实的基础。直到今天，刘国钧《现代西方主要图书分类法评述》仍是我们研究现代图书分类理论的重要参考文献。另一方面，刘国钧凭借其良好的哲学素养，从哲学的高度对各主要分类法的思想基础进行了评析。文章中对杜威在其十进分类法前言中表现出来的实用主义思想进行了分析与批评。这种批评为此后基础理论领域中国图书馆学家对经验图书馆学的批判性反思，提供了非常重要的理论武器。

这一期间第二代图书馆学家的代表人物是周文骏。周文骏1928年生于浙江金华，1953年毕业于北京大学图书馆学专修科，1956年起任教北京大学图书馆学系，后担任过该系系主任及我国图书馆学界其他重要职务。1979年年初，周文骏发表了《图书馆工作的传递作用、体系和发展》[1]。在这篇文章中，周文骏用现代情报学的思想重新认识图书馆工作，提出了图书馆情报传递职能的新观点。这篇文章中的核心观点后来发展为1983年的《概论图书馆学》和1986年的《文献交流引论》中的"文献交流论"的思想。在《概论图书馆学》一文中，周文骏明确阐述了他的"情报交流"的观点，他认为文献是情报交流的工具，图书馆是情报交流的机构，而图书馆学理论则是利用文献进行情报交流工作的经验的结晶。[2] 在周文骏的文章中,我们可以看到西方图书馆界以“图书馆学情报学”改造传统图书馆学的痕迹。但这并不影响该文在理论史上的重要地位。周文骏是新中国成立后高校图书馆学专业培养的最早的人才之一,他的《图书馆工作的传递作用、体系和发展》标志着这一代图书馆学家开始以一种新的理论建设者的形象重新登上了图书馆学理论舞台。这篇文章也是新图书馆学中的重要学说“交流说”的源头,它表明了当时的图书馆学家开始走出经验图书馆的框架,以一种开放性的思维方式重新认识图书馆学。

二、图书馆学研究体制的恢复

尽管 1977—1979 年间理论研究较为平淡,图书馆学研究体制却得以恢复与重建。高校图书馆学恢复了高考招生与正常的人才培养,各级图书馆学会及其他图书馆组织成立,图书馆学期刊也纷纷复刊或创刊。经过恢复与重建,中国图书馆学研究体制的完整性超过了以往任何时期,这一体制对图书馆学理论研究的影响也逐渐显示出来。

1. 图书馆学教育

1977 年,北京大学、武汉大学两校的图书馆学系正式恢复高考招生。这一事件成为我国图书馆学教育体制恢复与重建的开始。由于当时图书馆事业发展迅速,两所高校的图书馆学系已远远满足不了事业发展对图书馆学专业人才的强盛需求,1978 年以后,许多高校陆续创造条件新办图书馆学系或专业。1981 年,国务院学位委员会批准北京大学、武汉大学两校具有图书馆学硕士授予权。到 20 世纪 80 年代中期,一个包括研究生、本科生、专科生,包括全日制教育和成人教育的新的图书馆学教育体制基本形成。

图书馆学教育的恢复对我国图书馆学研究的发展与变革产

生了不可估量的影响。这种影响大致有3个方面:①高校教师是重要的科研力量。在20世纪70年代到80年代初,我国最优秀的图书馆学理论家大多数是北京大学、武汉大学两校图书馆学系的教师,如图书馆学基础领域的周文骏、黄宗忠,吴慰慈、郭星寿、沈继武、张树华等。一批新图书馆学系成立后,为满足教学需要,它们大力寻找图书馆学专业人才,将一批原本在图书馆工作的优秀人才调至教学岗位,并为他们提供良好的研究环境。这些学校很快发展成为新的图书馆学研究基地。宓浩、倪波等优秀理论家就在这类新学校中。②高校学术性氛围的影响。高校具有浓郁的学术氛围,多学科交融的学术环境更能激发理论家们对经验图书馆学的反思。有些高校图书馆学系还成立了专门研究部门,创办理论刊物,组织或承办理论研讨会。这种学术氛围,对理论研究产生了很大的影响。③高校的人才培养作用。在当时特定的历史条件下,高校的人才培养对图书馆学理论变革产生了特别的影响。

1977后恢复高考后,北京大学和武汉大学的图书馆学系迎来了新一届的大学生。这些学生,特别是77届、78届的学生,集中了"文革"十年中想上大学而没有机会上学的青年精英。他们带着常人无法理解的对知识的渴望走进大学,疯狂地学习各种科学文化知识。同时,这批人又有特殊年代形成的叛逆性格,他们对传统、对权威的批判的欲望,甚至超过现在的年轻人。而那个时代的图书馆学刚刚从长达四十年的低迷中走出来,当时的图书馆学理论不但没有能够吸收自"芝加哥学派"以来西方图书馆学的新成果,某些高校教材中甚至充塞着"文革"中"开门办学"的遗留物。新一代大学生从这种教材中接触到的"知识",与他们在大学中学习到的"硬"科学知识形成强烈的反差,导致他们极度不满。这种不满,成为许许多多图书馆学家开始理论变革的动力。更为重要的是,这一代大学生的特殊性决定了他们不会将此不满表现为对教师的牢骚或对理论现状的不屑,他们注定要通过一切方式表现自己,并努力改变理论现状。1981年起,恢复高考后入学的大学生、研究生走上理论舞台,他们为图书馆学理论的复兴注入了一种特有的活力。

2. 图书馆学组织

图书馆学管理组织的出现是图书馆学走向成熟的重要标志,现代中国图书馆学的管理组织,最主要的是1979年成立的中国图书馆学会。

中国图书馆学会是"学术性群众团体",其主要任务是"组织学术研究和开展学术活动"。成立图书馆学会是中国图书馆学界一直盼望的事,1956年成立过一个中国图书馆学会筹备委员会,后中止。1978年由北京图书馆再次开始筹备,1979年,中国图书馆学会成立,并于当年在山西太原召开了理论研讨会。中国图书馆学会成立前后,各省、市、自治区图书馆学会及其他地方性或行业性图书馆学会也相继成立。

中国图书馆学会挂靠北京图书馆这一图书馆实体,理事长及学会的重要领导主要是图书馆行业主管领导与大图书馆领导,从理事会构成看它更像一个行业"协会"。中国图书馆学会表现"学会"功能的,主要是下设的学术委员会。中国图书馆学会学术委员会下有十多个专业分委员会,包括图书馆学基础理论专业分委员会。这些专业分委员会一般由国内该领域最具有影响力的知名专家担任组长,成员中包括大多数在该领域具有相当研究能力的专家学者。中国图书馆学会组织的许多重要的学术研讨会,就是学术委员会或下设的专业分委员会组织的。

各级图书馆学会的成立对图书馆学研究的推动极大。目前国内相当部分的学术刊物和学术会议都是由它们直接或间接组织的。图书馆学会同时还开展图书馆学继续教育、组织论著出版、组织成果评奖,以各种形式推动图书馆学理论研究。中国图书馆学会的成立改变了 1949 年以后中国图书馆学缺乏组织的局面，它在推动图书馆学理论的发展与变革方面起到了极为重要的作用，它的出现成为新图书馆学组织方式变革的标志。

除图书馆学会外，其他一些图书馆管理组织也承担了推动图书馆学研究的作用，如全国和地方的高校图书馆工作委员会。全国高校图书馆工作委员会（高校图工委）成立于 1981 年，1987 年改名为全国高校图书情报工作委员会。高校图工委的职能不同于以推动学术研究为主的学会，它是高等学校图书情报事业的协调、咨询、研究和业务指导机构。但在实际上，高校图工委具有行业性学会的职能。它有自己的学术刊物，能通过举办学术研讨会、组织调研等方式对图书馆学研究进行组织。

3. 图书馆学期刊

1977 年起，图书馆学专业刊物开始出现。1979 年，中国图书馆学会会刊《图书馆学通讯》正式出版。1979 年前后，数十种由图书馆学学会或其他图书馆管理组织主办的图书馆学刊物创刊。除了学会办的学术期刊外，还有一些由一个图书馆或图书馆学系创办的刊物。大批学术刊物的出现，使图书馆学理论工作者有了发表图书馆学研究成果的阵地。

在 20 世纪 80 年代中期以前，《图书馆学通讯》对理论的变革产生了较为重大的影响。当时它发表过西方著名图书馆学家谢拉关于基础理论的译作及其他重要译作，对引进西方现代图书馆学起到了重要推动作用。它特别关注对经验图书馆学的批判，发表过彭修义的《关于开展“知识学”的研究的建议》（1981 年）、邱昶和黄昕的《论我国新时期的图书馆学研究》（1982 年）、张晓林的《应该转变图书馆研究的方向》（1985 年）等批判色彩极浓的论文，并组织各种讨论。

三、对经验图书馆学的批评性反思

1. 图书馆事业新进展

1979年到1981年间,中国图书馆事业中出现了许多重大进展,它们对中国图书馆学的复兴起到了极为重要的推进作用。

1979年,北京图书馆完成了对1974年版《中文图书著录条例》的修订,正式出版了《中文普通图书统一著录条例》。这一条例体现了中国文献著录的特点,内容较为详尽,为实现中文图书著录统一创造了条件。它也是我国文献著录标准化前的最后一个著录规则。

1980年,《汉语主题词表》正式出版。这一词表是著名的"748"工程的配套项目,1975年启动,中国科技情报所和北京图书馆等500多个单位参加编制。《汉语主题词表》编制工程浩大,采用的技术较为先进,曾多次获大奖。《汉语主题词表》的编制为我国图书馆开展情报服务提供了一种很好的工具,也为图书馆编制小型的专业性的主题词表提供了一个参考依据。

同年,《中图法》第二版出版。此前的《中图法》产生于"文革"中,在特定的历史条件下,它不但技术含量不高,没有采用符合现代图书馆管理的分类技术,缺少与科技新发展对应的类目,而且它采用"观点分类",设置许多错误类目。"文革"结束后,这部分类法已无法继续使用了。1979年3月,北京图书馆等单位召开《中图法》修订工作会议,讨论了修订的方式与原则,成立了修订小组。由于此次修订较充分吸收了国外图书分类新成果,《中图法》第二版的科学性与实用性较上一版有很大提高。此后,该分类法逐渐成为我国使用者最多的图书分类法。

上述图书馆重大技术成果的相继产生,不但说明中国应用图书馆学取得了长足的进展,也表明中国图书馆事业已经完全从"文革"动乱中走了出来。

1980 年 5 月,中共中央书记处第二十三次会议讨论了我国的图书馆工作,并就图书馆事业管理体制、北京图书馆新馆建设等问题做出了决定。会议听取了北京图书馆馆长刘季平关于图书馆问题的汇报,并通过了《图书馆工作汇报提纲》。这一提纲表明国家对图书馆事业的前所未有的重视,它对图书馆事业的恢复和发展仍起到了很大的推动作用。这一汇报提纲被此后几乎所有图书馆学基础类教科书提及,被当作新时期图书馆学最重要的事件之一。1980 年 8 月丁志刚和梁思庄以个人名义参加国际图书馆协会联合会(IFLA)第 46 届大会。会上,他们与 IFLA 主席、秘书长商定中国图书馆学会参加 IFLA 的前提条件和若干技术性问题,达成八点正式书面协议。1981 年 5 月,中国图书馆学会恢复了在 IFLA 中的国家协会会员的合法席位。此后,中国图书馆学会每年组织会员参加 IFLA 年会,进行学术交流。以这一重大事件为标志,中国图书馆界时隔数十年后终于重回国际图书馆大家庭。

图书馆事业的新进展和大批应用图书馆学成果的出现,势必推动图书馆学基础理论步上新的台阶。

2.《图书馆学基础》及其批评

在图书馆学基础理论领域,理论的里程碑式的事件是《图书馆学基础》出版。

《图书馆学基础》是新时期第一部概论性图书馆学教材,这部教材的编写可追溯到 1977 年。为满足图书馆学本科正规教育的需要,教育部在 1977 年着手组织北京大学和武汉大学两校图书馆学系联合编写图书馆学“统编教材”,《图书馆学基础》就是其中一部。这部教材经过周文骏、郭星寿、吴慰慈、沈继武、张树华等著名图书馆学家多年共同努力,终于在 1980 年召开了教材审稿会,1981 年由商务印书馆出版。《图书馆学基础》产生时,新时期图书馆学研究起步不久,正式教材缺乏,理论零乱而缺少体系，研究中甚至还有“文革”遗风。这种背景，使《图书馆学基础》的出版十分受人关注。《图书馆学基础》涉及的领域是图书馆界普遍关心的基础理论领域，编写者是最有影响的北京大学和武汉大学图书馆学系的具有丰富教学经验的专家，因而该书出版后能够对图书馆学产生巨大的影响是不足为奇的。

《图书馆学基础》的特点是：①在拨乱反正、肃清极“左”思潮影响方面做得比较彻底；②对图书馆学一些基本概念及原理做出了较新的解释，如把图书馆学定义为“是研究图书馆事业的发生发展、组织形式以及它的工作规律的一门科学”；③吸收了部分图书馆现代化的研究成果，如“图书馆现代化”“图书馆网”等研究主题，在教材中都以专门章节出现；④完整构建了经验图书馆学基础理论的内容体系，内容中不但有图书馆学原理的论述，还有关于图书馆和图书馆事业建设、图书馆业务工作和图书馆现代化的全面论述。

从理论史的角度看，《图书馆学基础》出版前，没有一部教材能够对当时的经验图书馆学做一个比较系统的介绍。而《图书馆学基础》完全排除了此前教材的政治批判性色彩，能够以科学的态度系统总结图书馆学的理论成就，因此它被当作一部“总结经验图书馆学的理论成就、集经验图书馆学大成之作”。《图书馆学基础》出版后，理论家们通过它史清楚地了解了经验图书馆学的内在理论缺陷，找到了批判经验图书馆的一个“靶子”，因此，它的出版引起了人们对经验图书馆学的集中批评，新图书馆学的理论建设探索也从此大规模展开。从这一意义上说，《图书馆学基础》在中国图书馆学史上有着里程碑的意义：“一部《图书馆学基础》前后，呈现着两种截然不同的图书馆学。在中国图书馆学史上，还没有哪一部著作能如此清晰地分割开两个不同的理论时代”。[3]

1981 年《图书馆学基础》的出版，标志着中国图书馆学界对

"文革"错误观点批判的结束。但是,《图书馆学基础》并没有脱离经验图书馆学。它对图书馆学的理解整体上仍停留在杜威图书馆学的水平,完全没有能够反映国际图书馆学自"芝加哥学派"以来的新进展。因此几乎自出版之日起,它就受到图书馆学研究者的批评。《图书馆学通讯》连续发表了一些专家的通信,表达了人们对它的不满。

对《图书馆学基础》的批评直接导致彭修义的"知识学"产生。1981年,彭修义在《图书馆学通讯》发表主张《关于开展"知识学"的研究的建议》。这篇论文主张将图书馆学纳入"知识学"的研究,提出图书是知识的载体,图书馆学应该研究知识,"必须将知识作为图书馆学的一种研究对象"。[4] 彭修义的思想虽然没有超出此前西方学者的研究,但却是中国图书馆学界第一次正面批评经验图书馆学的理论缺陷,第一次摆脱对图书馆实体的关注而转向对"知识"这类抽象概念的研究。这篇文章一问世,立即受到理论界的关注。虽然彭修义提倡的"知识学"至今没有建立起来,但这篇文章给人的启发意义极大,它促使人们从更加广阔的领域中去思考图书馆学的研究对象问题。因此,该文是中国图书馆学从经验图书馆到新图书馆学的变革的第一步。

此后,关于图书馆学研究对象的讨论迅速升温,并由对讨论图书馆学的研究对象延伸到讨论图书馆学的理论基础、定义、学科属性、内容、方法等问题。尽管此类讨论包含着某些经院式研究的色彩,但它促使图书馆学摆脱经验描述的研究方法,关注学科的理论建设问题,总体意义是积极的。

3. 刘迅与张晓林

在对经验图书馆的批判性反思与新图书馆学的建设中,恢复高考后入学的新一代图书馆学家开始走上理论舞台。刘迅与张晓林是他们中最有代表性的人物。

刘迅1977年考入武汉大学图书馆学系,毕业后分配到东北师范大学图书馆学系任教，曾是当时国内最年青的图书馆学副教授。20世纪90年代刘迅南下深圳，从此离开图书馆学。自1981年起，刘迅在图书馆学基础领域连续发表研究论文，内容涉及图书馆学研究方法、研究对象、理论基础等领域。刘迅对图书馆学问题的思考并不十分成熟，研究的内容也不系统，很少就同一主题发表两篇以上的文章。但这并不影响他在80年代初成为锋芒最健的青年理论家。刘迅的文章文笔清新且富有激情，他善于发现传统图书馆学的空白点并迅速进行“拓荒”式耕作，敢于大胆提出创新性论点或有争议的论点，不惧引起批评。

1982年，刘迅的论文《论图书馆学情报学理论的共同基础——关于波普尔世界3理论的思考》发表，文章大胆提出可将西方科学哲学家波普尔的“世界3”理论作为图书馆学的理论基础，[5] 这一提法严重背离了当时理论研究遵从意识形态的传统，从而导致一场关于图书馆学理论基础的大讨论。1983年，刘迅发表《西方图书馆学流派及其影响——兼论中国图书馆学的发展道路》，将西方图书馆学分为以杜威为代表的“实用派”和以“芝加哥学派”为代表的“理念派”两大流派。[6] 这一观点被后来的多种教科书和学术论文广泛引用。刘迅的这一说法并不严谨，他也确实没有对西方图书馆学进行过系统的研究，刘迅是借介绍西方图书馆学的机会，严厉地批评中国经验图书馆学，强烈主张中国图书馆学走“理念派”图书馆学的道路。刘迅的观点当时引起很大共鸣，并极大地推动了我国图书馆学对经验图书馆学的批判性反思。

张晓林1982年四川大学物理系毕业，获理学学士学位，1985年和1992年从美国哥伦比亚大学毕业，分获图书馆学硕士与博士学位。张晓林早年研究涉足过图书馆学基础理论研究，20世纪90年代成为我国数字图书馆研究的领军人物之一。张晓林原先主修的是物理学而非图书馆学，他也是最早回国的美国图书馆学硕士与博士，这些背景与刘迅有很大不同。张晓林没有接触过《图书馆学基础》以前的图书馆学，但对经验图书馆学的批评姿态，却一点也不亚于刘迅。

1985年，任教于四川大学的张晓林在《图书馆学通讯》发表了《应该转变图书馆研究的方向》的论文。张晓林对图书馆学拘泥于对图书馆及其工作现象进行刻画的研究定式进行了尖锐抨击，指出传统图书馆学缺乏对图书馆本质层面的研究，仅是一种机构之学，而不是普遍社会现象及规律的学问。正因为图书馆学仅仅是图书馆工作程序与组织的描述，所以图书馆学教育也就沦为了职业需要的技术训练。“我们现在必须转变图书馆学的研究方向，要以情报交流作为基点来研究图书馆学”。[7]张晓林文章的刊出后，立即在图书馆学界引起强烈反响，《图书馆学通讯》顺势组织了讨论。这篇文章引起的反响，正如王子舟所评论的：“此前，《图书馆学基础》只是在教学过程中受到教师与学生们的批评。人们因其内容粗浅、理论薄弱、体系陈旧而感到不满。张文的发表却从理论本质上揭示出这种不适的根由所在。传统图书馆学理论体系受到了深刻的质疑，《图书馆学基础》的权威地位也终于瓦解”。[8]

第二节　图书馆学理论建设

1979年以后，中国图书馆学理论研究不断引入国外图书馆学研究成果和吸取其他学科的理论与方法来丰富图书馆学研究的内容和科学水平，深入探讨学科内涵及理论体系，逐渐克服理论脱离实践的不足，开始注重寻求理论与实践的最佳结合点，密切结合图书馆工作实践和图书馆事业发展的需要，扩大研究领域，更加关注研究图书馆领域中的宏观现实问题，突破了只在图书馆内部进行微观考察，着眼于置身整个社会系统。[9] 经过十多年的努力，中国图书馆学逐渐摆脱了经验式研究的束缚，过渡到了一种具有现代理论色彩的新型图书馆学。

一、"杭州会议"

1984 年 12 月，中国图书馆学会基础理论组在杭州召开了一次图书馆学基础理论研讨会，这是中国图书馆学会成立后的第一次全国性基础理论研讨会，也是新中国成立三十五年来首次全国性的基础理论研讨会。全国各地有 66 名代表参加，参会论文达 74 篇。与会代表中有黄宗忠、倪波、宓浩等图书馆学基础理论领域的知名人物。代表们在会议期间表现出了一种对理论的执着和对争鸣的激情，这种气氛也很快感染了整个图书馆学基础理论界。理论界当时即已对这个会议表示出很高的评价，他们认为这一会议是图书馆学基础理论研究的新开始。事实上，这次会议成为中国图书馆学基础理论研究的一个分水岭。

在"杭州会议"之前，图书馆学基础理论的研究已十分热烈。经过 1981—1984 年的批评性反思，经验描述式研究方法已得到彻底的清算；经过这一时期的大面积的理论开拓，图书馆学的研究内容也已十分丰富。这次会议集中讨论了图书馆学研究对象、学科性质和新技术革命对图书馆学的影响等主题，既从学科内在逻辑发展上探究了一些基础理论问题，也从学科外部因素影响上涉及了图书馆学如何适应社会进步的现实命题。在引人注目的有关图书馆学研究对象的讨论中，会议代表的意见形成了两个阵营，一是认为图书馆学的研究对象仍是图书馆（此处图书馆是观念上的图书馆），另一是认为图书馆学的研究对象是文献信息（或知识信息）的开发与利用。"杭州会议"的一个重要议题是图书馆学基础理论课的教材建设问题。由于在图书馆学研究对象及其他基本理论问题上存在严重分歧，与会代表放弃了编写统编教材的努力。这次会议的讨论内容丰富，观点鲜明，但如果仅有这些讨论，这次会议并不能长久地载入图书馆学理论史册。

在"杭州会议"前，尽管图书馆学较之以往有了长足的进展，但图书馆学家们仍然习惯于一种旧的理论思维方式，即热衷于寻找统一的理论体系、寻找被广泛认同的关于图书馆学的研究对象及其他基本概念的表述。为达到这种统一与广泛认同，理论家们需要辩论、争鸣甚至批判。更加严重的是，这种辩论、争鸣甚至批判是优先于理论建设的。例如，如果需要编制一部比《图书馆学基础》更好的教材，就需要理论界就这部教材的体系与基本概念达成一致，而这需要讨论。但是，现代社会科学中不同学派学说的分歧的观点往往是难以通过辩论而分出优劣的。最好的检验学派学说优劣的方式是让它们在宽松的理论环境中各自进行理论建设，并由它们解决实际问题的能力、理论内在逻辑以及理论的被认同程度来检验它们的真理性。因此，这种看似促进了理论繁荣的围绕基本概念的辩论，实际并不利于学科的建设式发展。这种思维方式已成为当时理论发展的束缚。

"杭州会议"由于观点分歧而最终放弃统编教材，这一看似无奈的举动却导致了多元化理论格局的出现。多元化的理论格局是一种允许多个学派学说并存的理论格局，它否认了学派之间相互检验的可能性，因此在这种理论格局中，学派的理论建设成就成为检验学派所执理论的重要标准。"杭州会议"后，理论界认识到了学派在图书馆学的客观存在，多种学派学说并存的多元化理论格局逐步形成。"多元化的观念是图书馆学的一个重要理论特征，同时又是'建设式研究'等其他特征得以确立的前提。所以，多元化的观念是新图书馆学的一块重要基石。多元化观念的确立使图书馆学在其基础理论层次上真正摆脱了经验图书馆学,于是,图书馆学才有了杭州会议后的大发展”。[10]由于“杭州会议”直接导致了多元化理论格局的形成,因而成为新时期图书馆学理论变革史上最重要的一次会议。

二、“知识交流论”

“知识交流论”是一个在“杭州会议”前后形成的图书馆学派,它的创造人是宓浩。宓浩原主修历史,1958 年到图书馆工作,1978 年华东师范大学图书馆学系成立后宓浩调该系任教。1988 年宓浩病故。宓浩在吸收当代国外图书馆学、交流科学研究成果的基础上,对图书馆学原理进行了深入细致的研究,提出了“知识交流论”这一图书馆学理论。

1983 年,宓浩发表了《知识、知识材料和知识交流》一文,指出图书馆学基础理论应围绕知识、信息两方面来探索,他区分了个人知识和社会知识,研究了它们之间的关系,分析了它们与文献、知识交流及图书馆的关系。宓浩认为图书馆不仅是社会知识的搜集者,同时也是知识开发、知识交流过程中处于信息通道之中的中介机构。[11]“杭州会议”上,宓浩递交了《知识交流和交流的科学——关于图书馆学基础理论的建设》的论文。文中,他对传统图书馆学仅停留于对图书馆工作表象研究的状况提出了批评,认为应当发掘隐藏在表象下面的内在机制,从表象描述上升到本质揭示。他认为图书馆“是这样一种社会实体,它纵向留存和继承人类自古迄今的文化科学知识,横向联接知识创造与知识利用的纽带。……因此,就本质来说,图书馆是社会知识交流的一种有效工具,也是社会的、大众的一种认识工具”,“知识交流论作为图书馆学的理论基础是由三个层次所构成的:第一个层次,研究社会知识交流的基本原理,揭示知识、知识载体、知识交流三者的关系,探讨认识主体吸收和利用知识的机理,建立交流模式;第二个层次,研究知识交流与交流的社会实体之间相互关系,即知识交流的社会需要和图书馆在适应社会需要的过程中自身变化发展的规律;第三个层次研究图书馆知识交流的内在机制和工作机理。这三个层次构成图书馆学基础理论的逻辑结构”。[12]以上是“知识交流论”的基本观点。在1988年出版的《图书馆学原理》中,宓浩等人再一次系统阐述了知识交流论,并且将这一学说作为该书体系建设的基础。

“知识交流论”是20世纪80年代最具有特色的图书馆学理论。这一理论吸收了西方图书馆学“交流”论的新思想,它观点鲜明、理论严谨、体系完整,富有现代图书馆学的理性色彩。知识交流论产生后,立即受到图书馆学界的高度关注,青年图书馆学家对它更是推崇。例如青年学者刘洪波在20世纪90年代的多篇文章中高度评价知识交流论,称它是“图书馆学界在80年代对本学科基本理论问题所进行的一次激荡人心的拓展”。当然正如许多学者在研究中指出的,知识交流论也存在某些不足。宓浩先生自己也希望能及早弥补这些不足。可惜由于宓浩早逝,这一学说没有得到进一步的发展。

知识交流论的理论意义在于:①较好地说明了图书馆的外部联系和社会功能。把图书馆活动理解为一种社会交流,就必然地把图书馆放到整个社会交流系统里去认识,认识的重点就转到图书馆在社会中的效用和地位方面。交流功能是图书馆的首要功能,通过对交流的研究可以搞清楚图书馆的社会职能。②揭示了图书馆活动的内在本质范畴。既然图书馆活动是针对社会的知识需求的,它对文献的收藏与传递实质上是对知识的存贮与传递。这样,对图书馆活动的认识就由文献载体的层次,深入到载体的知识内核的层次。这比之于文献载体的层次,更加接近内在实质,图书馆活动相应地能够在知识活动的范畴里得到解释。③明确了图书馆活动在一系列相关社会过程中的位置。这里的社会过程包括两个方面的理解:一是人类的认识链条,表现为知识—文献—图书馆,这就是图书馆也是一种社会认识的工具的体现;二是人类的交际链条,表现为信源(文献)—信道(图书馆)—信宿(读者),这就构成了图书馆与其他精神交流过程与机构的相似性,将图书馆活动在普通的人际通讯的基础上得到解释。④阐明了图书馆的演化过程和演化的内在依据。求知是人的天性,掌握知识是人类生存的必需;交流是人与生俱来的精神愿望和权利。因此,图书馆的存在就成为必然。社会从图书馆知识交流中得到效益,社会发展也不断对图书馆提出更高的交流要求。⑤说明了一些学科与图书馆学的相关性。从"知识"范畴来看,可以说明图书馆学与知识学、知识工程、科学学等学科的关系是相关关系。从"交流"过程来看,图书馆学与信息科学、传播学、语言学、情报学等学科间具有相关性。⑥在实践层面上,知识交流论使图书馆工作逐渐由文献提供深入到知识提供层次,由被动服务逐步发展为主动服务,并注重与读者的直接交流,更深地认识到图书馆在社会中的重要作用,使图书馆工作中与社会相连的外联部分的工作得到了改进。[13]

三、重要专著

"杭州会议"后,一批图书馆学基础理论的学术专著或教材相继问世。这批教材的编写思想体现了编写者对图书馆学理论的新思考,内容上则吸收了国外图书馆学新成就,以及《图书馆学基础》问世以来我国图书馆学理论的新成就。这批教材对于图书馆学研究对象、图书馆学学科性质、图书馆学体系结构、图书馆学理论基础、图书馆学研究方法、图书馆的本质属性和职能等问题提出了不同看法,资料水平也有提高。这批教材的出现,使中国图书馆学基础理论第一次整体上体现出超越了"新图书馆运动"时期的理论水准。

1.《图书馆学概论》

1985年,由吴慰慈、邵巍编著的《图书馆学概论》由书目文献出版社出版,这是"杭州会议"后第一部较有影响的图书馆学基础教材。《图书馆学概论》是作为中央电视大学教材出版的,作者认为它是帮助学生从整体上认识图书馆学这门学科的"担负着专业启蒙教育的任务"的教材,因而作者并不追求其理论特色。但是,吴慰慈、邵巍仍然在这部教材中写下了自己对图书馆学基础理论的认识。

《图书馆学概论》在表述图书馆的属性时,将其分为图书馆的一般属性与本质属性。图书馆的一般属性主要有社会性、依辅性、学术性,而图书馆的本质属性却是"图书馆本身所固有的、并且对图书馆的社会职能、服务对象、机构设置、领导体制、方针任务、方向道路、内容方法等等都起制约作用的一种属性"。作者认为这个本质属性就是中介性,它派生出其他属性,并"对图书馆的存在起了决定性的作用"。[14]

2.《文献交流引论》

1986年,周文骏的专著《文献交流引论》由书目文献出版社出版。当时的图书馆学概论性出版物大多是教材类出版物,教材的特点限制了它们尽情地展开作者的思想。也许不愿受这种限制,周文骏将《文献交流引论》编写成一部只有短短的十来万字的著作。在这部著作中,周文骏系统展开了他在1979年《图书馆工作的传递作用、体系和发展》和1983年《概论图书馆学》两篇论文中已确立的"文献交流"思想,并进一步把交流理论从图书馆学情报学领域的"情报交流"扩展到了目录学、档案学、文献学和出版发行等学科,从而为这些学科的研究提供了新的视角和方法。按照周文骏的说法,文献交流论的研究对象是"作为交流主体的文献,文献交流的产生、发展、功能、内容、渠道、方法、效果以及组织交流的相关机构等等"。[15]显然,这一理论观点突破了经验图书馆学的认识基础与理论范畴,大大地扩展了图书馆学的理论空间。

《文献交流引论》表明,周文骏的图书馆学思想已完全摆脱了对图书馆具体工作的解释、说明和描述的局限,站到了新图书馆学的高度上重新审视图书馆学的研究内容。尽管《文献交流引论》内容也不够丰富,其理论解释也没有超过西方20世纪70年代以"情报交流"解释图书馆学情报学基础的观点,但它所提供的新的视角,即以社会交流系统这个图书馆活动的外部环境为背景考察图书馆学理论,使人们有可能从各种涉及文献交流的学科中吸取理论素材,从而升华图书馆学的理论解释力。从这一意义上说,《文献交流引论》为新图书馆学打开了一扇通向未来的大门。

3.《理论图书馆教程》

1986年,一部由倪波和荀昌荣任主编,由南开大学等11所高校图书馆学专业老师集体编写而成的教材《理论图书馆学教程》由南开大学出版社出版。在图书馆学教材建设中,由如此多所高校的教师集体合作,是很少见的。但这部教材并没有因编写者人数众多而失去其理论风格,恰恰相反,在众多专家的共同努力下,这部教材成为20世纪80年代出版的几部图书馆学基础理论教材中理论性较强、理论风格较为鲜明的一部。《理论图书馆学教程》的出版,是中国图书馆学基础理论教材跃上新台阶的标志。

《理论图书馆学教程》执"文献信息交流"的观点,该书第一章讨论了信息、知识、文献3个图书馆学的基本概念后,阐述了文献信息交流与图书馆学的关系。它认为,"各类型的各层次图书馆,都是其相应的文献信息存贮与交流中心","图书馆的产生与发展,取决于文献信息的产生与发展","因此,文献信息交流,是图书馆工作的出发点和归宿"。作者认为他们提出的

"文献信息理论"是"关于探讨文献信息的概念、范畴和它的理论体系,分析文献信息的本质和特征,考察文献信息交流产生的条件、发展过程和基本规律,以及应当如何最大限度地发掘人类的文献信息资源,最大限度地满足社会对信息的需求"。"图书馆学是研究图书馆进行文献信息交流理论和方法的学科"。[16]除了"文献信息交流理论"这样很有特色的理论观念外,该教材基本不涉及具体的图书馆工作,不涉及应用图书馆学,资料工作也做得很细致。这些,都突出了它的"理论图书馆学"的特色。

《理论图书馆学教程》公开声明它以"文献信息理论"或"文献信息交流"理论为基本观点,观点是非常鲜明的。但是,作者们除了在第一章中对此理论有所说明外,并没有真正地用此理论重建图书馆学教科书的内容与结构。这就使得我们用现在的眼光回头重新审视该教材时,较难发现它的这种理论特色。

4.《图书馆学导论》

1988 年,黄宗忠出版了《图书馆学导论》。此前,这部教材已内部出版印刷。《图书馆学导论》是黄宗忠图书馆学基础领域的代表作,该书出版后多次重印及获奖。《图书馆学导论》以丰富的资料介绍了国内外图书馆、图书馆事业和图书馆学领域的研究成果,是一部很有特色的教材。在理论上,黄宗忠在这部教材中对他自己二十年前提出的"矛盾说"进行了发展。

黄宗忠首先将图书馆学研究对象的表述界定为图书馆,他提出,"作为图书馆学研究对象的图书馆,不是具体形态的图书馆,不是各种不同类型的具体的图书馆,而是不受时空影响的图书馆,一种科学概念的图书馆"。接着,他对国内外关于图书馆学研究对象的多种提法进行分析比较,进一步明确了作为图书馆学研究对象的"图书馆"的内在含义:"只有整体的、运动着的、以藏与用为特殊矛盾构成的图书馆才是图书馆学的研究对象。"这种认识,显然已远远超过了 60 年代的"矛盾说"的水平。

黄宗忠认为,藏与用矛盾的存在是图书馆生存和发展的根本条件。这种认识,不仅有助于人们对图书馆自身的特有矛盾的理解,同时也为他对图书馆学定义的界定,找到了客观依据。据此,他提出:"图书馆学就是研究图书馆收集、加工、整理、保藏、控制图书与一定社会读者利用藏书之矛盾产生与发展规律的科学"。[17]这一论述标志着"矛盾说"理论已趋于成熟,并成为新图书馆学中的一种重要学说。

1992 年,黄宗忠在《文献信息学》中进一步发展了"矛盾说"。他认为,文献信息工作的工作对象与服务对象,即文献信息与文献信息用户是矛盾着的两个方面。"文献信息的搜集是为了解决文献信息的分散与用户利用文献信息要求相对集中的矛盾;文献信息的研究是为了解决文献信息量大、面广、冗余等状况与用户利用文献信息要求相对集中的矛盾;文献信息的研究是为了解决文献信息的合理收藏与有效利用之间的矛盾"。[18]

5.《图书馆学原理》

《图书馆学原理》由宓浩主编,宓浩、刘迅、黄纯元编写,华东师范大学出版社 1988 年出版。在《图书馆学原理》中,宓浩等人再一次系统阐述了知识交流论,并且将这一学说作为该书体系建设的基础。

宓浩在该书前言中说,进入 80 年代,"图书馆学基础理论研究已经摆脱了就图书馆论图书馆,只着眼于技术方法的窠臼,它正在从经验描述向科学抽象阶段发展","编写《图书馆学原理》新教材,正是为了适应这种变革的理论需要"。因此,作者的追求是"必须在课程内容上除旧布新,去繁求精,把握图书馆活动的内在机制与社会联系,力求反映当代图书馆学研究的新成就,敢于发展新思想、新观点,形成新学派"。[19]从这段话中可以看出,作者将此书当成了形成新学派的理论工作,追求从内容到体系的理论特色。

《图书馆学原理》全书分为上、中、下三篇，上篇由知识、文献引出知识交流中的图书馆活动，从社会知识交流的历史进程来探讨图书馆的起源演化，说明图书馆活动的社会化进程。这部分内容以知识交流说的理论逻辑导出了图书馆学基础。中篇按知识交流认识的图书馆活动内在要素，分别讨论了图书馆的工作对象与服务对象——文献与读者，图书馆工作内容及其内容机理。下篇主要介绍图书馆学理论。尽管该书除上篇直接论述知识交流的内容之外并没有特别多的新内容，但从其内容体系的特别安排看，它的确是在尽最大力量将知识交流的理论转化为一种完整的理论体系，可以称之为一部“教材式专著”。在中国20世纪图书馆学史上，这种自觉地由一个学派的理论指导编制的教材是不多见的。

四、青年理论研讨会

1986年5月，武汉大学图书情报学院召开了一次全国青年图书馆学情报学理论研讨会。这次会议标志着青年图书馆学家以整体姿态进入了中国图书馆学基础理论前沿，成为当时冲击经验图书馆学、催生新图书馆学的最积极力量。中国经验图书馆学是在20世纪80年代后期被真正摧垮的，新图书馆学也是那时初步形成的。而那些年的理论研究的主体，则是被青年会议聚集起来的青年学者们。20世纪80年代后期有许多值得图书馆学理论史家关注的会议，包括几个图书馆事业发展战略研讨会和几个文献资源建设理论研究会，但最能表现当时青年人的整体冲击力的会议，还数在武汉、上海、北京、长春等地举办的几个青年会议。而图书情报学院召开的全国青年图书馆学情报学理论研讨会，则是这一系列会议的开端。

经历了20世纪80年代前期图书馆学基础理论的跳跃式发展后，第二代图书馆学家们突然沉寂了下来。他们在“杭州会议”后将精力投入著书立说与新学说的建立,此外也在考虑如何认识、总结与梳理这个已被批判与开拓搞得有些乱了套的中国图书馆学理论体系。在成名一代学者中,除了少数非主流图书馆学家(如学历史出身的宓浩先生)外,很少有人真正意识到当时中国图书馆学正处于经验图书馆学与新图书馆学相互对峙的艰难阶段。当时,尽管以《图书馆学基础》为理论代表的中国经验图书馆学受到了沉重的打击,但新图书馆学的基础与框架却还没有完全形成。年轻人中,包括刘迅、张晓林在内的一批青年精英已成名一时,但他们过分执著于对经验图书馆学的批判,而多少忽视了建设新图书馆学的任务。更多的“文革”后高考入学的年青学者在探索与反思,但他们略显零乱的非整体性的理论活动无法从根本上动摇经验图书馆学的理论体系。

在武汉青年会议上,有两个并非事先预料的新思想对新图书馆的形成起到了决定性作用。而这种新思想的产生,得益于当时活跃的理论环境,更得益于青年会议灵活的组织方式。这次研讨会原本没有什么中心议题,但理论重建时期青年人的活力使这次会议的成果驻留史册。

这次会议中有《图书馆学通讯》组织的一个关于“图书馆学发展方向”的“会中会”。该刊请来了彭修义、张晓林等在该刊撰文批判经验图书馆学的核心作者,再一次对以《图书馆学基础》为代表的经验图书馆学进行理论批评。这种讨论使这个主题过于宽泛的综合性理论研讨会有了可以形成交锋的热点。这也是图书馆界对经验图书馆学进行集中批评的最后一次会议。对《图书馆学基础》的批评也许并没有新意,但讨论中却引发了了关于“建设式图书馆学”的认识与思考。会议中有代表主张,由于多元理论格局已经形成,因此应该以建设新理论的责任感代替批判旧理论的危机感,绕开一些一时争论不清的概念,用理论体系建设的实践来检验理论学派学说的真理性。[20]

这次会议的分组讨论首次采用“挂牌讨论”方式，与会者都可以在指定地点贴张启事，组织任意新议题的讨论。来自湖南省文化厅的张克科等人挂出了“图书馆发展战略”的新讨论主题，立即引起轰动。此前有一些地方在“城市文化战略研究”背景下开始研究图书馆事业发展战略，但未能引起理论界足够注意。武汉大学的青年会议对图书馆事业发展战略研究的热烈讨论，使理论界开始真正关注这一新热点。图书馆事业发展战略研究被当作理论图书馆学和应用图书馆学以外的第三种理论形态，被当作图书馆学研究“宏观现实问题”的代表。[21]

建设式图书馆学是新图书馆学的理论特征之一，图书馆事业发展战略研究和“宏观现实问题研究”是新图书馆学的重要研究内容，因此，武汉大学青年图书馆学情报学理论研讨会对新图书馆学的形成有十分重要的意义。

这次会议的成功使其他高校图书馆学情报学系有了举办同类会议的愿望。此后，华东师大、北京大学、东北师大的图书馆学情报学系也相继举办了青年理论研究会。尽管受大环境的影响，80年代的几届青年会议有高开低走的态势，但它在中国现代图书馆学发展进程中，的确起到了凝聚青年的力量的作用。这几届会议的议题与1985年以前的那种动辄谈体系、谈研究对象的图书馆学决裂了，讨论方式与那种围绕个别概念、只言片语的经院式辩论决裂了，研究方式与那种经验描述式的研究方法决裂了。青年代表们对创新的冲动代替了批判的渴求，在形式多样的、无拘束的研讨中，一种多元化、建设式的，理性、务实、宽容的新图书馆学被青年一代的图书馆学家们发现，被他们认可了。从这个意义上说，是中国的青年图书馆学家们完成了催生新图书馆学的最后一场理论碰撞，而几届青年会议则是他们当时最主要的理论舞台。

第三节 新图书馆学理论概述

一、新图书馆学的理论特点

20 世纪 80 年代的图书馆学理论变革,也表现为图书馆学研究中的科学思想变革。其中最有影响、最有代表性的 4 个方面的变革是:

1. 从经验描述到科学精神

在早期图书馆学的论文中,有许多论文的内容是简单介绍个别图书馆的个别工作环节、工作过程或体会。这种类型的文章在其他许多学科是不存在的。在早期的一些图书馆学基础理论教科书中,介绍的虽然不是个别图书馆而是全体图书馆的工作,但其内容也是人们在图书馆工作中通过直接观察、简单记录可以得到的结论。这在其他学科也很少见。这种科研方式可称为经验描述。经验描述式研究是导致图书馆学理论整体上落后、脆弱的主要原因。经验描述是一种惰性的理论力量,它至今仍未在理论界绝迹,且时有人为其辩护。

一般人认为经验描述的研究方式来自美国杜威图书馆学。这有一定道理,但也并不完全正确。杜威的经验图书馆学是那个时代最优秀的图书馆学成果,其核心思想至今没有过时。他的分类法标记符号是改善工作效率的范例。他的"三最"原则:"以最小的代价,为最多的读者,提供最好的读物(the best reading for the largest numbers at the least cost),至今仍是美国图书馆的座右铭(该原则 1988 年为 ALA 重申)。这一原则是杜威图书馆学核心思想的体现。从我国早期图书馆学著作中,不难看到杜威图书馆学的影响。可惜的是,由于 1937 年理论环境恶化,中国图书馆学没有跟上战后世界图书馆学发展潮流,以致课题老化,方法陈旧,加上人才奇缺,终于导致经验描述的科研方式泛滥。在诸如"我馆如何为读者服务"一类文章中,不但现代科学必须具备的理性精神荡然无存,而且与杜威经验图书馆学追求效率的做法也相去甚远。

从经验描述到科学精神的转变发生在整个 80 年代。一批接触过现代科学方法或了解西方先进图书馆学思想的青年在这一转变中起到很大作用。1981 年芝加哥学派被介绍过来,1982 年谢拉的《关于图书馆学的基本原理》译出。刘迅的《西方图书馆学流派及其影响》正面批评了以经验描述为核心的我国经验图书馆学。1984 年前后,图书馆学基础领域内的各种新学派均十分注意对研究对象进行科学抽象,以科学的精神研究图书馆问题。在 20 世纪 80 年代的大部分时间里,抽象思辨、数理方法、调研论证等代表科学的、理性的图书馆学精神的方法受到崇尚。尽管 80 年代后期出现过反复,但变革经验描述式图书馆学研究的潮流并未逆转。

从经验描述到科学精神的变革是图书馆学理论变革中最重要的变革。这场变革所触及的是自有图书馆学以来"致用"的科研传统所积淀的东西,也是经验图书馆学中那种与图书馆现代化建设不相适应的东西。它试图破坏传统的"理论文化",确立一种新的图书馆学精神。如此深刻的变革在 20 世纪 80 年代没有完成,但新图书馆学已展示了变革的前景。

2. 从微观领域进入宏观领域

图书馆学宏观研究有两种很不相同的解释。黄宗忠《图书馆学导论》将基础理论当作宏观研究。按这种解释,图书馆学宏观研究并不晚于微观研究。我们则更倾向于陈源蒸《宏观图书馆学》中的看法,将"从图书馆事业的整体去研究各项业务的社会化问题"及"图书馆与社会的关系""图书馆之间的关系"等当作宏观研究。[22]宏观研究的兴起,是新图书馆学的重要理论特征。它表明图书馆学从“馆内”科学变为“社会”科学。

近代图书馆学产生于图书馆事业的早期。理论要解决的是以个体图书馆活动为中心的技术问题,而不是图书馆事业的整体组织问题。这一传统,从诺德到杜威均没有改变,30 年代巴特勒较早发现了图书馆与社会的关系这一问题,但当时的社会背景不利于巴特勒思想的传播。战后图书情报事业的迅速发展,方使巴特勒的弟子谢拉如鱼得水。从谢拉的《图书馆学导论》中可以看到西方图书馆学家对图书馆事业国家管理问题的关注。这种关注,在以往的图书馆学中是从未有过的。

改革开放前,西方图书馆学转入宏观研究的新变化并未及时引起我国图书馆学界对经验图书馆学的反思。即使在 20 世纪 80 年代前期,我国政策制定与政策研究脱节的现实仍使理论家无法真正涉足宏观领域。理论中要么是技术问题研究,要么是基础问题研究。20 世纪 80 年代前期,图书馆学家将精力过多地投向图书馆学的对象、性质一类课题,与那时宏观研究没有兴起也有很大关系。

20 世纪 80 年代初的理论开拓过程中,图书馆管理和图书馆立法等问题受到关注,这标志着微观研究已开始向宏观研究转化。但那时的研究带有过多的讨论和思辨的性质,更像是基础研究,1985 年图书馆事业发展战略研究开始后,调研、论证或研究才真正出现。图书馆事业发展战略和文献资源建设研究兴起后,中国图书馆学才真正完成了从微观领域到宏观领域的变革。《宏观图书馆学》一类专著的出现,标志着图书馆学的宏观研究已为理论界认可。图书馆学从微观领域进入宏观领域是学科发展的必然,但这一发展并非研究对象的简单拓广可以实现。传统的科研方法、思想观念和科研组织方式并不能适应宏观研究。为此,需要变革经验图书馆学。在 20 世纪 80 年代,图书馆宏观研究领域虽然已经开辟,但微观研究占主体的状况并没有真正改变。

3. 从批判式研究到建设式研究

如果说我国经验图书馆学中经验描述和微观研究这两个特征与杜威的图书馆学多少有些渊源的话,那么批判式研究这一特征,则完全属于东方了。苏联的"社会主义图书馆学"具有批判的理论风格,在学习苏联的过程中,中国图书馆学继承苏联图书馆学的批判式风格。最初是 20 世纪 50 年代对资产阶级图书馆学的批判。1957 年开始,这种批判似乎过头了。在很长时间里,提出新理论的文章似乎远不及批判这些理论的文章多。批判氛围中,理论建设困难重重,新思想很难产生。

20 世纪 80 年代理论变革开始后,由于传统理论与现代图书馆学思想格格不入,主张变革的人们再掀批判高潮。批判的目标是对着理论中"左"的东西和经验的东西。这次批判与以往的批判相比有了质的变化,理论批判的目的是为建设开道。在批判经验图书馆学的同时,新的理论也雨后春笋般出现。1985 年前后,新图书馆学理论已经可以无阻力地建立了。这时仍有一些人在反复地批判 1981 年以前的图书馆学。批判的惯性力时常诱导人们在一些概念上咬文嚼字,争论不休。这种争论看似理论繁荣,实际却并不能带来新的思想。虚假的理论繁荣消耗了理论家们的精力,导致了经院式研究风气的泛滥。

1986 年武汉青年会议以后,建设式图书馆学的呼吁出现了。呼吁者主张以建设新理论的责任感代替批判旧理论的危机感,绕开一些一时争论不清的概念,用理论建设的实践来检验理论的真理。尽管此后有人将 20 世纪 80 年代后期理论低谷的出现归咎于对建设式图书馆学的呼吁,但不可否认的是,1986 年以后,那些围绕"学科自我完成"的经院式课题大肆清谈的风气逐渐退出了理论舞台,理论宽容的风气也逐渐形成了。

4. 理论格局从一元化走向多元化

按照传统的认识,科学理论是高度统一的,图书馆学应有唯一的理论基础,一套相应的方法论,构成唯一的体系。体系的内容和结构是唯一的,各种术语也有权威性解释。这样的理论构成是一元化的。而现代科学主张多学派并存的多元化格局,多种理论体系同时存在,不同的体系不但内容与结构是多样的,理论基础和方法论也可以不同。多元化格局构造了建设式研究的基础。一般说,不同的理论体系或学派之间是无法通过相互批评而达成一致的。最终检验各种理论的,是理论的内在逻辑性、解释事物及预测事物发展的能力等。

图书馆学家曾坚信理论的统一性。刘国钧以为图书馆学可研究图书馆五要素。不同意这一主张的人首先想到的不是建立一个另外的体系与其竞争,而是要驳倒这一理论,然后再看图书馆学应该研究"矛盾"还是"规律"。这一思想方式延续到 80 年代。刘迅提出"世界 3"理论可作为图书馆学的基础,一时间有人反驳有人辩护,但争辩双方谁也不去在自己选定的基础上发展理论体系,似乎不搞清这个理论基础,理论就无法发展。类似的纠纷也广泛存在于学科定义、性质、职能等问题上。

1984 年,事情有了转变。"杭州会议"后,代表们放弃了编一本大一统教材的想法。这实质上开辟了走向多元化之路。执不同见解的人可以编不同教材,在不同的教材中展示自己对图书馆学基础问题的认识,这使以往那些概念上的纠纷立即成为多余。关于这次会议的一篇综述提到鼓励出学派。1986 年,出现了系统地为多元化格局辩护的文章。至此,走多元化道路,通过学派建设来发展理论已成为共识。多元化格局造就了一种宽松的理论环境,建设新理论的成功与否成了学术竞争的主要因素。中国图书馆学家对多元化理论格局的认同,使中国图书馆学理论彻底地告别了经验图书馆学。

二、新图书馆学的理论前沿

在20世纪80年代的理论变革过程中，一批新的研究领域和应用图书馆学研究取得了很大进展，它们成为新图书馆学的理论前沿。尽管这些领域不属于图书馆学基础研究，但由于其学科前沿的特殊地位，它们对图书馆学的理论观念与方法论产生了深刻的影响。

1. 图书馆现代化研究

我国的图书馆现代化研究起步较早，早在20世纪70年代刘国钧就开始关注MRAC，“文革”结束后，图书馆现代化研究迅速起步，并吸引了众多资深的理论家。20世纪80年代初，理论界围绕图书馆现代化的基本理论问题展开过一场讨论。1984年前后，新技术革命问题再次引起人们对图书馆现代化的关注。1986年起，对图书馆现代化的研究在技术领域逐步深入，并形成“图书馆现代技术”的新学科。随着以电子计算机为核心的图书馆现代技术的普及，我国图书馆工作的整体水平有了质的提高。

20世纪80年代，图书馆现代化研究领域出版了十多部专著，这些专著多数是专论技术问题，但也有张琪玉等的《图书馆现代化简介与展望》等少量基础性著作。这一领域的专题研究论文举不胜举，1980年还有专门性杂志《计算机与图书馆》创刊。从文献的情况可以清楚地看到这一领域的繁荣。

图书馆现代化研究的最直接成果是图书馆计算机系统的开发。20世纪70年代末我国个别图书馆开始图书馆计算机系统的研究和实验，20世纪80年代中期个别单机系统投入试验性运行，随后研究与开发逐渐深入。1985年12月，由中国图书馆学会主持在北京召开了“电子计算机在图书馆应用学术研讨会”，会议提出了全国图书馆计算机应用统一规划，加强信息交流,加快中文机读目录开发等重要想法。1985 年以后,随着计算机性能的提高、数据库的发展,以及我国汉字信息处理的成熟,计算机在图书馆的应用终于有了突破。1985 年南京大学图书馆研制成中文图书流通管理系统,1986 年北京师范大学图书馆、深圳图书馆图书馆流通系统投入应用。由于流通系统涉及书目与读者两大数据库,涉及从编目到典藏、外借的各个工作环节,上述流通系统的投入使用成为图书馆计算机系统实用化的标志。1988 年,文化部下达国家重点科技项目,深圳图书馆承担并组织开发图书馆自动化集成系统(ILAS)。这是一套能适应国内外不同层次、多种规模、各种类型图书馆使用的图书馆自动化集成系统。至此,图书馆现代化研究产生巨大的应用性成果。

与图书馆现代化相关的还有其他应用领域的研究进展,如文献编目领域大力推行中国文献著录标准。中国文献著录标准是经过一定标准制定程序,由国家标准局批准、发布的。制定标准的指导思想是建立统一的文献报道与检索体系,为实现目录工作机读化打下基础。1983 年,按《国际标准书目著录》的原则和基本特点制定的《文献著录总则》以国家标准名义公布,从而启动中文文献编目领域的编目思想与方法的变革。这一标准及随后陆续公布的文献著录标准虽然不尽完善,但它们非常及时地为计算机在图书馆的应用打好了基础。

图书馆现代化研究成为久盛不衰的热门课题,其理论意义巨大。它标志着图书馆学已从对手工操作问题的研究进入到对自动化的研究。它改变了图书馆学的形象,使图书馆学的形象在“考证”式人文科学形象和“工作描述”式经验科学形象之外,增加了“试验”“论证”式技术科学的新形象。它从整体上改变了图书馆学家的知识结构、思维方式和方法论基础。此外,它还带动了图书编目等其他学科的变革,改变了许多学科的研究路向。

2. 检索语言研究

图书分类是传统图书馆学的最重要的研究领域之一，这一领域的研究成果对于改进图书馆服务，提高图书馆工作效率，有着非常重要的应用价值。但是，自古代起，我国的图书分类研究最关心的不是图书分类的技术问题，而是知识分类问题，如分类法的大类目数量应该是四分、六分、十分还是其他的分法，或者某个类目该不该设置，应该放前面还是后面。1949年以后，知识分类问题又与意识形态问题混淆，成为理论批判的一个"战场"。"文革"结束后，图书分类领域关于分类法"三性"问题的讨论，使图书分类研究仍然无法摆脱意识形态的困扰，这些都严重干扰了图书馆学对分类技术的研究，妨碍了图书馆学的进步。20世纪80年代初，张琪玉等学者干脆放弃图书分类的名称，另外开辟一个"情报检索语言"领域，在检索语言的名义下专门研究包括分类法在内的各种检索语言的技术问题。这一创新，使理论家完全摆脱知识分类等意识形态问题，以检索效率为中心，在新的领域中全神贯注地研究分类法的技术问题。

检索语言领域的出现不仅使图书分类研究摆脱了意识形态争论的干扰，同时，它也是图书馆学进入科学抽象研究的体现。以往对我国图书分类的研究，主要是对一种或几种图书分类法的研究。这种就分类法研究分类理论的方法，经验成分很多，局限性很大，不利于理论的发展。而在检索语言领域，研究者将分类法与主题法等其他检索语言放到一起，研究它们的检索效率问题。在这种抽象研究层面上，人们更容易发现分类法的优劣。

也许有人不同意检索语言研究与图书分类研究有学科渊源，但这并不重要。检索语言领域内大量涌现的新思想新方法不断渗入图书分类理论中，促使图书分类理论与实践的科学化。北京大学图书馆学系在修订其教材《图书分类》时，干脆称图书分类是检索语言的一个分支。检索语言研究的发展进程表明，在较为抽象的层次上获得的理论成果能更为有效地指导实际工作。在检索语言研究领域内研究图书分类问题是图书馆学从对具体问题的研究进入对抽象问题研究的转变的标志。这种转变,亦是80年代理论变革的一个重要方面。

我国情报检索语言领域的开创者是张琪玉。张琪玉1930年生于上海南汇,1954年毕业于北京大学图书馆学系,曾在武汉大学图书情报学院和空军政治学院图书档案系任职。1983年张琪玉出版《情报检索语言》,该书系统讲述了情报检索语言的一般问题,情报检索语言的基本理论和基本方法,各种类型情报检索语言(体系分类法、组配分类法、标题法、单元词法、叙词法和关键词法)的原理、编制法、使用法、性能、在方法上互相吸取的情况,文献分析与标引,自然语言在情报中的应用以及情报检索计算机化与情报语言学的发展等。该书在我国首次对各种类型情报检索语言进行统一研究,以探索它们影响情报检索效率的共同规律和有效的改进途径。该书以严谨的理论体系与富有理论实质的内容一扫图书馆学论著缺少理论深度的不良形象,它的理论魅力一度成为当时许多年轻人投身检索语言研究的动力。

与图书馆现代化研究相比,检索语言研究有更多的创新意义。图书馆现代化研究是学习西方建立起来的领域,而检索语言研究却基本属于中国人自己创立的领域。检索语言一词虽然出自国外,但在张琪玉《情报检索语言》出版以前,国外图书馆学领域还没有人能在"情报检索语言"的书名下系统论述这一领域的知识,更无法将检索语言理论的内容讲述得如此系统而精密。检索语言领域吸引了一批非常勤奋且治学严谨的理论家,除张琪玉外,还有刘湘生、丘峰、侯汉清、曾蕾、戴维民等,他们使检索语言研究成为80年代图书馆学内最活跃、最具有创造性的理论前沿之一。

3. 文献资源建设研究

文献资源建设研究是20世纪80年代图书馆学理论变革时的理论前沿。文献资源建设是图书馆对文献资源进行有计划的积累和合理布局,以满足、保障社会发展的需要的全部活动。我国文献资源建设的概念是在藏书建设概念的基础上形成的。20世纪50年代末,我国图书馆学中出现了藏书建设的概念,但理论发展相当缓慢。在经验图书馆学中,这一学科主要研究单个图书馆内藏书的选择、采集、组织、复审、剔除等微观问题。但这一领域还有宏观性问题,宏观决策的需求引导理论界关注宏观问题。1957年《全国图书协调方案》和1980年《图书馆工作汇报提纲》均涉及藏书的宏观组织问题,但没有引起理论界的注意。1981年,肖自力开始注意藏书建设中的宏观理论问题,陆续发表了《试论藏书结构》[23]《藏书稳定状况理论的由来及发展》[24]等论文,使我国图书馆学界很快了解了国际藏书建设理论过去几十年的新进展。值得一提的是,肖自力当时是全国高校图书馆工作委员会秘书长,他对文献资源建设宏观问题的关注不像理论工作者是出于个人兴趣,而是有决策因素的影响。经过很多年理论准备,全国高校图工委后来促成了高校系统文献资源保障系统的建设。肖自力在全国高校图工委的管理岗位上很好地行使了自己的"权力",他连续多年通过高校图工委组织藏书建设理论研讨会,促进理论界与决策层的思想交流,使文献资源建设领域的核心研究专家群逐渐组织起来,形成研究合力。

在1984年召开的全国藏书建设会议上,有人建议以文献资源建设取代藏书建设。关注藏书建设宏观研究的肖自力立即意识到这一概念的重要,当年《大学图书馆学报》即发表了肖自力用此概念作为标题的论文《我国文献资源建设和高校图书馆的使命》。此后文献资源建设的概念广泛传播,迅速被我国图书馆学理论界普遍认可,基本取代了以往的藏书建设。"七五"期间,肖自力得到国家社会科学基金资助,进行全国文献资源调查与布局研究。这一项目有力地推动了全国范围的文献资源调查,促使一批优秀的理论家投身文献资源理论研究工作,导致一大批文献资源建设宏观调研报告的产生。

文献资源建设理论研究促进了事业的进步。1987 年 10 月,我国全国性图书情报事业发展协调机构“部际图书情报工作协调委员会”成立。这一机构由国家科委和文献部发起,十部委参加(后来有所增加),这一委员会的主要任务之一就是“研究和协调全国文献资源的合理布局与开发利用”,“开展全国文献资源建设理论和实施方案的研究和协调”。[25]尽管由于种种原因,部际图书情报工作协调委员会后来的工作成效并没有如成立之初所预料的那么大,但部际图书情报工作协调委员会的成立仍然是新中国图书馆事业史上最重要的事件之一。它是中国管理体制由计划经济体制向市场经济体制转型过程中,各图书情报管理部门所做的一次大规模宏观协调的尝试。

20 世纪 80 年代中国的文献资源建设研究,尽管取得了许多应用性成果,但从理论方面看创新并不多,多数理论成果是借鉴西方自“法明顿计划”以来的东西。但是,文献资源建设研究领域仍然可以看成新图书馆学的一个前沿领域。文献资源建设研究把一个单纯微观的研究领域发展为一个宏观、微观并重的领域。这种从微观到宏观的变化是从经验图书馆学到新图书馆学的变革的一个缩影。文献资源建设研究对中国图书馆学还有另一重要意义,就是“资源建设”这一概念的创造。中国图书馆学的基本理论概念多数来自国外,自梁启超从日文译入“图书馆”起,很少有例外。而文献资源建设的概念却是中国图书馆学家首次创立了自己的概念,并用这一概念创立了一个研究领域。纵观当前的国际图书馆学领域,还没有一个名词术语像“文献资源建设”一样如此科学地包容了这一领域的问题。因此我们可以说,在文献资源建设领域，当时中国图书馆学家走在了世界的前面。

4. 图书馆事业发展战略研究

发展战略研究是 20 世纪 80 年代兴起的一种新型的图书馆学研究。它的目的是为图书馆事业发展的宏观调控提供政策思想、决策依据和方案，具有“软科学”研究性质。发展战略研究使图书馆学既摆脱了“馆内科学”的局限，又避免了以往宏观课题的空洞，被人称为宏观现实问题研究。

在图书馆事业的早期，事业规模小，社会化程度不高，不需要国家对其发展进行宏观调控。因此，传统图书馆学中没有发展战略研究。我国图书馆事业发展战略研究萌芽于理论急剧变革的 1983 年，当时有人研究了国民经济与社会发展计划中的图书馆事业。1985 年上海结合城市文化发展战略对该市图书馆事业发展战略进行研究，使该研究转入集团作战。1986 年武汉青年会议以后，以概念研究为中心的图书馆学基础理论研究逐渐转入低潮，而图书馆事业发展战略研究形成一个热点。湖南《图书馆》编辑部组织的“图书馆事业发展战略研究”征文活动和全国高校图工委组织的“高校图书馆事业发展战略”研讨会，在中国图书馆界产生了很大的影响。1987 年华东师范大学举办的第二届青年会也将图书馆事业发展战略研究列为会议主题。一时间，图书馆事业发展战略研究受人关注。在图书馆事业战略研究中，人们所取得的共识是：要以国家经济、文化、教育和科学技术发展方针为依据，制定全国图书馆事业的发展规划，并将其纳入国家和地方的国民经济和社会发展计划之中，要改变传统的图书馆观念，站在信息开发和知识传递的高度上，全面发挥图书馆的社会功能，各类型的图书馆的发展，要以国家财力为前提，既注重数量，又保证质量，既注重馆舍、设备的建设，又要加强内部的科学管理。

在新图书馆学的各个前沿学科中，发展战略研究起步晚，论著数量和参与者人数不多。但它仍被看作一个新的重要的研究领域,被当作第三种图书馆学或宏观现实问题的代表。就社会背景而言,图书馆事业发展战略研究是改革开放以来图书馆管理决策科学化进程的产物,就理论自身而言,则是图书馆学的对象从馆内的、技术性问题向社会的、管理性问题转变的产物。由于图书馆事业发展战略研究需要进行充分的数据准备和详尽论证,研究的课题周期较传统的论文式科研要长得多,成果数量也肯定要少得多。这决定了图书馆事业发展战略研究的数量在图书馆学论著中所占比例永远不会太高。但是这类研究的意义并非数量可以衡量,1987 年出现的一些代表新图书馆学的新思潮,如"降低理论层次"、研究"宏观现实问题",都与发展战略研究有关。正如韩继章在一篇纪念图书馆事业发展战略研究十周年的文章中指出的,"图书馆事业发展战略研究对于中国现代图书馆建设,更多的亦在其具有的积极思想启蒙意义"。[26]

引用文献:

1. 周文骏. 图书馆工作的传递作用、体系和发展[J]. 图书馆工作与研究,1979(1):6—11
2. 周文骏. 概论图书馆学[J]. 图书馆学研究,1983(3):10—18
3. 范并思. 新旧图书馆学变更的历史见证[J]. 图书馆,1991(5):5—7
4. 彭修义. 关于开展"知识学"的研究的建议[J]. 图书馆学通讯,1981(3):85—88
5. 刘迅. 论图书馆学情报学理论的共同基础——关于波普尔世界3 理论的思考[J]. 情报科学,1982(1)
6. 刘迅. 西方图书馆学流派及其影响[J]. 图书馆学刊,1983(4):1—12
7. 张晓林. 应该转变图书馆研究的方向[J]. 图书馆学通讯,1985(2):57—64
8. 王子舟. 中国图书馆学基础理论的艰难重建——纪念《图书馆学基础》出版 20 周年[J]. 图书馆,2001(3)

9. 吴慰慈,许桂菊. 中国图书馆学研究的成果及展望[J]. 图书馆,1998(5):1—4
10. 范并思. 告别杭州会议时代——纪念杭州图书馆学基础理论研讨会十周年[J]. 图书馆,1995(1)
11. 宓浩. 知识、知识材料和知识交流——图书馆情报学引论之一[J]. 图书馆学研究,1983(6):28—35
12. 宓浩,黄纯元,吴慰慈,等. 知识交流和交流的科学[J]. 图书馆研究与工作,1985(2):2—5
13. 刘洪波. 论"知识交流论"[J]. 图书馆学研究,1992(1):7—12
14. 吴慰慈,邵巍. 图书馆学概论[M]. 北京:书目文献出版社(今国家图书馆出版社),1985:61
15. 周文骏. 文献交流引论[M]. 北京:书目文献出版社(今国家图书馆出版社),1986
16. 南开大学图书馆学系等. 理论图书馆学教程[M]. 天津:南开大学出版社,1986:30—31
17. 黄宗忠. 图书馆学导论[M]. 武汉:武汉大学出版社,1988:18—28
18. 黄宗忠. 文献信息学[M]. 北京:科学技术文献出版社,1992:97—98
19. 宓浩. 图书馆学原理[M]. 上海:华东师范大学出版社,1988:引言2—3
20. 范并思. 关于当代建设式图书馆学的思考[J]. 图书馆学通讯,1986(3):75—78
21. 范并思. 新时期的三种图书馆学理论形态[J]. 图书馆学通讯,1988(2):47—51
22. 陈源蒸. 宏观图书馆学[M]. 北京:北京大学出版社,1989
23. 肖自力. 试论藏书结构[J]. 图书情报工作,1981(1):14—16
24. 肖自力. 藏书稳定状况理论的由来及发展[J]. 图书情报工作,1982(6):5—7
25. 中国大百科全书图书馆学情报学档案学[M]. 北京:中国大百科全书出版社,1993:21—22
26. 韩继章. 发展战略研究——中国图书馆现代化的思想启蒙[J]. 图书馆,1996(4):1—4

第十章　理论现代化(1990—2000)

20 世纪 90 年代的中国图书馆事业:

20 世纪 90 年代初最值得关注的事件只有图书馆学教育。1990 年,北京大学获图书馆学博士学位授予权,1992 年北京大学图书馆学情报学系改名信息管理系。

1996 年,中国图书馆事业出现历史性大转折,两个最重要事件是 IFLA 大会在北京召开、上海图书馆新馆以全新体制运作。

20 世纪 90 年代的理论图书馆学:

20 世纪 90 年代初,图书馆学理论亦在低谷中徘徊。理论界士气低落,人才流失,理论缺少亮点。

1995—1996 年间,吴建中与国内外图书馆学家的一组“关于图书馆未来的对话”,打破了理论的平静。

1996—1999 年间,黄纯元发表一批论文,研究当代西方图书馆学及知识交流论。这批论文代表了 20 世纪 90 年代我国图书馆基础理论的最高水平。

1999 年,徐引篪、霍国庆的《现代图书馆学理论》出版。它是 20 世纪中国图书馆学史上罕见的以鲜明的学术观点贯穿始终的学术专著之一，同时也是 20 世纪中国图书馆学基础理论最后一部重要的学术专著。

20 世纪 90 年代西方文献资源共享新理念和数字图书馆研发高潮，很快影响到我国图书馆界。1997 年起，研究数字图书馆的文献从一般性介绍逐步深入，文献资源共建共享理论与实践也形成一个研究高潮：

1997 年末，汪冰的《电子图书馆理论与实践研究》出版，这是国内第一本系统论述电子图书馆的学术专著。

CALIS 并没有自称为数字图书馆，但它的确是我国最成功的文献资源共享和数字图书馆项目之一。

中国数字图书馆工程是 20 世纪中国图书馆界最大的工程，全国文献信息资源共建共享协作会议导致 1957 年后规模最大的文献资源共享活动。数字图书馆与文献资源共享领域的新进展成为图书馆理论现代化的标志。

20 世纪 90 年代是中国图书馆学真正走向现代化的年代。经过 80 年代的理论变革,中国图书馆学彻底告别了经验图书馆学,建立起了一个支持建设式发展的新的图书馆学研究框架。1993 年开始,中国经济进入新一轮高速发展时期,图书馆事业逐渐摆脱了发展“低谷”,获得了来自社会各方的强大的经济支持。

与此同时,信息技术的突破性发展导致世界范围内的图书馆事业发生深刻变革,信息技术在图书馆的广泛应用,导致图书馆工作方法、服务观念与管理模式发生深刻变革。这是世界图书馆事业自 19 世纪中后期“公共图书馆运动”以来最大的一场变革,几乎所有图书馆都被卷入其中。图书馆事业的进步,也促进了图书馆学理论的大变革。

在世界图书馆技术进步、事业发展、理论变革的大背景下,20 世纪 90 年代中期开始,中国图书馆学也进入了一个新的发展时期。中国图书馆事业与世界的关系变得空前紧密,图书馆界对现代信息技术的关注达到了空前的高度,图书馆学理论界对科学精神与科学方法的认识也是前所未有的。从理论发展表象看,20 世纪 90 年代的理论变革似乎不如上一次理论变革那样彻底。那次变革是批判开路,理论界几乎彻底割断与过去的关系,而这一次变革,无论从什么角度看都是以往图书馆学研究的延续。但从实质上看,这次理论变革同样深刻改变了中国的图书馆学。

第一节 图书馆事业的转折

一、图书馆学教育的发展与变革

1989 年前后,中国图书馆事业经历了改革开放初期的恢复性高速发展后，进入了一个相对平静的发展时期。1988年，在书刊价格飞速上涨的同时，中国公共图书馆经费却出现了自改革开放以来首次下降。在一些经济不够发达地区，相当数量的中小图书馆难以为继，有些图书馆到了只订一份报纸的困境。社会转型时期观念的改变，也严重冲击了图书馆人以往的淡泊心态。

1992年邓小平"南巡讲话"发表后，中国进入新一轮改革开放高潮。但在这一轮改革开放高潮开始之初，图书馆事业似乎受到了更大的冲击。当时与经济建设直接相关的领域发展迅速，而图书馆等社会公益事业难见起色，许多公共图书馆甚至靠出租场地维持。一直到1996年北京IFLA大会召开前后，图书馆事业才出现转折。

20世纪90年代前期最值得关注的事件是图书馆学教育的发展与变革。与20世纪90年代中国图书馆事业先抑后扬相反，中国图书馆学教育在90年代出现了高开低走的趋势。1990年北京大学获图书馆学博士学位授予权无疑是图书馆学教育水平的整体提升，1992年北京大学图书馆学情报学系改名信息管理系，以后一批图书馆学系在高校院系调整中沉沉浮浮，它们对图书馆学教育带来的冲击，至今没有完全平息。

1. 图书馆学博士点的设立

1990年，经国务院学位委员会批准，北京大学获图书馆学博士学位授予权，并于次年开始招收博士生。同时，武汉大学获情报学博士学位授予权并招收博士生，武汉大学情报学专业的某些方向，如社会科学情报方向，实际是培养图书馆学人才。从那时起，中国图书馆学教育在办学层次上取得了新的突破。北京大学、武汉大学，以及后来陆续设立图书馆学情报学博士点的南京大学、中科院文献情报中心等单位，逐渐发展成为我国图书馆学理论研究与人才培养的中心。

北京大学、武汉大学设立图书馆学情报学博士点,不仅是图书馆学教育的一件大事,也是中国图书馆事业与图书馆学的一件大事。图书馆学博士生教育为图书馆事业和图书馆学研究源源不断地输送优秀人才,有力地促进了图书馆学的发展,从整体上提升了图书馆学的形象,使图书馆学更像一个“正常”的学科了。当然,图书馆学博士点在中国的出现并不具备1928年芝加哥大学招收图书馆博士那样的意义。芝加哥大学GLS招收博士,是图书馆学教育对经验图书馆学的一次革命,它导致图书馆学教育理念与整个教学体系的变革。

2. 图书馆学系改名与体制变动

从20世纪80年代中期起,图书馆学专业逐渐失去对考生的吸引力,图书馆学系顺应国际图书馆学专业与系的改名方式,纷纷改名图书馆学情报学系。但改名及后来图书馆学博士点的出现并没有能够改变这种趋势。进入20世纪90年代后,为应对大学生招生、就业的压力及改变图书馆专业口径过窄的问题,图书馆学系的原有系名面临越来越大的压力。与此同时,社会逐步进入信息时代,信息化进程中对信息管理人才的需求旺盛。在这一大背景下,1992年,北京大学图书馆学情报学系主动改名信息管理系,由于北京大学图书馆学系所面临的问题具有相当的普遍性,同时也由于北京大学图书馆学系所特有的示范效应,图书馆学系的改名形成高潮。大多数图书馆学系的新名称以“信息管理系”为主,其他名称一般也是加“信息”而去“图书馆学”。图书馆学系改名后,因本科生与研究生的专业设置受到国家专业目录的限制,这些系往往仍保留图书馆学专业。

随着高等教育的改革,许多大学开始改革内部管理体制,将系所纳入学院的管理范畴。大多数学校的图书馆学系无法独立成为学院,不得不并入其他学科为主组成的学院中。1993年,华东师范大学信息学系(原图书馆学系)与该校经济、管理类专业一起并入商学院。此后,除武汉大学图书馆学情报学独立学院,北京大学信息管理系不进入其他学院外,其他各校图书馆学教育一直在院系调整中动荡。

图书馆学系改名与并入其他学院,开拓了图书馆学研究的视野,有利于大学"宽口径"教育的实施,对招生与毕业分配也有积极的影响。对理论研究而言,它对破除图书馆学的自我封闭是有积极意义的。但这些变化客观上伤害了图书馆学的学科建立的独立性,在相当多的学校中,它的负面影响也是相当明显的。

二、图书馆事业的新时代

20 世纪 80 年代后期开始的图书馆事业的发展"低谷",延续到了 1995 年。1996 年,IFLA 大会在北京召开,上海图书馆新馆开放。这两个事件成为中国的图书馆事业完全走出"低谷"的转折点。自此,中国图书馆事业进入了一个发展的新时代。

1. 北京 IFLA 大会

1991 年,中国政府提出承办第 62 届国际图书馆协会联合会(IFLA)大会的申请得到批准。此后,在文化部领导下,中国图书馆界开始了会议的筹备工作。经五年精心筹备,1996 年 8 月 25 日,第 62 届国际图联大会在北京召开。大会围绕"变革的挑战、图书馆与经济发展"这一主题,交流了工作经验,研究了学术问题。这次会议据称是国际图联大会历史上规模最大的一次,也是历届大会中我国与会代表最多、提交论文最多的一次。国务院总理李鹏与会致辞,《人民日报》为这次会议发表了社论《迎接图书馆事业的新时代》,这些明确地表明了中国政府对图书情报事业的高度重视。

北京 IFLA 大会的论文中,公共图书馆与新技术应用是两个较重要的分主题。1994 年《公共图书馆宣言》修订后,引起的讨论仍在继续。UNESCO信息部的Abid提交了介绍与讨论新版《公共图书馆宣言》的论文,此外还有代表提交的《愿望与问题:公共图书馆能生存下去吗?》《与公共图书馆废约》等讨论公共图书馆精神的论文。在新技术领域,则有《新技术对图书馆的影响:导论》《综合新技术:迈向未来的研究图书馆》《数字化环境中图书馆的新机会与新任务》等重要论文。

就理论本身而言,这次大会与历届IFLA大会一样,并没有留下特别值得一提的成果。但是,北京IFLA大会却成为直接推动中国图书馆事业进入发展新时代的一个转折点。这是因为:①北京IFLA大会的召开,使图书馆事业受到政府的空前重视。当时,中国的国力处于迅速提升时期,社会经济的发展为图书馆事业的发展提供了必要的物质基础。北京IFLA大会恰逢其时,国务院总理与会致辞,《人民日报》发表社论,各主管部门全力支持会议筹备与召开。这些都改变了社会对图书馆事业的关注程度,为图书馆事业直接或间接地带来了发展资金,提升了图书馆界的士气,从而促进了图书馆事业的转变。②北京IFLA大会的召开,促进了图书馆事业的宣传与学术交流。为迎接这次大会,会议筹备部门组织了许多学术活动,包括"96北京国际图联大会学术论文征文"活动、"全国图书馆服务周"活动。当年在上海交通大学召开的"21世纪的大学图书馆国际学术研讨会"、在武汉大学召开的"信息资源与社会发展国际研讨会"也是IFLA大会的会后会。这些活动促进了事业发展与理论繁荣。③北京IFLA大会的召开,为中国图书馆界与世界更密切地交流提供了机会。当时世界的信息技术正处在迅速发展时期,互联网的发展、微机软硬件技术的发展,为图书馆服务能力的整体提升提供了必要的技术基础,世界图书馆事业与图书馆学正处在一个大变革的时刻。北京IFLA大会为中国图书馆界提供了大规模的与世界交流的机会,它使图书馆界及时了解到信息技术发展导致的变革。

2. 上海图书馆新馆

1996年另一个值得关注的事件,是上海图书馆新馆建成。上海图书馆创建于1952年7月,它是我国公共图书馆中规模、藏书、人员仅次于国家图书馆的大型综合性公共图书馆。1996年新馆建成后,市政府决定将上海图书馆与上海科技情报所合并为上海图书馆情报所。合并后的上海图书馆拥有非常先进的馆舍与设备,藏书规模进一步扩大。该馆领导提出了建设“国内一流、世界先进”的发展目标,在图书馆管理体制方面大胆改革与创新,激发员工活力;在读者服务方面引入先进的技术与观念,创造良好的服务环境。这些改革与创新成就大大提高了该馆的社会地位,使图书馆成为一个对社会各类人才具有较强吸引力的机构。

20世纪80年代以来我国修建了许许多多新图书馆,上海图书馆是其中的一个。但上海图书馆新馆建成对中国图书馆事业的影响远远大于其他图书馆:①上海市将上海图书馆与上海科技情报所这两个隶属于不同部门的文献服务机构进行了大胆的合并,这一体制改革不但提高了公共图书馆的行政地位,使图书馆得到了更多的资金,同时来自情报机构的管理者也为图书馆的管理带来了新的管理理念与方法。而这些理念与方法,又通过图书馆之间的交流影响到了其他图书馆。②上海市为上海图书馆新馆配备了一个由本学科一流专家组成的馆领导班子。该馆领导了解并崇尚先进的图书馆管理方式与图书馆服务观念,善于从政府与社会方面寻求对图书馆的支持,使先进的管理方式与服务观念得以实施。更为重要的是,该馆领导结合图书馆改革研究图书馆学问题,不断发表高质量的论著,或在各种学术会议上与同行进行交流,宣传他们的理念与做法。这种宣传对我国图书馆事业改革与图书馆学研究产生了极大的影响。

第二节 图书馆学理论研究

一、"低谷"时期的图书馆学

20 世纪 80 年代后期,中国图书馆事业陷于"低谷"。图书馆事业的发展困境影响到理论工作者的心态,理论界出现了对科学的理论精神进行批评的声音。批评者的主要观点是:20 世纪 80 年代的图书馆学理论研究严重脱离了图书馆工作实际。他们认为理论界大量吸收国外图书馆学理论是"崇洋",追求理论的抽象与理性是"中看不中用"的"高位理论",探讨新的概念是玩名词游戏。这种批评从图书馆学基础理论领域开始,逐渐扩展到其他领域。例如《文献著录总则》是编目领域推行标准化和现代著录思想的结果,但也被批评为"理论脱离实践"。在大量批评面前,图书馆学理论研究人气低落。

进入 20 世纪 90 年代后,应用图书馆学领域新的成果还在不断出现。1990 年,《中图法》第三版问世。这一新版本充分吸收了《中图法》第二版以来图书分类与检索语言研究的新成果,采用了较多的图书分类新技术。由于这一分类法具有较强的理论性,它一出现便引起理论界高度关注。各学术刊物持续不断地刊载研究《中图法》第三版的文章,尽管大多数此类文章讨论《中图法》第三版的应用及类目、类号设置的问题,但也有一批文章深入到这部分类法所带来的分类检索语言问题。在整个理论较为低迷的情况下,《中图法》第三版的研究显得特别显眼。文献资源建设在当时也非常活跃,肖自力主持的全国文献资源调研与布局研究结束前后,以总报告《全国文献资源调查与合理布局》[1] 领衔的一批具有宏观研究或实证研究特征的成果相继发表。这批文章总体上质量较高，在 20 世纪 90 年代初比较显眼。

事业的困境对理论的影响也是巨大的，最直接的影响是人员的流失，如以刘迅为代表的一批优秀的青年理论家陆续离开了图书馆领域。北京大学图书馆学情报学系改名“信息管理系”不仅冲击了图书馆学教育，也严重冲击了图书馆学理论。由于图书馆面临的经济压力巨大，“有偿服务”的研究变成了直截了当的“创收”办法的讨论。随着时间的推移，《中图法》第三版研究、文献资源建设研究等热点也慢慢地冷了下来。

1990—1995 年间，基础理论领域缺少受人关注的成果，几乎所有值得一提的文献与事件都与回顾、总结过去理论发展，或对理论现状进行批评讨论有关。而这恰恰表明发展处于停滞。1991 年，中国图书馆学会基础理论组在庐山召开了一次图书馆学基础理论研讨会。这次会议与 1984 年“杭州会议”相隔数年，理论环境却发生了很大的变化，理论界对学科的认识由高度乐观变成了较为悲观，会议中也缺少了“杭州会议”时那种激烈的思想交锋。会后，《图书馆》刊出一篇《清理学科理论现状，规划学科发展未来——全国图书馆学基础理论研讨会速写》的文章，但这次会议至多对图书馆学基础理论起到了一些鼓舞士气的作用，并未真正涉及对学科的清理与规划。1995 年年初，《图书馆》发起纪念“杭州会议”十周年的讨论。讨论中虽然出现了一些新观点，但讨论中对“杭州会议”的怀念，表明理论仍未走出“低谷”。1993 年，范并思发表《从经验图书馆学到新型图书馆学》[2]，文章从图书馆学学科、理论特征、科学组织 3 个方面，全面分析了 20 世纪 80 年代中国图书馆学的变革，引起一定反响。但这种成果仍属于“回顾总结”类研究。

二、吴建中的一组“对话”

1996 年图书馆事业出现重大转折，但理论研究整体上却并不出色。包括图书馆学基础在内的许多传统领域仍在发表一些回顾总结类文章,一篇随想文章认为当时的图书馆学"缺少和谐的理论氛围""缺少优秀的理论大家""缺少科学的理论成果"。[3]对新信息技术的研究看似繁荣,但大多数文章停留在对某些概念的重复介绍,缺少理论创新。这时,吴建中与国内外图书馆学家的一组对话,打破了理论的平静。

吴建中生于上海,1978 年毕业于华东师范大学外语系,1982 年毕业于该校图书馆学系,获文学硕士学位。1982 年起,在上海图书馆工作。1988 年赴英留学,在威尔士大学学习图书馆学与情报学,1992 年获威尔士大学哲学博士学位。1992 年回国后在上海图书馆任职。吴建中的代表作有《21 世纪图书馆展望》《21 世纪图书馆新论》等。

吴建中考察过美、英、法、德、日、澳、加等世界上发达国家的著名图书馆,1995 年起,他通过电子邮件、传真等形式,与国际、国内图书馆专业带头人进行对话,与这些在图书馆界长期工作的专家、学者探讨对图书馆未来的想法和思考。对话整理成 14 个主题,从 1995 年起在《图书馆杂志》上以"关于图书馆未来的对话"为专题陆续发表。这组对话,有的从总体上探讨了图书馆的未来,有的从局部研究未来图书馆的一些非常重要的具体问题,由于它们观点新颖,论述深入,对话一经刊出,立即在理论界引起很大反响。随后,《图书馆杂志》在"对话"刊发过程中再附上国内专家学者对对话的读后感或评论,形成"百家争鸣"的热闹景象。这组对话及相关评论,后以《21 世纪图书馆展望》为名出版,成为吴建中的代表作之一。

这组对话的意义在于:①关注信息技术对图书馆学的影响。随着各种最先进的信息新技术迅速走进中国社会,中国传统信息机构和信息服务受到强大冲击。信息技术大规模进入中国图书馆事业,不可避免要导致图书馆学理论的变革。这种理论变革不单纯是在原有的理论框架增加一些信息技术的内容，而是会在理论框架变更的同时出现理论观和方法论的根本变革。吴建中与中外学者的这一组对话表明，中国图书馆学家不仅已经敏锐地感觉到了信息技术的迅速发展及其对图书馆服务的影响，而且也严肃地思考着信息技术发展导致的新的图书馆学理论问题。尽管吴建中的对话中没有构造体系，也没有重建学科理论体系的意图，但他们看到了"图书馆正经历着一场革命。在这场革命中，图书馆的每一个组成部分都在发生剧烈的变化"。他们并不是将"虚拟图书馆"仅仅当作孤立的概念来谈论，而是全方位地观察着图书馆事业本身与环境的变化，细致地思考着种种变化给理论界带来的新问题，并努力地以一种新的概念体系去分析问题。这种理论工作，正是当时的中国图书馆学最需要的。②与世界图书馆学高水平交流。中国图书馆学的新发展必须实现高水平的开放，将中国图书馆学理论真正融入世界图书馆学的理论体系中。没有达到这样一个境界，中国图书馆学的变革就没有完成。在"关于图书馆未来对话"中，吴建中是提问方，更是思想交流者。这种交流已经超出了将国外图书馆学译入和将中国图书馆学译出的简单交流范围，它是在正式交流场合进行的一种有规模的、高层次的中外学者的思想交流。这是理论界期盼已久的对话，是面临世纪之交的中国图书馆学变得更为开放的有力佐证。这组对话所表现出的中国新一代图书馆学家对世界图书馆学最新理论成果的理解和关注，以及观察问题的视野和思想深度，在一个世纪以来的中国图书馆学中是难以见到的。③博士研究生学术群体的崛起。随着中国图书馆学的深入发展，对研究者的知识结构提出了更高的要求，以吴建中的对话为标志，一个图书馆学博士学者群已经形成。中国图书馆学在1982年前后有一个活跃的本科生学术群体，1986年前后有一个活跃的硕士生学术群体，1996年前后，一批海外归国博士、国内培养博士以及在读博士开始活跃在图书馆学理论舞台上。他们的出现给当时的图书馆学带来了活力，并成为促进图书馆学理论研究再上台阶的动力。

三、黄纯元的图书馆学研究

黄纯元1983年毕业于华东师范大学图书馆学系，留校任教后研究图书馆学基础，辅助宓浩创立"知识交流论"，发表了一批有影响的学术论文。1988年到日本留学，1996年东京大学毕业，获教育学博士学位。1999年，黄纯元因病去世。

黄纯元从日本回国后继续研究图书馆学基础理论，并将理论视野更多地投向了西方图书馆学的新进展。在回国后的三年多时间里，黄纯元写下了十多篇论文，其中《寻求与社会科学的接点——读弗舍的〈信息社会〉》《政治经济学视角中的未来图书馆论——读哈里斯和翰奈的〈走向未来：后工业化时代的图书馆情报服务的基础〉》《变与不变之间——读伯克兰德的〈图书馆服务的再设计〉》《关于〈电子图书馆的神话〉》等论文都是研究当代西方图书馆学的论文，这批论文视野开阔，分析透彻，富有时代感。黄纯元的《论芝加哥学派（上、中、下）》则是我国理论界对"芝加哥学派"最完整的介绍和最全面的研究。自20世纪80年代初况能富等人研究介绍西方图书馆学以后，我国图书馆学基础理论界几乎中断了对西方图书馆学基础理论的系统性研究，理论界对谢拉以后的西方当代图书馆学基础理论的进展知之不多，对此前理论的了解也不全面，甚至有许多错误。即使有些学者在零星地研究西方图书馆学，但由于不能站到基础理论的高度系统地进行，研究很难深入。黄纯元这批论文的出现，大大提高了我国对西方当代图书馆学的研究水平。

除了研究西方图书馆学外，黄纯元在"知识交流论"研究方面也取得了新进展。"知识交流论"出现后，尽管一度研究者众多，但大多数研究望文生义，随意取舍其中论点，并没有真正深入到这一学说的精髓。黄纯元曾协助宓浩创立“知识交流论”，在日本学习期间，他结合西方当代图书馆学的“交流论”的学习与研究，经十年漫长的思考，于1998年底发表了《追问图书馆的本质——对知识交流论的再思考》。文章将“知识交流论”的实质理解为“一种关于图书馆的社会科学解释”，按照这种解释，“图书馆活动的本质应该是社会知识交流”。文章从宏观的角度解释了知识交流论的缘起，探讨了知识交流论的思想来源与学科背景。黄纯元第一次将宓浩的知识交流论放到世界当代图书馆学发展的大背景下予以深刻解析，分析了它的3个学术意义：“第一，知识交流论是积极运用图书馆学以外的知识资源来分析图书馆活动的一种探索”；“第二，知识交流论试图建立如何理解图书馆问题的一种‘中间理论’”；“第三，宓浩的研究工作对图书馆学基础理论研究具有重要的方法论启示”。最后，文章还根据世界当代图书馆学的发展趋势，分析了知识交流论的某些历史局限性，提出了“重构理论框架”这一知识交流论面临的新问题。[4]《追问图书馆的本质——对知识交流论的再思考》不是一篇纯粹意义上的学术论文（它带有纪念宓浩去世及《图书馆学原理》问世十周年的性质），但该文将史、论、方法完美结合，视野开阔，分析深入，完全可将它视为20世纪中国图书馆学最重要的学术论文之一。

黄纯元的这批论文代表了20世纪90年代我国图书馆学基础理论的最高水平。

四、《现代图书馆学理论》

1999年2月，徐引篪、霍国庆的《现代图书馆学理论》[5] 由北京图书馆出版社出版。该书是一部理论性很强的图书馆学基础理论专著，它的出现大大提高了我国图书馆学基础理论著作的水平。

徐引篪是上海人,1964 年从北京大学毕业,进入中国科学院文献情报中心工作,在该中心从事管理工作,并担任博士生导师。霍国庆是山西阳城人,1985 年从山西大学图书馆学系毕业,1988 年从武汉大学图书情报学院毕业,获硕士学位。后在山西大学任教,担任管理工作。1996 年霍国庆考入中国科学院文献情报中心读博士,1999 年毕业,获博士学位。《现代图书馆学理论》的许多内容是霍国庆攻读博士期间的成果。

《现代图书馆学理论》全书共分 8 章,内容涉及图书馆学研究对象及学科体系、西方和东方的图书馆学流派与学说论评、图书馆要素结构类型研究、图书馆类型的理论重组、人类需求的图书馆、信息市场中的图书馆、网络时代的图书馆等。书中对我国图书馆学理论研究做了比较系统的总结,全书内容丰富,资料充实,特别是外文资料的收集比较丰富,视野广阔,对主要概念都进行了比较系统的阐述,解释比较确切,对当代图书馆学理论研究中一些最基本的问题进行了较为深入的探讨。

《现代图书馆学理论》对近代图书馆学思想史再次进行了梳理,将图书馆学研究对象的认识过程分为 4 个阶段:①以施莱庭格、艾伯特、杜威、帕尼兹等为代表的"表象的具体的认识阶段";②以巴特勒、阮冈纳赞、杜定友等为代表的"整体的抽象的认识阶段";③以谢拉、丘巴梁、兰开斯特、黄宗忠、周文骏等为代表的"本质的规律的认识阶段";④以切尼克为代表的"深入的整合的认识阶段"。该书主张切尼克的"资源说",认为"图书馆学的研究对象是信息资源体系及其过程",对此命题进行了较为全面的论述,并依此命题构建了图书馆学的理论体系。

在讨论图书馆学流派时,该书纠正了刘迅提出并被许多教科书采用的"理念派"与"实用派"的说法。书中把西方图书馆学思想史划分为 6 个流派,对近两百年来有突出贡献的图书馆学先辈及其学术思想,如施莱廷格、爱德华兹、杜威、巴特勒、阮冈纳赞等进行了介绍和评述,对西方图书馆学思想给出了一个较为完整的轮廓。该书论述图书馆学理论史所依据的资料较为充分,研究水平明显超过了 20 世纪 80 年代的那批教科书。近年来该书被引率极高,与它的资料性水平较高有很直接的关系。

此外,该书较好地反映了图书馆学基础理论的时代性特征。它从"资源论"出发讨论图书馆的要素、矛盾、结构、功能,以变革的眼光看待公共图书馆的定位。人类需求的图书馆、信息市场中的图书馆、网络时代的图书馆等章节更是充满了时代感。如此全方位地讨论时代变革给图书馆事业和图书馆学带来的新问题,在图书馆学基础理论著作中是很难得一见的,作者在此表现出的理论勇气值得称道。

《现代图书馆学理论》的理论的体系并不十分完整,所论述的问题很多,但内容取舍标准似乎并不统一,不少论点也引起了理论界的一些讨论。但从总体看,它既不同于以往那些在教材中植入某些理论观点但仍以教学为目的的"专著式教材",也不同于那些貌似专著但缺乏自己理论观点的"教材式专著"。《现代图书馆学理论》是一部真正的学术专著,它是 20 世纪中国图书馆学史上罕见的以鲜明的学术观点贯穿始终的学术专著之一,同时也是 20 世纪中国图书馆学基础理论最后一部重要的学术专著。

第三节　数字图书馆和文献资源共享

20 世纪 70 年代后期开始的图书馆自动化研究,到 90 年代初仍在平衡地发展。随着国内图书馆计算机系统的逐步普及,图书馆自动化研究一度失去了前进的方向。当时的研究主要集中在介绍国外图书馆自动化,讨论中国图书馆自动化之必要性或图书馆自动化的发展前景上。也有一些对现实问题的研究,诸如自动化系统的开发、实践以及在图书馆自动化过程中遇见的问题并提出解决的办法。但是遗憾的是,关于自动化的研究大多数是集中在具体系统或者远大前景的描述上,并未出现可以作为一般规律的大作。

20 世纪 90 年代西方数字图书馆研发高潮,很快影响到我国图书馆界。1997 年起,研究数字图书馆的文献从一般性介绍逐步深入,并形成一个研究高潮。尽管在这一领域的创新研究并不多,汪冰的《电子图书馆理论与实践研究》仍值得人们关注。CALIS 既是我国数字图书馆的典范,又是文献资源共享的典范。中国数字图书馆工程的建设和百家图书馆发起"全国文献信息资源共建共享网络",更是使世纪末的中国图书馆事业站到了一个从未到达过的高点。

一、汪冰的《电子图书馆理论与实践研究》

1997 年年末,北京图书馆出版社出版了汪冰的《电子图书馆理论与实践研究》,这是国内第一本系统论述电子图书馆的学术专著,是一部理论和实践性很强的高水平的著作。该书共分 7 章,内容涉及电子图书馆及其相关概念、电子图书馆产生的思想基础和现实背景、电子图书馆试验及其经验分析、电子图书馆的理论模型和技术基础、电子图书馆对传统图书馆的影响、发展我国电子图书馆的对策,以及尚待解决的电子图书馆课题等。《电子图书馆理论与实践研究》不仅广泛考察了美国、日本、英国、法国、荷兰、澳大利亚、新加坡等国电子图书馆的实践经验和理论成果,而且对中国图书馆自动化、网络化及电子图书馆试验的现状及问题也做了全面的调查研究,取材丰富、新颖,资料翔实。该书出版后,理论界反响极大,李万健[6]、韩继章[7] 等大牌学术刊物主编均亲自撰写了书评。

该书的特点是:①内容系统。从数字图书馆概念解释到历史发展阐述,从数字图书馆特征、结构的描述到功能、技术的分析,从国外的实践到对中国建设的借鉴意义,从对传统图书馆理念、业务、服务的影响到图书馆人应当在这场数字化革命中承担的责任,作者给予了系统的、有重点有层次的论述。②对电子图书馆实践的研究具有广泛性和深入性。全面系统地总结了自20世纪80年代以来美国、日本、英国、法国、荷兰、澳大利亚、新加坡等国在电子图书馆方面的实验、技术开发活动等,分析了其中的成功经验,并在此基础上总结出了电子图书馆的五大基本特征、综合理论模型及内外部资源模型、电子图书馆的功能及技术基础等,可资中国数字图书馆建设借鉴。③理论联系实际。在国外成果经验的基础上,分析了中国发展电子图书馆的基础条件,包括政策环境、技术条件、资源环境及我国图书馆内部自动化和网络化水平等,将我国简单的数字图书馆实验同国外做了比较,分析差距,指明发展方向。④资料翔实丰富。书中共列出489种参考书目,这对数字图书馆的研究及学习者们,是一份相对完整的研究书目,其参考价值较大。[8]

同其他新领域的第一部专著一样,该书受到诸如信息技术开发程度等时代特征的限制,在具体的数字图书馆理论,如其组织、资源建设及管理、服务、人力资源的具体配置等具体问题涉足很少,对具体操作的指导意义有限。数字图书馆是一个发展极快的领域,1997年前后又正值数字图书馆发展最为迅速的时候,这种时刻产生的数字图书馆著作,一般很难有较强的生命力。但我们发现,《电子图书馆理论与实践研究》在其出版后被大量评论及广泛引用,这说明该书的质量很高,在我国数字图书馆论著中占有重要地位。

二、CALIS

CALIS,全称为 China Academic Library & Information System,中文名为中国高等教育文献保障系统,是经国务院批准的我国高等教育“211 工程”总体规划中两个公共服务体系之一。CALIS 是一个国家经费支持的中国高校图书馆联盟,管理中心设在北京大学图书馆。CALIS 的宗旨是:在教育部的领导下,把国家的投资、现代图书馆理念、先进的技术手段、高校丰富的文献资源和人力资源整合起来,建设以中国高等教育数字图书馆为核心的教育文献联合保障体系,实现信息资源共建、共知、共享,以发挥最大的社会效益和经济效益,为中国的高等教育服务。

CALIS 的理论源头,可以追溯到 1984 年肖自力对高校图书馆文献资源建设的思考。[9] 在经历了 20 世纪 90 年代初图书馆事业的困境后,李晓明进一步提出相关政策建议。[10] 当 1996 年中国图书馆事业走出困境,高校图书馆有能力从事大规模文献资源共建共享时,CALIS 的建设者们没有停留在原有理论基础上,而是很好地吸收了国外 20 世纪 90 年代“书目利用共同体”(Bibliographic Utility)的文献资源共享的基本思想。这是它取得成功的一个非常重要的理论因素。

“九五”期间,CALIS 项目管理中心联合各参建单位,建设了文理、工程、农学、医学 4 个全国文献信息中心,华东北、华东南、华中、华南、西北、西南、东北 7 个地区中心和一个东北地区国防信息中心,发展了 152 个高校成员馆,建立了一系列国内外文献数据库,包括联合目录数据库、中文现刊目次库等自建数据库和引进的国外数据库,采用独立自主开发与引用消化相结合的道路,开发了联机合作编目系统、联机公共检索目录(OPAC)系统、馆际互借与文献传递系统等,形成了较为完整的 CALIS

文献信息资源服务网络。在此基础上开展了公共目录查询、信息检索、馆际互借、文献传递、网络导航等网络化、数字化文献信息服务，对保障“211 工程”各高校的重点学科建设、培养高层次人才、支持科研创新等发挥了重要的作用。在“十五”期间，CALIS 将作为技术的组织者和标准的协调者，不断拓展图书馆新的服务和建立中国高等教育数字图书馆，为中国高等教育事业服务。“十五”期间 CALIS 将加强高校数字图书馆联盟的作用，组织全国高校图书馆，完善和利用 CALIS“九五”期间已建立的文献信息保障体系，加大数字资源建设力度，建设一批面向高等教育的特色数字资源，建成若干具有先进应用技术水平的数字图书馆基地，到 2005 年初步建成中国高等教育数字图书馆。为 100 所“211 工程”高校的科学研究和重点学科建设服务，为 400 所有研究生培养任务高校的高水平人才培养工作服务，为 1000 所全国普通高校的本科生教学服务。[11]

参与 CALIS 建设的主体是“九五”期间国家正式立项建设“211 工程”的 61 所高校，但又不限于这些学校，其他有条件（有校园网、有自动化集成系统、有相应的技术人员）的高校均可积极参与子项目的建设和共享 CALIS 的资源。这是因为，CALIS 是一个网络环境下的文献信息共享系统，其各项服务功能将在网上来实现。为了充分发挥 CALIS 的效益，即使一时尚不具备条件的学校，CALIS 也承诺采取一切可能的方式（包括邮递、传真）向他们提供所需的文献信息服务。同时，CALIS 也会面向社会提供文献信息服务。

CALIS 十分重视数据库的建设。认为这是资源共享的先决条件，也好比高速公路上运送货物。为此，在自建数据库和引进数据库方面投入了相当多的经费，并采取了成员馆合作共建、利益分享的办法。自建库包括联合目录数据库、特色数据库、论文数据库和现刊目次库。联合目录将收集所有成员馆的中外文文献机读数据和馆藏信息,用于编目、采购协调和馆际互借。[12]

CALIS并没有自称为数字图书馆,但它的确是我国数字图书馆建设进程中最重要的数字图书馆项目之一,是中国数字图书馆建设的典范。我国图书馆界在20世纪后期搞了许多数字图书馆项目,这些项目各有特色,但总体上看,CALIS是最为成功的一个项目。CALIS的文献资源共享理念与技术似乎是参照了美国的OCLC,它强调参与者共同建设并共享数据库,而管理体制却类似日本的NACSIS,即有国家主导的投资和行政性管理。CALIS没有走许多数字图书馆热衷的将印刷型文献数字化的道路,而是着眼于书目资源的规范化的共建共享,并建设高校拥有知识产权且有重要学术价值的学位论文等数据库。对于参与该项目的图书馆,CALIS大大提高了他们的文献工作的水平与效率,提升了它们的文献服务能力,促进了这数十所图书馆的现代化建设。对于广大读者,它所建立的各种数据库使读者在不增加经济负担的前提下大大提高了他们可获取文献信息的能力。

三、中国数字图书馆工程

中国数字图书馆工程是一项在全国范围实施的、跨部门、跨行业、由超大规模高新技术组成的信息资源系统工程,涉及信息资源采集加工、储存、检索、传输和利用的全过程。其总体目标为:实现中国数字图书馆的总体架构,在因特网上形成超大规模的、高质量的信息资源群,并通过国家高速宽带网向全国及全球提供服务,以现代信息技术把中国五千年辉煌灿烂的文化成果恰当地表现出来并有效地传播出去,使之以信息形态进入知识创新和经济建设的循环,向全世界展示,为全人类所共享。中国数字图书馆工程主持单位为文化部,工程管理机构设在国家图书馆。

1996年5月,国家图书馆(时称北京图书馆)提出了中国试验型数字式图书馆项目,并于1997年获得批准立项,成为国家重点科技项目。项目实施期限为1997年7月至1999年12月。项目以北京图书馆(国家图书馆)为组长单位,有上海图书馆、深圳图书馆、广东省立中山图书馆、辽宁省图书馆、南京图书馆等参加。该项目在数字信息资源库设计、专用软件工具和检索标准化等方面取得了宝贵的初步成果,为实施中国数字图书馆工程展开了基础性工作。

1998年6—7月,国家图书馆组织"中国数字图书馆工程"立项报告起草小组;1998年7月20日,国家图书馆向文化部提交实施"中国数字图书馆工程"的立项报告,得到文化部领导的高度重视和有关专家院士的肯定。

1998年10月2日,国务院副总理李岚清视察国家图书馆,指出"未来图书馆的模式,就是数字图书馆","数字图书馆是没有围墙的图书馆,但有围墙的图书馆是没有围墙图书馆的中心",并指出,北京图书馆的"二期工程要结合数字图书馆去研究"。

2000年3月起,在文化部的召集下,组建了由中宣部出版局、国家计委社会发展司等21个相关部门组成的"中国数字图书馆工程建设联席会议",宏观规划、协调和领导中国数字图书馆工程建设。文化部作为联席会议的召集单位,由艾青春副部长总体负责此项工作。"联席会议"的办公室设在国家图书馆,对外称"中国数字图书馆工程建设管理中心"。同时,组建由中国科学院院士胡启恒、李国杰为首席专家的"中国数字图书馆工程专家顾问委员会",对工程提供咨询与指导。专家顾问委员会下设专家工作组,作为该委员会的工作班子。这次"联席会议"的召开,标志着中国数字图书馆工程经历几年的筹备,进入了有规划、有组织、科学有序的实质性操作阶段。

中国数字图书馆工程旨在建设超大规模的优质中文信息资源库群,并通过国家高速宽带网向全国及全球提供服务,最终形成世界上最全面、最系统的网上中文信息基地和服务中心,计划用十年完成,其总体技术水平与国际接轨。工程的建设原则是:统一规划、统一技术标准、统一运行规则;联合建设,实现资源共享;利用国家现有的公用网络,防止重复建设。[13]

四、文献资源共享

文献资源共享在我国一直是一个非常受关注的课题。但在20世纪90年代初"全国文献资源调研与合理布局"系列报告发表后,理论研究基本处于停顿。而在当时的事业"低谷",文献资源共享活动也难以展开。

1996年中国图书馆学事业走出低谷后,文献资源共建共享活动开始实质性的启动。1997年开始建设的"中国高等教育文献保障系统"(即CALIS),在系统建设理念上,既有我国文献资源建设专家自20世纪80年代起一直在进行研究的"合作藏书"的共建共享理论,又充分吸收了国外20世纪90年代"书目利用共同体"的先进思想,它不但充分发挥计算机网络系统和书目数据库在文献资源共享中的重要作用,而且还将"自愿参加、互利互惠"的思想付诸实施,彻底改变了"法明顿计划"的传统思路。

1998年,上海地区文献资源共享协作网与华东师范大学信息学系联合进行文献信息资源共享研究,产生了一份研究报告——《上海地区文献信息资源共享问题研究》,它的部分内容1999年在《图书馆杂志》连载。该报告明确主张用新的文献资源共享理论指导我国文献资源共享活动,在确立网络化、数字化环境下的文献信息资源共享的目标时,应该以文献信息资源的可获知能力(accessibility)和文献信息资源的可获得能力(availability)取代原有文献保障率,并通过文献资源体系(holding)、书目信息存取体系(bibliographic access)和文献传送体系(document delivery services)构成一个完善的文献信息资源共享体系。[14]

1999年1月14至15日,由北京图书馆发起并主办的全国文献信息资源共建共享协作会议在北京召开,文化部部长、国务院副秘书长等参加了会议,来自全国公共图书馆、高校图书馆、党校图书馆、国家行政机关图书馆、情报信息院(所)以及军事院校和科研院(所)等系统105个图书情报单位的近200位代表参加会议。会议传达学习了江泽民1998年12月视察北京图书馆的讲话,李岚清1998年10月视察北京图书馆的讲话以及关于"图书馆信息资源共享"的两次批示。以此为推动力,达成了关于开展全国文献信息资源共建共享的共识。会上签署了由124个图书情报单位共同发起的《全国文献信息资源共建共享倡议书》。会议认为图书情报界应迅速行动起来,为实现文献信息资源共建共享做出我们的贡献。

五、评论

与西方国家的情况一样,数字图书馆研究和文献资源共享对我国图书馆事业的发展也产生了重大的影响。尽管从技术上看,我国的数字图书馆研究更多的是他人先进思想的学习与已有技术的应用,并没有多少真正的创新。我国文献资源共享也基本是走西方国家的道路。但我国的数字图书馆研发高潮和大规模文献资源共建共享活动却是意义非凡。1996年后中国图书馆事业与图书馆学理论研究的一浪高过一浪的发展热潮,与数字图书馆研究和文献资源共享活动有非常密切的关系。

数字图书馆的大规模研究与开发,为中国图书馆事业带来了大量的研究项目与资金。在实际中,国家级的数字图书馆重大项目经费超亿、省市级的数字图书馆项目经费超千万已很常见。而这种经费额在以往的图书馆活动中是不可想象的。

数字图书馆也带来了图书馆界的协作。在高校系统、部属文献情报系统、中科院系统等系统的数字图书馆建设过程中,都建立起了真正可为图书馆带来效益的图书馆协作。以往讲了多年而无法真正付诸实施的图书馆网,在数字图书馆建设中很快成为现实。

开展数字图书馆技术研究与开发过程中,国家有关部门也将其列入国家社会科学规划或行业规划中,国内不少单位和个人也相继发展了数字图书馆软课题的研究,至2000年止已发表数百篇论文和报告。研究内容既有对国内外数字图书馆的进展情况的介绍,也有对图书馆建设中的各种问题的讨论;既有对数字图书馆的概念、体系结构、功能等的研究,也有应用系统的设计方案或设计理念的探讨;既讨论数字图书馆对图书馆工作的影响,也讨论建设数字图书馆过程中所涉及的社会、经济、法律、图书馆学教育等问题。数字图书馆的研究涉及文献资源建设、文献分类编目、读者服务、图书馆管理等图书馆学各种领域,也成为图书馆学基础理论研究者最关注的问题。总之,在20世纪的图书馆学中,还没有一个概念能像数字图书馆一样,对理论产生如此巨大的影响。

1998年提出立项申请的"中国数字图书馆工程",是20世纪中国图书馆界实施的规模最大的一项图书馆工程,也是一项跨世纪工程。这项工程的立项,将改变中国图书馆事业的整体面貌。1999年的全国文献信息资源共建共享协作会议和《全国文献信息资源共建共享倡议书》,是1957年《全国图书协调方案》实施后,中国图书馆界规模最大的图书馆协作活动。上述数字图书馆建设和文献资源共享活动,极大地扩大了图书馆活动的社会影响,鼓舞了图书馆界的士气,为图书馆事业的发展带来了更多的资源。因此,它们的影响范围已远远超出自身的应用图书馆学领域，而且对图书馆事业的整体发展产生了重大影响。20 世纪末中国图书馆学界的数字图书馆研发高潮和文献资源共享的理论与实践的新突破，可以看成中国图书馆学理论现代化的标志。

引用文献：

1. 肖自力等. 全国文献资源调查与合理布局[J]. 图书馆学通讯，1990(4)：4—11
2. 范并思. 从经验图书馆学到新型图书馆学[J]. 中国图书馆学报，1993(2)：3—10
3. 文丰. 图书馆学基础理论研究随想[J]. 图书馆，1996(5)：46—47
4. 黄纯元. 追问图书馆的本质——对知识交流论的再思考[C]//黄纯元图书馆学情报学论文集. 上海：上海科学技术文献出版社，2001：171—187
5. 徐引篪，霍国庆. 现代图书馆学理论[M]. 北京：北京图书馆出版社(今国家图书馆出版社)，1999
6. 李万健. 关于电子图书馆问题的全面探讨——评汪冰博士《电子图书馆理论与实践研究》[J]. 中国图书馆学报，1998(5)：69
7. 韩继章. 一个新的学术群落——博士：汪冰与其新著《电子图书馆理论与实践研究》[J]. 图书馆，1998(5)：49—50
8. 张敏勤等. 已出版的七部数字图书馆著作述评[J]. 大学图书馆学报，2002(4)：79—83
9. 肖自力. 我国文献资源建设和高校图书馆的使命[J]. 大学图书馆通讯，1984(6)：3—14
10. 李晓明. 高校图书馆文献资源建设现状及几点建议[J]. 大学图书馆学报，1993(5)：1—3
11. http://www. calis. edu. cn/calis_index. asp? fid = 2% 20&class = 1
12. 戴龙基. 关于 CALIS 的建设现状[J]. 河北科技图苑，1999(4)：19—20
13. http://www. nlc. gov. cn/shuzi/forum2. htm
14. 范并思. 文献信息资源共享理论的新视野——兼评《上海地区文献信息资源共享问题研究》[J]. 情报资料工作，1999(4)：1—3

第三部分

课题说明

第十一章　研究过程、方法与结果

第一节　研究过程与方法

本课题是教育部人文社会科学"十五"规划课题，课题名称为《20 世纪的图书馆学：重要文献、人物、流派的德尔斐法测评》，立项编号为 01JA870005。课题立题时间为 2001 年 12 月，计划完成时间为 2004 年 10 月，实际完成时间为 2004 年 3 月。

本课题的基本方法为：①从图书馆学基础理论的角度对 20 世纪图书馆学进行系统的梳理，通过文献调研、信息检索、引文分析与内容分析，搜集与筛选国外国内图书馆学重要文献、人物、事件的资料。②采用 E-德尔斐法方法进行测评。选择专家，通过网页和 E-mail 进行多轮反馈的专家调查，对前期整理出的文献、人物、事件进行测评。③研究以重要文献、人物和事件为主要线索的 20 世纪图书馆学学术史，研究这些文献、人物与学术流派在 20 世纪图书馆学思想史中的贡献与地位，整理以入选文献、人物、事件为主线索的学术史。

按照计划，本课题的核心研究内容分为 3 个阶段：

一、搜集与筛选图书馆学重要文献、人物、事件的资料

2002 年 1 月到 6 月，我们如期完成对图书馆学的内容分析与引文分析。

我们获取数据的基本理念是：对 20 世纪图书馆产生了重要影响的文献、人物、事件，应该被记录入反映图书馆总体的图书馆学工具书（如百科全书、手册、词典）或图书馆学基础/概论类教材专著等信息源中。基于这一认识，本课题组对上述信息源进行了系统的标引，即选定中文图书馆学基础类专著、教科书，以及综合类图书馆学工具书共 28 种（见附录 1），对信息源中所涉及的属于 20 世纪的文献、人物、事件进行编码标引（编码表见附录 2，编码规则见附录 3），得到标引记录 2280 多条，然后根据信息源的权威性、信息源中对该文献、人物、事件评价的重要程度及篇幅进行加权统计（加权指标及计算公式见附录 4），统计得分排名靠前者入选。

由于工具书及教科书具有一定的滞后性，目前已有工具书及教科书不能很好反映 20 世纪 80 年代中后期至 20 世纪末的情况。为此我们做了两项补充统计：①对我国部分核心期刊中图书馆学基础/概论类学术论文进行引文分析，以补充中国图书馆学文献、人物。具体操作为：通过《全国报刊索引》选定入选“方阵”的期刊，时间从 1991 年到 2000 年，类目为 G25 或 G250 的全部论文，对其进行引文标引。共得到引文记录 3000 多条；②对国内外书评、综述性文献进行内容分析，其结果补充国外图书馆学文献、人物、事件及中国图书馆学事件。

考虑到不同年代学术高潮与低潮的起伏，在基本平衡各年代入选项目的基础上，对学术活跃的年代适当增加了入选项数。通过定量方法筛选出 20 世纪重要文献、人物、事件，共计国外文献 64 篇，中国文献 69 篇，国外人物 81 名，中国人物 80 名，国外事件 64 项，中国事件 70 项（见下节）。

二、E-德尔斐法专家调查

2000 年 4 月到 10 月，我们如期完成了德尔斐法专家测评。

包括完成了选择测评专家,通过网页和 E-mail 进行多轮反馈的专家调查;整理专家调查结果,筛选出国内外图书馆学最重要的文献、人物、事件等工作。

我们向德尔斐专家候选人发出邀请。候选人包括:①中国图书馆学会第四、五届学术委员会图书馆学基础理论组全体成员;②中国图书馆学会第五届学术委员会中具有博士学位的成员;③具有海外图书馆学博士学位人员。共有 22 名专家愿意参加德尔斐专家测评组。然后,我们将内容分析与引文分析所得到的文献、人物、事件按时间顺序排列成表,用电子邮件寄送专家,由专家进行匿名测评。收到测评结果后,将专家测评结果统计加权汇总,并加入专家建议增加的文献、人物、事件,形成新的调查表,反馈至专家再次匿名测评(第一、二轮专家调查表说明及样式见附录 5)。经统计加权汇总得到最后结果。

在进行德尔斐专家测评的同时,我们在上海图书馆网络部的支持下,将筛选出来的文献、人物、事件制作成网页,进行网上德尔斐调查(网址:Http://review. library. sh. cn)。网上德尔斐调查不同于传统的德尔斐调查,它淡化了“专家”的含义,并且每一次“投票”都产生新一轮反馈结果。因为在理论上这种新型的德尔斐法并未得到认可,我们的网上调查仅仅是试验性的,结果没有纳入最后的理论分析。

三、资料收集与研究

上述研究的基础上,通过资料调研与理论分析,研究以重要文献、人物和事件为主要线索的 20 世纪图书馆学理论史,研究入选文献、人物与事件在 20 世纪图书馆学理论史中的贡献与地位,编写以入选文献、人物、事件为主线索的学术史。

在原计划中,我们将以国内现有文献为主,整理以入选文献、人物、事件为主线索的学术史。这应该不是一个难度很大的工作。但进入研究后我们才发现，现有国内工具书、教科书与学术专著中对西方图书馆学的阐述，存在着太多的缺失、谬误与偏见。包括：

- 一些重要的图书馆学思想被严重忽略了，例如公共图书馆精神。西方图书馆学的基本理念的演变，几乎离不开公共图书馆精神的发展与变革。但是我国图书馆学对西方图书馆史的介绍，几乎完全不提及公共图书馆精神。20 世纪公共图书馆的最重要文献是 1949 年通过的《联合国教科文组织公共图书馆宣言》，但我国没有任何一篇文献对该版本有较为详细的介绍。而奠定了这一宣言基本思想的重要文献是 1947 年美国图书馆学会发表的 S. H. Ditzion 的著名专著《民主文化的武器库》，甚至没有任何一篇国内文献提及过它。
- 一些学术评论存在偏差，例如芝加哥学派的评价。芝加哥学派是国内图书馆学基础论著经常提及的一个学术群体，直到 1997 年黄纯元发表《论芝加哥学派》，国内才有了对这一学派的较为全面的介绍。但是，对这一学派在美国图书馆发展史上的消极的方面，即由于它对图书馆技术的排斥，导致图书馆学分裂的事实，仍没有文献论及。
- 应用图书馆学的新进展没有进入图书馆学基础理论领域。20 世纪 80 年代以后，应用图书馆产生了许多重大突破，例如联机编目、文献资源共享的新模式、数字图书馆研发高潮，等等，而它们对图书馆学的理论观念产生的影响，却未能在我国的图书馆学基础理论中有很充分的考虑。

因此，在研究中，一方面我们要按课题要求，以德尔斐测评结果为依据，整理现有资料，书写能完整反映 20 世纪图书馆学发展的图书馆学史论；另一方面，我们又要对以往被我国图书馆学忽略了的问题进行研究，以新的文献调研结果补充20世纪的图书馆学史。所以，尽管最后形成的课题研究结果是以信息分析结果为基本框架形成的，但内容的取舍与评价则有了更多定性研究的成分。

第二节　调研结果

本课题研究结果包括两份清单，一份清单为内容分析与引文分析的结果，它反映了课题组对图书馆学基础理论信息源进行内容分析与引文分析后得出的“20世纪重要文献、人物、事件”。我们将这一结果公布在后面，供有志深入研究20世纪图书馆学的学者参考。另一份为专家对前一清单进行多轮匿名测评的结果。因为专家测评结果包含了专家个人对于各种文献与人物评价，属于德尔斐法中不可以公开的信息，因而此处不便公开。

一、国外文献

文献名称	作者(国别)	年代
图书馆管理法	田中稻成(日)	1900
图书的管理	克拉克(英)	1900
图书馆学手册	格雷泽尔(德)	1902
图书馆管理手册	布朗	1903
书林概论	鲁巴金(苏)	1906
读者心理学探讨	鲁巴金(苏)	1910

续表

文献名称	作者(国别)	年代
对于国民教育能够做些什么	列宁(苏)	1913
关于自学教育问题致读者的信	鲁巴金(苏)	1913
通俗图书馆经营	田中稻成(日)	1914
图书馆小识	田中稻成(日)	1915
教育与图书馆	田中稻成(日)	1917
图书馆工作训练(即所谓威廉森报告)	威廉森(美)	1923
图书馆史	黑塞尔(德)	1925
图书馆经营的理论与实践	今泽慈海(日)	1926
图书分类的理论原则	卫藤利夫(日)	1926
分类法手册	塞耶斯(英)	1926
关于公共图书馆的报告	凯尼恩委员会(英)	1927
学科的组织与科学体系	布里斯(英)	1929
科学管理与大学图书馆	科尼(美)	1930
图书馆学五定律	阮岗纳赞(印)	1931
图书馆学导论	巴特勒(美)	1933
冒号分类法	阮岗纳赞(印)	1933
论图书馆事业	克鲁普斯卡娅(前苏)	1934
对图书馆问题的调查	韦普尔斯(美)	1939
图书馆的参考职能	巴特勒(美)	1943
图书馆人员的管理	马丁(美)	1947
公共图书馆宣言	联合国教科文组织	1949
公共图书馆的基础	谢拉(美)	1949

续表

文献名称	作者(国别)	年代
公共图书馆与政治作用	加库	1949
图书馆学的基础问题	藤林忠(日)	1951
关于图书馆学原理的考察	黑田正典(日)	1953
图书馆社会学	卡尔斯泰特(德)	1954
图书馆学的展开	大佐三四五(日)	1954
比较图书馆学概论	戴恩	1954
编目规则与原理	柳别茨基	1955
普通图书馆学	丘巴梁(前苏)	1960
自动化与国会图书馆	美国国会图书馆外勤小组	1963
未来的图书馆	利克利德(美)	1965
图书馆工作的科学管理	多蒂尔和海因里兹	1966
图书馆展望	基尔戈(美)	1969
图书馆学的社会学基础	谢拉(美)	1971
图书馆学引论	谢拉(美)	1976
作为通讯系统的图书馆	奥尔(美)	1977
图书馆管理	斯图亚特和伊斯特利克(美)	1977
现代图书馆管理	希克斯和蒂林(美)	1977
图书馆服务的测量与评价	兰卡斯特(美)	1977
新图书馆学概论	椎名六郎(日)	1981
图书馆学序说	加藤一英(日)	1982
大学卫生科学中心学术情报:图书馆在情报管理中的作用	马西森和库珀(美)	1982

续表

文献名称	作者(国别)	年代
比较图书馆学概论	丹顿	1985
图书馆的组织与管理	弗鲁明(苏)	1985
图书馆评价	兰卡斯特(美)	1988
存取对拥有:图书馆职能的改变	泰克逊(美)	1991
图书馆服务的再设计:宣言	伯克兰德(美)	1992
存取对拥有:神话还是现实	郝德雷(美)	1993
走向未来:后工业时代的图书馆情报服务的基础	哈里斯和翰奈(美)	1993
未来的图书馆:梦想、疯狂与现实	克劳福德和戈尔曼(美)	1995
数字图书馆——技术、组织、经济和法律问题探讨	阿蒙斯(美)	2000
从古腾堡到全球信息基础设施:网络世界中信息的获取	波格曼(美)	2000

二、国内文献

文献名称	作者(国别)	年代
图书馆(编译)	孙毓修	1909
图书馆小识	北京通讯教育研究会	1917
图书馆指南	顾实	1918
图书馆学	杨昭悊	1923
图书馆通论	杜定友	1925
图书分类法	杜定友	1925
图书馆组织与管理	洪有丰	1926

续表

文献名称	作者(国别)	年代
图书馆学概论	杜定友	1927
图书馆管理法上之新观点	杜定友	1932
图书馆学要旨	刘国钧	1934
比较图书馆学	程伯群	1935
图书馆学能成一独立的科学吗	李景新	1935
图书馆学通论	俞爽迷	1936
图书学大辞典	卢震京	1940
图书馆学讲义	钱亚新	1945
图书馆学通论	俞爽迷	1947
图书馆要旨	刘国钧	1949
图书馆要为科学家服务	陶孟和	1956
什么是图书馆学	刘国钧	1957
编制联合目录的几个基本问题	邓衍林	1957
论联合目录	毛坤	1957
社会主义图书馆学概论	北京文化学院	1959
图书馆学引论	北大、武大、文化学院	1961
读者工作	北大、武大、文化学院	1961
图书馆藏书与目录	杜定友	1961
试谈图书馆的藏与用	黄宗忠	1962
图书分类法的路向	杜定友	1962
主题法与分类法	丘峰	1974
马尔克计划简介——兼论图书馆引进电子计算机问题	刘国均	1975

续表

文献名称	作者(国别)	年代
用电子计算机编制图书目录的几个问题	刘国均	1977
图书馆工作的传递作用、体系和发展	周文骏	1979
国外的国家图书馆	鲍振西和李哲民	1979
图书馆学基础	北大、武大合编	1981
论藏书结构	肖自力	1981
关于开展“知识学”的研究的建议	彭修义	1981
概论图书馆学	周文骏	1983
西方图书馆学流派及其影响	刘迅	1983
情报检索语言	张琪玉	1984
文献计量学	邱均平	1984
图书馆学概论	吴慰慈和邵巍	1985
应该转变图书馆研究的方向	张晓林	1985
图书情报学方法论	王崇德	1985
理论图书馆学教程	南开等十院校	1986
文献交流引论	周文骏	1986
藏书建设与读者工作	沈继武等	1987
图书馆学导论	黄宗忠	1988
图书馆学原理	宓浩	1988
西方图书馆史	杨威理	1988
宏观图书馆学	陈源蒸	1989
从经验图书馆学到新型图书馆学	范并思	1993

续表

文献名称	作者(国别)	年代
新信息产业中的图书馆	姜继和伍新生	1994
我国图书馆学情报学教育及其问题	董小英	1996
论数字图书馆	张晓娟	1996
论21世纪的图书馆	黄宗忠	1996
电子图书馆理论与实践	汪冰	1997
关于“图书馆哲学”的思考	吕斌和李国秋	1997
论21世纪的虚拟图书馆与传统图书馆	黄宗忠	1998
新世纪我国图书馆学研究的展望	林海青	1998
网络化趋势与图书馆	程亚男	1998
发展中国图书馆学需要着力解决的三个问题	杨元生	1998
图书馆学研究对象的认识过程:兼论资源说	徐引篪和霍国庆	1998
现代图书馆学理论	徐引篪和霍国庆	1999

三、国外人物

人物	活跃年代	主要活动领域或贡献
杜威,M.(美)	—1906	分类法,图书馆教育等
克拉克,约翰·威利斯.(英)	1900	图书的管理
布朗,J. D.(英)	—1914	图书馆管理,分类法
奥特勒,P.(比利时)	—1944	国际文献联合会,编制 UDC
拉封丹(奥地利)	1905	国际文献联合会,编制 UDC

续表

人物	活跃年代	主要活动领域或贡献
达纳,J. C.(美)	—1911	建立专业图书馆协会
鲁巴金,H. A.(苏)	1911—30	目录学
克罗格,A. B.(美)	1902	参考工作
格雷泽尔,A.(德)	1902	图书馆学
埃利奥特,C. W.(美)	1902	藏书建设
詹姆斯(英)	1903	妇女从事图书馆职业
田中稻成(日)	1915	图书馆基础
塞耶斯,W. C. B.(英)	1915—47	公共、儿童图书馆管理,分类理论
黑塞尔,A.(德)	1925	图书馆史
今泽慈海(日)	1926	图书馆经营的理论与实践
卫藤利夫(日)	1926	图书分类的理论原则
Works,G. A.(美)	1928—32	图书馆教育(办芝加哥大学GLS)
韦普尔斯,D.(美)	1932—42	图书馆理论(芝加哥学派)
莫尔贝希(丹麦)	1929	公共图书馆
Minto,J.(英)	1929	参考工具书
阮冈纳赞,S. R.(印)	1924—65	图书馆学理论、图书馆管理、分类法
格里夫(荷兰)	1931	Hague scheme(海牙分类体制)
巴特勒,P.(美)	1933—43	图书馆学理论
布利斯,H. E.(美)	1910—53	图书分类

续表

人物	活跃年代	主要活动领域或贡献
肖,R.(美)	1932—72	图书馆管理(设计对图书馆的评估方式),教育
比尔斯,A.(美)	1942	传播学与公共图书馆
麦克唐纳,S.(美)	1943	图书馆建筑(模数式设计)
里德,F.(美)	1944	建议使用缩微卡片
布西,V.(美)	1945	计算机应用
谢拉,J. H.(美)	1940—72	图书馆学理论,文献学理论与管理
加库,A.	1949	表达公共图书馆信念
泰利特,H. E.(美)	1950	计算机情报检索试验
黑田正典(日)	1953	图书馆学理论
陶布,M.(美)	1953	图书馆技术服务(倡导自然语言法运动)
柳别茨基,S.(美)	1953	编目规则和原则
大佐三四五(日)	1954	图书馆学的展开
卡尔斯泰特(德)	1954	图书馆学理论(图书馆社会学)
戴恩,C.	1954	比较图书馆学
丘巴梁,S.(前苏)	1956	图书馆学理论(社会主义图书馆学)
King,G. W.(美国)	1963	King Report(金氏报告)
卡普兰(美)	1964	符号的时代
利克利德,J. C. R.(美)	1965	未来的图书馆
多蒂尔,M. 和海因里兹,J.	1966	图书馆工作的科学管理

续表

人物	活跃年代	主要活动领域或贡献
莫尔兹(美)	1966	读者服务(批评"需求论")
椎名六郎(日)	1967	图书馆学理论
兰卡斯特,W.(美)	1968—99	图书馆理论,图书馆服务
萨里费(纳瑟)	1968	比较图书馆学
里斯和萨拉塞维克(美)	1968	情报学教育及其同图书馆学的关系
福斯克特,J.(美)	1970	文献工作
富斯勒,H.(美)	1973	研究图书馆与技术
米勒,K.(美)	1973	社区研究图书馆的网络
乔伊斯,C.(美)	1975	国家政策和图书馆计算机网络
石冢正成(日本)	1975	图书馆通论
Chirstian,R. W.	1975	电子图书馆
米哈依诺夫(前苏)	1976	科学交流与情报学
阿尔森(英)	1976	藏书稳定状态理论
肯普,D. K.(美)	1976	知识理论
奥尔,J. M.(美)	1977	作为通讯系统的图书馆
斯图亚特(美)	1977	图书馆管理
武田虎之助(日本)	1976	图书馆学概论
希克斯,B. 和蒂林,M.(美)	1977	现代图书馆管理
鲁福明,M.(苏)	1980	图书馆的组织与管理
丹顿,P.	1980	比较图书馆学
Harley(美)	1980	虚拟图书馆

续表

人物	活跃年代	主要活动领域或贡献
椎名六郎(日)	1981	图书馆学理论
切尼克	1982	图书馆服务导论(资源说)
加藤一英(日)	1982	图书馆学序说
韦尔什,W.(美)	1984	图书馆管理的变化——规划与未来
多林(美)	1984	电子图书馆
伯克兰德(美)	1992	图书馆服务的再设计
Everett,D.(美)	1993	文献传递
Hoadley,I. B.(美)	1993	文献存取理论
克劳福德和戈尔曼(美)	1995	未来图书馆
哈里斯和翰奈(美)	1998	后工业社会的图书馆服务
阿蒙斯,W. Y.(美)	2000	数字图书馆

四、国内人物

人物	活跃年代	主要活动领域或贡献
徐树兰	1902—04	办古越藏书楼
孙毓修	1909	编译《图书馆》
谢荫昌	1910	翻译日本的图书馆教育
沈祖荣	1910—50 年代	图书馆事业、教育、分类法
胡庆生	1917	编制仿杜威分类法
顾实	1918	《图书馆指南》

续表

人物	活跃年代	主要活动领域或贡献
植松安	1917	教育与图书馆
韦棣华	1920	图书馆事业、教育
刘承幹	1920—51	办嘉业堂
应修人	1921—29	办上海通信图书馆
杜定友	1921—53	图书馆学理论、教育、分类法
杨昭悊	1923	图书馆学理论
戴志骞	1923	图书馆学理论
洪有丰	1924—26	图书分类法、图书馆管理
王云五	1926	图书分类
李小缘	1927	图书馆学理论
沈学植	1928	图书馆学理论
陶述先	1929	图书馆学理论
刘国钧	1929—79	图书馆学理论、分类法、编目
皮高品	1934—90	图书分类法
程伯群	1935	比较图书馆学
李景新	1935	图书馆学理论
俞爽迷	1936	图书馆学理论
蒋元卿	1937	图书分类理论
喻友信	1937	图书馆学理论
卢震京	1940—58	编图书馆学工具书
钱亚新	1930—80 年代	图书馆学理论
程长源	1950	图书标引

续表

人物	活跃年代	主要活动领域或贡献
陶孟和	1956	图书馆学理论
邓衍林	1957	联合目录
冯秉文	1958	图书馆书目
黄宗忠	1962—90 年代	图书馆学理论、图书馆管理
丁珂	1963	索引学
丘峰	1974—90 年代	主题法与分类法
杜克	1979	图书馆网
鲍振西和李哲民	1979	国家图书馆
周文骏	1979—90 年代	图书馆工作,图书馆学理论
肖自力	20 世纪 80 年代	文献资源建设
白国应	1980—	图书分类
侯汉清	1981—	图书分类,检索语言
沈迪飞和余光镇	1982	计算机在图书馆应用
辛希孟	1982	图书馆工作,图书馆学理论
孟广均	1982	图书馆工作,图书馆学理论
刘迅	1980 年代	图书馆学埋论
陈光祚	1980—90 年代	文献检索,电子图书馆
张琪玉	1980—90 年代	检索语言
王振鹄	1984	图书馆学理论
吴慰慈	1985—90 年代	图书馆学理论
宓浩	1983—88	图书馆学理论(知识交流论)
黄纯元	1983—99	图书馆学理论
王崇德	1995—90	图书馆学方法,统计分析

续表

人物	活跃年代	主要活动领域或贡献
陈源蒸	1988	宏观图书馆学
彭修义	1981—90年代	图书馆学基础(知识学)
张晓林	1985—90年代	图书馆学理论,数字图书馆
范并思	1986—90年代	图书馆学评论
杨威理	1988	西方图书馆史
马恒通	1988—90年代	图书馆学理论(前科学)
蒋永福	90年代	图书馆学理论
杨宗英	90年代	电子图书馆
吴建中	90年代	21世纪图书馆,数字图书馆
汪冰	90年代	电子图书馆
霍国庆	90年代	图书馆学理论
徐引篪	90年代	图书馆学理论
董小英	90年代	知识管理

五、国外事件

领域	事件	发生年代
公共图书馆	卡内基基金会大规模赞助美国公共图书馆建设	1900—04
图书分类	UDC陆续出版	1905—27
集中编目	美国国会图书馆向其他图书馆出售印刷目录卡片	1901
文献资源共享	美国国会图书馆开始图书馆馆际互借服务	1901

续表

领域	事件	发生年代
图书分类	布朗研制主题分类法	1906
图书馆事业	第一个专门图书馆协会——美国专门图书馆协会成立	1909
国际活动	国际图书馆员会议召开	1910
图书馆事业	美国图书馆学校协会组成	1914
文献资源共享	ALA 颁布图书馆馆际互借规则	1917
国际活动	国际联盟图书馆(伦敦)成立	1919
图书馆法	苏联颁布人民委员会关于集中管理图书馆事业的命令	1920
图书馆事业	英国专门图书馆和情报机构协会(Aslib)成立	1924
图书馆教育	芝加哥大学图书馆学院首次设立图书馆学博士学位课程	1926
国际活动	国际图书馆协会联合会(IFLA)成立	1927
图书分类	阮冈纳赞发明冒号分类法	1933
图书馆管理	P. 丹顿运用行为科学理论研究图书馆管理	1934
图书馆学工具书	ALA 创办图书馆学文献索引	1934
图书分类	布利斯发明书目分类法	1935
图书馆管理	美国人 R. 肖设计图书馆评估方式	1939
文献资源共享	美国制定法明顿计划	1942
图书馆建筑	麦克唐纳提出图书馆建筑中使用模数式设计	1943

续表

领域	事件	发生年代
图书馆事业	联合国总部图书馆哈玛舍尔德图书馆成立	1946
标准化	国际标准化组织成立文献工作小组ISO/TC46	1947
图书馆事业	联合国教科文组织发起图书券运动，使一些国家可以用自己的纸币到使用硬通货的国家购买书刊资料	1948
公共图书馆	UNESCO 通过《公共图书馆宣言》	1949
工具书	图书馆学文摘创刊	1950
图书馆事业	联合国教科文组织提出“国家情报体系”(NATIS)计划	1950
图书馆自动化	计算机首次应用于图书馆	1954
公共图书馆	美国通过 480 号公共法计划	1954
图书馆法	美国公布图书馆服务法	1956
文献资源共享	北欧国家推出斯堪的亚计划	1956
图书馆事业	国际信息处理联合会成立	1960
图书馆自动化	美国国会图书馆的 MARC 试验计划开始	1964
图书馆自动化	创建 MEDLARS 系统	1964
图书馆教育	美国匹兹堡大学所属图书馆学院改名为“图书馆与情报学院”，引发图书馆院系改名高潮	1964
图书馆法	美国颁布图书馆服务与建设法	1964

续表

领域	事件	发生年代
文献资料共享	全国采集和编目计划(NPAC)开始实施	1966
图书馆自动化	OCLC(俄亥俄学院图书馆中心/联机图书馆中心)成立	1967
图书编目	《英美编目条例》出版	1967
图书馆自动化	MARC Ⅱ款式通过	1967
图书馆事业	国际文献工作、图书馆与档案馆顾问委员会(IACODLA)成立	1967
图书馆自动化	美国国会图书馆开始发行 LC-MARC 磁带	1969
信息检索	美国洛克希德公司 DIALOG 系统建立	1970
图书馆事业	美国通过关于建立图书馆与情报科学国家委员会(NCLIS)的法案	1970
信息检索	国际文献联合会推出粗排序系统(BSO)	1971
图书编目	ISBD(M)第 1 版出版	1974
标准化	国际图书馆统计标准(ISO2789—1974E)问世	1974
图书馆自动化	美国国立医学图书馆推出“图书馆集成系统”(ILS)	1978
图书馆自动化	兰开斯特预言图书馆消亡,引发图书馆未来大讨论	1978—90

续表

领域	事件	发生年代
公共图书馆	“收费对免费”大讨论引发对公共图书馆职能的讨论	20世纪70年代—99
图书馆自动化	OPAC出现与普及（哥大的MELVYL为第一个OPAC；LC首先放弃卡片目录）	20世纪80年代
图书馆法	苏联颁布苏联图书馆事业条例	1984
图书馆教育	包括芝加哥大学LIS、哥伦比亚大学LIS在内的一批美国图书馆学院系相继关闭	20世纪80—90年代
数字图书馆	美国实施“美国记忆”项目	1989—95
文献资源共享	OhioLINK筹建，文献资源共享出现Utility新形式	1986—91
文献资源共享	出现文献传递服务，补充馆际互借服务形式	20世纪90年代
文献资源共享	“存取对拥有”讨论，文献资源建设走出“法明顿计划”时代	1993—99
电子图书馆	首届电子图书馆国际会议在德国埃森举行	1993
数字图书馆	首届数字图书馆国际会议在美国举行	1994
数字图书馆	DLI一期、二期相继推出，数字图书馆研发出现高潮	1994—99
数字图书馆	第一届元数据研讨会推出都柏林核心元素集	1995
数字图书馆	互联网工程专题组（IETF）发布RF2413，接受DC元数据	1998

六、国内事件

领域	事件	年代
公共图书馆	徐树兰创办古越藏书楼	1902
高校图书馆	京师大学堂图书馆建立	1902
公共图书馆	具有公共性质的图书馆——武昌文华公书林创办	1903
公共图书馆	湖北省图书馆和湖南省图书馆建立	1904
图书馆法	清政府公布关于设立公立图书馆的法令，决定在北京设立国立图书馆	1909
国家图书馆	京师图书馆开馆（1928 更名为国立北京图书馆）	1910
图书馆法	清政府颁布京师图书馆及各省图书馆通行章程	1910
图书馆法	民国政府颁布若干图书馆规程	1915
图书馆事业	新图书馆运动	1917—27
图书分类	胡庆生、沈祖荣编制仿杜威分类法	1917
儿童图书馆	天津社会教育办事处创办儿童图书馆	1917
图书馆教育	韦棣华创办武昌文华大学图书科	1920
图书馆事业	应修人创办上海通信图书馆	1921
图书馆事业	李大钊等创办亢慕义斋图书馆	1921
图书馆事业	中华图书馆协会在上海成立	1925
国际交往	中华图协参与国际图联成立工作	1927—29
专业期刊	文华图书馆季刊创刊	1929
图书编目	刘国钧编制中文图书编目条例（草案）	1929
图书馆事业	上海蚂蚁社办蚂蚁图书馆	1933

续表

领域	事件	年代
图书分类	皮高品编制中国十进分类法及索引	1934
图书馆事业	延安中山图书馆成立	1937
图书编目	吕绍虞编制中文标题总表	1937
图书分类	东北图书馆图书分类法出版	1948
图书馆教育	北京大学图书馆学专修科开始招生	1949
图书馆事业	中国版本图书馆成立	1950
图书分类	中国人民大学图书馆图书分类法编制出版	1952—53
图书分类	中国科学院图书馆图书分类法出版	1954
图书馆法	文化部发布关于加强与改进公共图书馆工作指示	1955
图书分类	中小型图书馆图书分类表草案(中小型法)出版	1956
图书馆事业	文化部召开“全国图书馆工作会议”	1956
图书馆事业	教育部颁布中华人民共和国高等学校图书馆试行条例(草案)	1956
文献资源共享	国务院批准全国图书协调方案	1957
图书馆学理论	刘国均发表“什么是图书馆学”引起讨论	1957
图书分类	航空科技文献分类主题表(航空主题表)	1964
图书馆自动化	“748”工程立项,中国图书馆自动化研究起步	1974
图书分类	中国图书馆图书分类法(中图法)出版	1975
图书馆自动化	中科院图书馆成立计算机组	1976

续表

领域	事件	年代
图书馆教育	恢复高考后北大、武大两校图书馆学系正式恢复招收本科生	1977—78
图书馆教育	恢复高考后大批高校成立图书馆学系或专业	1977—78
图书馆法	国家文物事业管理局颁布省、市、自治区图书馆工作条例(试行草案)	1978
图书馆法	国务院批准关于图书开放问题的请示报告	1978
图书馆法	中科院颁布中科院图书情报工作暂行条例	1978
图书馆事业	中国图书馆学会成立	1979
图书馆学理论	图书馆学通讯(后改为中国图书馆学报)创刊	1979
标准化	中国文献工作标准化技术委员会成立	1979
文献著录	中文普通图书统一著录条例	1979
信息检索	汉语主题词表编制完成	1980
图书馆事业	中共中央书记处通过图书馆工作汇报提纲	1980
图书馆事业	全国高校图书情报工作委员会成立	1981
图书馆事业	国际图联恢复中国图书馆学会在该组织中的国家协会成员地位	1981
图书馆事业	国务院颁发图书、档案、资料专业干部业务职称暂行规定	1981

续表

领域	事件	年代
图书馆教育	国务院学位委员会批准北大、武大两校具有图书馆学硕士授予权	1981
图书馆法	文化部颁布省(自治区、市)图书馆工作条例	1982
文献著录	文献著录总则作为国家标准颁布	1983
图书馆教育	教育部批准在武汉大学图书馆学系基础上建立武汉大学图书情报学院	1984
图书馆学理论	图书馆学基础理论研讨会在浙江杭州召开	1984
图书馆自动化	中国图书馆学会在京召开电子计算机在图书馆应用学术讨论会	1985
图书馆自动化	合肥工大图书馆等陆续建成实用流通管理系统	1986
图书馆学理论	武汉大学召开图书馆学情报学青年理论研讨会	1986
图书馆事业	中宣部、文化部、国家教委、中科院联合印发关于改进和加强图书馆工作的报告	1987
文献资源共享	国家十部委成立部院图书情报工作协调委员会	1988
图书馆教育	国务院学位委员会批准北大、武大两校具有图书馆学情报学博士授予权	1991
图书馆自动化	北京图书馆正式发行中文机读目录	1991

续表

领域	事件	年代
图书馆教育	北京大学图书馆学情报学系改名信息管理系	1992
两岸学术交流	海峡两岸图书资讯学术研讨会在上海召开	1993
图书馆事业	上海图书馆新馆建成,随即推出多项新的管理与服务	1996
国际交往	IFLA 年会在中国举行	1996
数字图书馆	国家图书馆向文化部建议实施“中国数字图书馆工程”,文化部成立工程领导小组,中央领导听取汇报并赞成建设中国数字图书馆工程	1998
资源共享	国家计委批准中国高等教育文献保障体系(CALIS)立项	1998
资源共享	北京图书馆等百家图书馆发起成立全国文献信息资源共建共享网络	1999

附录1　内容分析信息源

书名	责任者	出版者	时间	类型
中国大百科全书图书馆学、情报学、档案学	本卷编委会	中国大百科全书出版社	1993	工具书
世界图书馆与情报服务百科全书	孙光成	四川民族出版社	1991	工具书
中国图书情报工作实用大全	武大图书情报学院	科学技术文献	1990	工具书
图书馆学辞典	杨若云	五洲出版社(台湾)	1984	工具书
当代中国的图书馆事业	杜克	当代中国出版社	1995	工具书
图书馆学基础(修订本)	北大图情系;武大图书情报学院	商务印书馆	1991	教材
图书馆学导论	黄宗忠	武汉大学出版社	1988	教材
图书馆学基础知识	谭迪昭主编	中山大学出版社	1986	教材
理论图书馆学教程	南开大学图书馆学系等	南开大学出版社	1986	教材
图书情报工作概论	辛希孟,孟广均	中科院文献情报中心	1990	教材
图书馆学原理	宓浩	华东师范大学出版社	1988	教材
图书情报工作概论	辛希孟,孟广均	中科院文献情报中心	1990	教材

续表

书名	责任者	出版者	时间	类型
图书馆学简明教程	吴慰慈等	科学技术文献出版社	1988	教材
外国图书馆学名著选读	袁咏秋,李家乔主编	北京大学出版社	1988	著作
现代图书馆学理论	徐引篪,霍国庆	北京图书馆出版社	1999	著作
图书馆学五定律	阮冈纳赞(印)	书目文献出版社	1988	著作
图书馆学引论	H. 谢拉(美)	兰州大学出版社	1986	著作

附录2　内容分析编码表

编号:　　　　　　　　　　　　　　　编码日期:2002/　/

<table>
<tr><td colspan="9">信息来源项</td></tr>
<tr><td>书名</td><td colspan="3"></td><td>版本</td><td></td><td>类型</td><td colspan="2"></td></tr>
<tr><td>责任者</td><td colspan="2"></td><td>出版者</td><td></td><td>出版年</td><td colspan="3"></td></tr>
<tr><td colspan="2">重要性信息</td><td colspan="7"></td></tr>
<tr><td colspan="9">内容项</td></tr>
<tr><td>序号</td><td>类别</td><td>人物/作者(国别)</td><td>事件/文献(出处)</td><td>年代</td><td>篇幅</td><td>出处</td><td>领域</td><td>评价</td></tr>
<tr><td></td><td></td><td></td><td></td><td></td><td></td><td></td><td></td><td></td></tr>
<tr><td></td><td></td><td></td><td></td><td></td><td></td><td></td><td></td><td></td></tr>
<tr><td></td><td></td><td></td><td></td><td></td><td></td><td></td><td></td><td></td></tr>
<tr><td></td><td></td><td></td><td></td><td></td><td></td><td></td><td></td><td></td></tr>
<tr><td></td><td></td><td></td><td></td><td></td><td></td><td></td><td></td><td></td></tr>
<tr><td></td><td></td><td></td><td></td><td></td><td></td><td></td><td></td><td></td></tr>
<tr><td></td><td></td><td></td><td></td><td></td><td></td><td></td><td></td><td></td></tr>
<tr><td></td><td></td><td></td><td></td><td></td><td></td><td></td><td></td><td></td></tr>
</table>

附录3　内容分析编码规则

一、编码表样式

<table>
<tr><td colspan="9">编码表</td></tr>
<tr><td colspan="5">编号:</td><td colspan="4">编码日期:2002/　/</td></tr>
<tr><td colspan="9">信息来源项</td></tr>
<tr><td>书名</td><td colspan="3"></td><td>版本</td><td></td><td>类型</td><td colspan="2"></td></tr>
<tr><td>责任者</td><td colspan="2"></td><td>出版者</td><td></td><td>出版年</td><td colspan="3"></td></tr>
<tr><td colspan="2">重要性信息</td><td colspan="7"></td></tr>
<tr><td colspan="9">内容项</td></tr>
<tr><td>序号</td><td>类别</td><td>人物/作者(国别)</td><td>事件/文献(出处)</td><td>年代</td><td>篇幅</td><td>出处</td><td>领域</td><td>评价</td></tr>
<tr><td></td><td></td><td></td><td></td><td></td><td></td><td></td><td></td><td></td></tr>
</table>

二、编码说明

1. 本编码表记录图书馆学文献信息源中对于20世纪中外人物、事件、文献的评价,目的在于对信息源中人物、事件、文献进行加权统计。

2. 编码主题为图书馆学,不含相关学科。单纯的科技情报、社科情报、古文献学(包括古版本、校雠)研究的有关内容不做标引;若为目录学研究,应区分是以文献本身为研究对象,还是以图书馆活动为研究对象,前者不标引,后者标引。

3. 编码表分为纸质与电子表格两种格式,有可能尽量用电子表格。电子表格为Excel格式,每一独立的信息来源记录在一个"工作表"中,增加表格可另建Excel文件并复制表格格式,也可在原文件中插入工作表并复制表格格式。

4. 对于20世纪可能仍活动的跨世纪人物应记录,但必须在其后(即"事件(年代)/文献(出处)"项内)说明。

5. 没有任何评价的信息源只记录信息来源项,不记录内容项。

三、信息来源项

1. 编号:以编码者简称加顺序号方式编号,如HJ1、HJ2……

同一信息来源项编号相同,如果内容项超过一页,以后各页无需记录信息来源项,只需记录同一编号,并加顺序区分号。如HJ12-2、HJ12-3……

2. 版本:记录中文版本,第1版无需记录。翻译书在括号内著录原版本,如(3)。

3. **类型代码**:a——百科全书、b——专业词典、c——其他工具书、d——教材、e——专著、f——其他图书

4. 责任者:记录第一原作者,翻译书在括号内记录译者。

5. 重要性信息:必要时记录责任者以外的、对本书有影响的权威机构(单位、部门、学会、协会等)与本书的关系说明,如:

教科书(……多校合编、合用,教育部指定用书等);

学术专著(国家、省部级课题、基金资助者等);

工具书(编辑、主办权威部门或学会等)。

四、内容项:

1. 序号:每一信息源开始以1,2,3……独立顺序标引序号。

2. 类别代码:a——人物、b——事件、c——文献。若同时介绍"人物/事件"或"人物/文献",则在本栏标引b或c。

3. 人物/作者:包括信息源中以人物为主体评论、介绍的人物,也包括以文献、事件为对象时附带涉及的人物或作者。

同一人物、事件、文献在同一信息源的不同章节多次出现，则重复标引；但在总论性章节及分论性章节中同时论述，则取大标引。

外国人在括号中标引信息源中指出的国别。

4. 事件指：信息源中被评论、介绍的运动（如新图书馆运动）、会议（如杭州会议(84)）、方案（如法明顿计划）等；对于会议、法规一类事件一般只标引具有"最早"特征的，即世界最早或中国最早（如世界第一部公共图书馆法产生于19世纪，则20世纪外国公共图书馆立法不标引），如不能确定某一事件是否最早则应标引。

文献指：

(1)信息源被评论或介绍的、直接列出文献名的文献。

(2)信息源中对文献进行了引用、介绍、评论，并在引文或注释中列出文献名的文献。如果为间接引用，信息源中及引文中均没有出现被引文献，则不标引。明显的非正式出版物不标引。

5. 年代指：事件发生年代或文献出版年代。按信息源所载信息尽量标引本项。

6. **篇幅代码**：a——章、b——节、c——自然段、d——简单提及（无其他说明文字）、e——词条，取大记录。

若非以上各项，则统计大约字数（精确到十位数，如120［字］）。

7. 出处：记录起始页。

8. 领域：指所属图书馆学研究的领域，用代码标引。依重点、被应用方入类（如计算机编目入c），必要时可重复编码，必要时可在i—y之间自行添加领域代码，并在编码表中予以说明。

领域代码：

a——理论/概论/事业/历史/图书馆管理

b——文献资源/藏书/采访

c——分类/编目/检索语言/标引

d——信息服务/读者工作

e——现代化/信息技术/建筑

f——专门图书馆/分支学科

g——图书馆教育/培训

h——目录学

z——其他,如图书馆社会学、图书馆统计学、图书保护

9. **评价代码**:以下 a—c 取前编码,d 可与 a—c 重复编码

a. 最高级或特别赞许:如:最优秀、划时代、里程碑、开创、第一次等。被誉为某一时期某一领域的代表作、代表人物入此。

b. 比较级或一般性赞许:所有达不到 a 但又属好评入此,如:较好、很好、发展了、著名、重要、全面等。

c. 中性评价:客观性、描述性介绍。

d. 负面评价。

附录4 统计权重指标与公式

来源 S:0.4	教育部指定教材 S1:5
	多校合编、合用教材 S2:4
	一般教材 S3:3
	国家级课题或基金资助 S4:5
	省部级课题或基金资助 S5:4
	一般专著 S6:3
	重要百科全书 S7:6(如全国性学会、主管部门组织编写)
	一般百科全书 S8:5
	重要词典 S9:5
	一般词典 S10:4
	其他重要工具书 S11:4
	其他一般工具书 S12:3

续表

篇幅 L:0.2	章 L1:4
	节 L2:3
	自然段 or 字数多于等于 100 L3:2
	简单提及 or 字数少于 100 L4:1
	工具书词条 L5:5
评价 E::0.4	最高级或特别评价 E:1:5
	比较级或一般性评价 E:2:3
	中性评价 E:3:1
	负面评价 E4:0
权重计算公式:权重 = S × Si + L × Li + E × Ei	

附录5 E-德尔斐专家测评表

第一轮测评表表前《说明》:

1. 以下6个表为对20世纪图书馆学进行专家测评的德尔菲法表,请您尽可能于9月15日前完成并寄回。课题组将严格按照德尔菲法结果处理要求,对您填写内容保密。

2. 为避免使用评价性语言而影响测评结果,本表格没有介绍入选人物或文献的主要贡献。专家们可根据自己对入选项目的现有了解填表,如对某一文献、人物、事件完全没有了解,则可认为该项目可填为"一般"。

3. 填表方法为在文献后相应栏目内填入"Y""√"或其他可识别字符。

4. 如专家认为有重要文献、人物、事件未能在表格内反映,请在表后"专家补充意见"内填入。

5. 表格中数据来源及处理方法(见第一节,此处略)。

第一轮测评表:国外文献部分(样式)

文献/作者(国别)/年代	有世纪性影响的重要文献	非常重要的文献	重要文献	一般文献
(数据略)				

第二轮测评表表前《说明》:

1. 本测评表为对20世纪图书馆学进行专家测评的特尔斐法表(第二轮),其中有第一轮统计结果及您本人的填写结果。填表方法仍为在文献后相应栏目内填入“Y”“√”或其他可识别字符。请您尽可能于10月15日前完成并寄回。课题组将严格按照特尔斐法结果处理要求,对您填写内容保密。

2. 本测评表格增加了两个反馈栏目:上轮统计与上轮您的意见。“上轮统计”中是加权统计结果,计算方法是,去掉一个最高分、一个最低分,然后按权值相加平均而成;“您的意见”中是上轮您的意见的权值。各项目权值为:“世纪影响”5分,“非常重要”3分,“重要”2分,“一般”1分,未填1分(相当于“一般”)。

3. 上轮测评中专家意见中增加的文献、人物、事件全部附于相应的表格后,并在“上轮统计”栏目中以“ * ”号标记。

4. 如专家认为无论第二轮反馈结果如何,自己的测评基本不会再改变,请在后面本条款后括号内填入相应标记(　　)。

第二轮测评表:国外文献部分(样式)

文献/作者(国别)/年代	有世纪性影响的重要文献	非常重要的文献	重要文献	一般文献	上轮统计	您的意见
图书馆管理法/田中稻成(日)/1900					1.54	1
(以下数据略)						

主要参考文献

1. ALA. ALA World Encyclopedia of Library and Information Services(2 Ed.),1986
2. Buckland M. Documentation, Information Science, and Library Science in the USA. Information Processing and Management,1996(1)
3. Kent A. Encyclopedia of Library and Information Science,1973
4. 北京大学图书馆学系,武汉大学图书馆学系. 图书馆学基础[M]. 北京:商务印书馆,1981
5. 吴建中,范并思. 图书馆学在信息化浪潮中的发展与变革[G]//国外社会科学前沿 2000. 上海:上海社会科学出版社,2000
6. 黄纯元. 论芝加哥学派(上、中、下)[J]. 图书馆,1998(1—3)
7. 中国大百科全书图书馆学情报学档案学[M]. 北京:中国大百科全书出版社,1993
8. 傅璇琮,谢灼华. 中国藏书通史[M]. 宁波:宁波出版社,2001
9. 胡兆述. 图书馆学与资讯科学大辞典[M]. 台北:汉美图书有限公司,1995
10. 黄宗忠. 图书馆学导论[M]. 武汉:武汉大学出版社,1988
11. 李希泌,张椒华. 中国古代藏书与近代图书馆史料(春秋至五四前后)[M]. 北京:中华书局,1982
12. 刘国钧. 现时中文图书馆学书籍评[J]. 图书馆学季刊,1926,1(2)
13. 宓浩. 图书馆学原理[M]. 上海:华东师范大学出版社,1988
14. 南开大学图书馆学系等. 理论图书馆学教程[M],1986
15. 卿家康. 我国现代图书馆学基础理论奠基者事略[J]. 图书馆界,1988(1)
16. 任继愈. 中国藏书楼(叁)[M]. 沈阳:辽宁人民出版社,2001
17. 孙光成. 世界图书馆与情报百科全书[M]. 成都:四川民族出版社,1991
18. 王子舟. 图书馆学基础教程[M]. 武汉:武汉大学出版社,2003
19. 武汉大学图书情报学院. 中国图书情报工作实用大全[M]. 北京:科学技术文献出版社,1990
20. 谢灼华. 中国图书和图书馆史[M]. 武汉:武汉大学出版社,2011

21. 谢灼华. 论20世纪前半叶的中国图书馆[J]. 大学图书馆学报,1999(6)
22. 徐引篪,霍国庆. 现代图书馆学理论[M]. 北京:北京图书馆出版社(今国家图书馆出版社),1999
23. 严文郁. 中国图书馆发展史:自清末至抗战胜利[M]. 台北:枫城出版社,1983
24. 袁咏秋,李家乔. 外国图书馆学名著选读[M]. 北京:北京大学出版社,1988
25. 周文骏. 文献交流引论[M]. 北京:书目文献出版社(今国家图书馆出版社),1986

再版后记

《20世纪西方与中国的图书馆学——基于德尔斐法测评的理论史纲》出版于2004年3月。该书出版后收获了许多好评，有较高被引率，被许多学校列为研究生、本科生教学参考书，我本人也常常收到求购该书的信函。在公开发表的书评文章中，我以为胡立耘教授的一段评论最能表现该书的基本特点："该书在史料的剪裁方面删繁就简，在方法的选取和运用上领异标新，使全书史、论与方法得到了较好的统一，既全面勾勒了20世纪中国和西方图书馆学学术积累与传承的过程，准确地把握了20世纪图书馆学理论生成与变迁的内核，又深刻揭示出图书馆学特有的理论精神和学术魅力。"由于这些特点，当年我在"前言"中表达的希望该书"生命力更顽强一些"的期待没有完全落空。

2014年4月，金丽萍女士告诉我国家图书馆出版社打算重印该书的消息。得知这一消息后，我开始着手重印该书的一些准备工作，包括文字的核对和史事的重新审核。2004年以来的中国图书馆学发生了令人瞩目的变化。特别在现代图书馆理念和信息技术应用等领域，其变化用脱胎换骨来形容并不为过。相比较而言，图书馆史领域的变化则不为人关注。在不少图书馆人眼中，图书馆史和图书馆学史仍然是一个沉闷的领域，只是有那么几位执着的学者不愿意放弃，独守着他们的世外桃源，自得其乐地耕耘着。其实，真正关注图书馆学的人就知道，图书馆史是过去十多年变化最大的图书馆学领域之一。新一代图书馆学家在这一领域中深入地发掘第一手资料，并以此为基础重新审视史事史料，取得了一批颠覆性的图书馆学史成果。以中国近代图书馆史为例，学者们四处寻访图书馆学名人先贤或他们的后人，在历史档案或历史报纸中梳理近代图书馆学家们的史料，甚至到异国大学中查阅第一代留学生的档案，并细致地对各种史料进行鉴别和梳理。这样的研究给中国图书馆学带来了真正的史学研究方法，大大丰富了图书馆学的史料文献。在图书馆学史取得如此精彩新发展的背景下审校这部十多年前的著作时，我们有太多的纠结和无奈，甚至惭愧。这也是我将重印一拖再拖的原因。

最终使我没有放弃重印的原因，仍是我对这本书的定位。本书属于图书馆学史著作，但它的主要目的却并非写史，而是试图通过对于20世纪图书馆学的系统、客观的梳理，探寻图书馆学理论发展、变革与创新的轨迹。本次修订受到2001—2003年间德尔斐调查的限制，无法更多吸收2004年以来的史学研究成果。此外也受到本人图书馆学史学水平的限制，无法一一甄别、更正书中谬误。希望读者在阅读和参考本书时，能够将它当成2004年的理论成果，并能够运用2004年以后的图书馆史学成果，认真审视书中的史事史料。

衷心感谢十多年关注、表扬、批评过该书的朋友们！感谢为该书重印和修订付出辛勤劳动、提供无私支持的朋友们！

范并思

2016年3月